みんなで遊ぼう!!

百人一首大図鑑

監修　吉海直人（同志社女子大学教授）

国土社編集部／編

国土社

【みんなで遊《あそ》ぼう!! 百人一首大図鑑《ひゃくにんいっしゅだいずかん》】

※本書《ほんしょ》では、「権中納言《ごんちゅうなごん》(藤原《ふじわらの》)定家」は「ていか」、「皇太后宮大夫《こうたいごうぐうのだいぶ》(藤原《ふじわらの》)俊成」は「しゅんぜい」と読《よ》んでいます。

一章《しょう》 百人一首《ひゃくにんいっしゅ》について知《し》ろう

百人一首《ひゃくにんいっしゅ》ゆかりの場所《ばしょ》

小倉山二尊院《おぐらやまにそんいん》

百人一首《ひゃくにんいっしゅ》にもうたわれた小倉山《おぐらやま》のふもとにある寺院《じいん》で、紅葉《もみじ》の名所《めいしょ》。平安初期《へいあんしょき》に嵯《さ》峨《が》天皇《てんのう》の命令《めいれい》で建《た》てられた。藤原定家《ふじわらのていか》が百人一首《ひゃくにんいっしゅ》の選定《せんてい》をした時雨亭跡《しぐれていあと》といわれる石組《いしぐ》みがある。

写真提供：小倉山二尊院

住所/〒616-8425
京都府京都市右京区嵯峨二尊院門前長神町27
拝観時間/9:00～16:30

常寂光寺《じょうじゃっこうじ》

藤原定家《ふじわらのていか》と従二位家隆《じゅにいいえたか》の木造《もくぞう》をまつった歌仙祠《かせんし》や貞信公《ていしんこう》の歌碑《かひ》がある。また、仁王《におう》門《もん》の北側《きたがわ》には、定家《ていか》の山荘《さんそう》、小倉山荘《おぐらさんそう》があったことをしめす石碑《せきひ》がある。

写真提供：常寂光寺

住所/〒616-8397
京都府京都市右京区嵯峨小倉山小倉町3
拝観時間/9:00～17:00（16:30受付終了）

厭離庵《えんりあん》

小倉山荘《おぐらさんそう》があった場所《ばしょ》にはいくつかの説《せつ》があり、ここはその一つ。江戸中期《えどちゅうき》に藤原《ふじわらの》定家《ていか》の子孫《しそん》によって修復《しゅうふく》された。茶室《ちゃしつ》「時雨《しぐれ》亭《てい》」や定家塚《ていかづか》などがある。紅葉《こうよう》の時期《じき》だけ公開《こうかい》。

写真提供：厭離庵

住所/〒616-8427
京都府京都市右京区嵯峨二尊院門前善光寺山町2
拝観時間/9:00～16:00　※11月～12月上旬のみ公開

百人一首《ひゃくにんいっしゅ》の誕生《たんじょう》

百人一首《ひゃくにんいっしゅ》はだれがつくったの？　どうして生《う》まれたの？
百人一首《ひゃくにんいっしゅ》とはどんなもの？　ここでは百人一首《ひゃくにんいっしゅ》の基本的《きほんてき》なことを学《まな》びます。

百人一首《ひゃくにんいっしゅ》の歌《うた》を選《えら》んだ【藤原定家《ふじわらのていか》】

藤原定家《ふじわらのていか》は、平安時代末期《へいあんじだいまっき》から鎌倉《かまくら》時代《じだい》を生《い》きた貴族《きぞく》で歌人《かじん》。歌人《かじん》として有名《ゆうめい》だった藤原俊成《ふじわらのしゅんぜい》(俊成《としなり》とも)の息子《むすこ》として生《う》まれ、十歳《さい》のころから歌会《うたかい》に参加《さんか》するなど、早《はや》くから和歌《わか》の才能《さいのう》を開花《かいか》させた。

後鳥羽院《ごとばいん》の時代《じだい》に活躍《かつやく》し、『新古今《しんこきん》和歌集《わかしゅう》』『新勅撰和歌集《しんちょくせんわかしゅう》』の歌《うた》を選《えら》ぶ役《やく》(撰者《せんじゃ》)をつとめた。晩年《ばんねん》には、宇都宮《うつのみや》頼綱《よりつな》に頼《たの》まれ『百人一首《ひゃくにんいっしゅ》』の撰者《せんじゃ》をつとめた。

定家《さだいえ》とも。定家《ていか》は、歌《うた》の世界《せかい》で敬意《けいい》をこめてよばれた名前《なまえ》。

生没年《せいぼつねん》:1162～1241年《ねん》

父《ちち》:藤原俊成《ふじわらのしゅんぜい》

好《す》きなこと:和歌《わか》を詠《よ》むこと、和歌《わか》の研究《けんきゅう》や書写《しょしゃ》

出家後《しゅっけご》の名前《なまえ》:明静《みょうじょう》

仕事《しごと》:39歳《さい》のとき、宮廷歌人《きゅうていかじん》(宮中《きゅうちゅう》で活躍《かつやく》した歌人《かじん》)となる。生涯《しょうがい》で4000首《しゅ》以上《いじょう》の和歌《わか》を詠《よ》んだほか、多《おお》くの歌集《かしゅう》の撰者《せんじゃ》をつとめたり、日記《にっき》『明月記《めいげつき》』を書《か》いたりした。

百人一首《ひゃくにんいっしゅ》づくりを頼《たの》んだ【宇都宮頼綱《うつのみやよりつな》】

定家《ていか》とほぼ同《おな》じ時代《じだい》に活躍《かつやく》した歌人《かじん》。鎌倉幕府《かまくらばくふ》に仕《つか》える御家人《ごけにん》だった。一二〇五年《ねん》に出家《しゅっけ》した頼綱《よりつな》は京都《きょうと》に引《ひ》っ越《こ》し、そこで和歌《わか》をつうじて定家《ていか》と親《した》しくなった。

その後《ご》、京都《きょうと》の嵯峨《さが》に山荘《さんそう》を建《た》てた頼《より》綱《つな》は、ふすまに飾《かざ》る歌《うた》を定家《ていか》に頼《たの》んで選《えら》んでもらうことにした。それが『百人一《ひゃくにんいっ》首《しゅ》』のはじまり。

頼綱《よりつな》の娘《むすめ》と定家《ていか》の息子《むすこ》は夫婦《ふうふ》。

生没年《せいぼつねん》:1178～1259年《ねん》

父《ちち》:宇都宮業綱《うつのみやなりつな》

好《す》きなこと:和歌《わか》を詠《よ》むこと

出家後《しゅっけご》の名前《なまえ》:蓮生《れんじょう》

仕事《しごと》:御家人《ごけにん》として鎌倉幕府《かまくらばくふ》に仕《つか》えた。28歳《さい》のとき、幕府《ばくふ》に歯《は》向《む》かう計画《けいかく》を立《た》てた罪《つみ》に問《と》われ、疑《うたが》いがはれぬまま出家《しゅっけ》した。

百人一首《ひゃくにんいっしゅ》ってどんなもの？

百人一首《ひゃくにんいっしゅ》とは、一二三五年《ねん》に定家《ていか》が頼綱《よりつな》のために百人《にん》の歌人《かじん》の和歌《わか》を、一人一首《ひとりいっしゅ》ずつ選《えら》んだもの。歌《うた》を数《かぞ》える単位《たんい》は「首《しゅ》」を使《つか》う。さまざまな百人一首《ひゃくにんいっしゅ》がつくられているが、ふつう「百人一首《ひゃくにんいっしゅ》」というと、定家《ていか》の『小倉百人一首《おぐらひゃくにんいっしゅ》』のことをさす。

歌《うた》は、平安時代《へいあんじだい》につくられた勅撰和歌集《ちょくせんわかしゅう》▼6ページの中《なか》から、定家《ていか》が「これは」というものを百首選《ひゃくしゅえら》んでいる。今《いま》の時代風《じだいふう》にいうと、「定家《ていか》が選《えら》んだ和歌《わか》ベスト一〇〇」のようなもの。

ほぼ時代順《ねんだいじゅん》に並《なら》んでいて、まるで歴史絵巻《れきしえまき》のようだろう。

定家《ていか》が選《えら》んだ百人一首《ひゃくにんいっしゅ》をのちに『小倉百人一首《おぐらひゃくにんいっしゅ》』とよぶようになった。

選《えら》ばれている歌人《かじん》は、天皇《てんのう》や上皇《じょうこう》、貴族《きぞく》、役人《やくにん》、僧侶《そうりょ》などさまざま。選《えら》ばれている歌《うた》は、それぞれの歌人《かじん》の代表作《だいひょうさく》や一番優《いちばんすぐ》れた歌《うた》というわけではなく、その歌人《かじん》の人生《じんせい》を象徴《しょうちょう》する作品《さくひん》が多《おお》い。歌《うた》の並《なら》び順《じゅん》は、おおよそ歌人《かじん》の年代順《ねんだいじゅん》になっている。歌番号《うたばんごう》一は六〇〇年代《ねんだい》に活躍《かつやく》した天智天皇《てんじてんのう》で、歌番号《うたばんごう》一〇〇は一二〇〇年代《ねんだい》に活躍《かつやく》した順徳院《じゅんとくいん》。

いろいろな百人一首《ひゃくにんいっしゅ》

『小倉百人一首《おぐらひゃくにんいっしゅ》』の影響《えいきょう》を受《う》けて、たくさんの百人一首《ひゃくにんいっしゅ》がつくられた。それらをまとめて「異種百人一首《いしゅひゃくにんいっしゅ》」とよぶ。異種百人一首《いしゅひゃくにんいっしゅ》には、次《つぎ》のようなものがある。

『新百人一首《しんひゃくにんいっしゅ》』……室町幕府《むろまちばくふ》の第九代将軍《だいきゅうだいしょうぐん》の足利義尚《あしかがよしひさ》が選《えら》び、一四三八年《ねん》につくられた。小倉《おぐら》百人一首《ひゃくにんいっしゅ》に選《えら》ばれなかった歌人《かじん》の作品《さくひん》を選《えら》んでいる。

『武家百人一首《ぶけひゃくにんいっしゅ》』…一六〇〇年代半《ねんだいなか》ばにつくられた。平経盛《たいらのつねもり》や源頼朝《みなもとのよりとも》、源義経《みなもとのよしつね》など、鎌倉《かまくら》・室町時代《むろまちじだい》の武家《ぶけ》の和歌《わか》を集《あつ》めたもの。

そのほか、女流歌人《じょりゅうかじん》の歌《うた》だけを集《あつ》めた『女百人一首《おんなひゃくにんいっしゅ》』、『源氏物語《げんじものがたり》』に出《で》てくる歌《うた》だけでつくった『源氏百人一首《げんじひゃくにんいっしゅ》』などユニークな百人一首《ひゃくにんいっしゅ》もある。

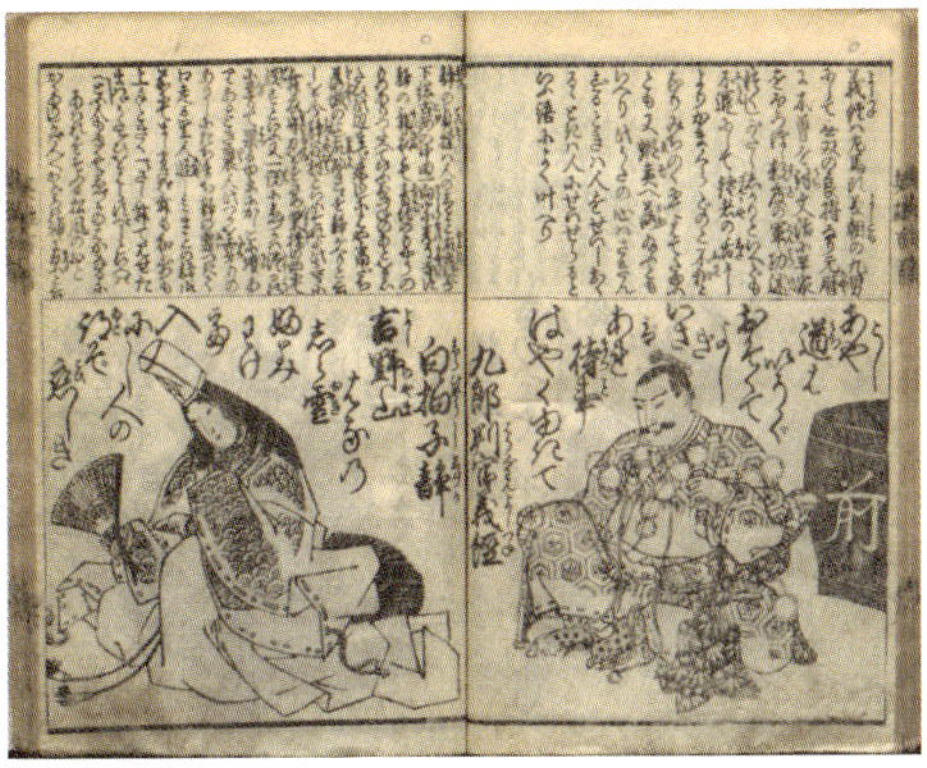
作品名：英雄百首　所蔵先：国立国会図書館

『英雄百首《えいゆうひゃくしゅ》』。緑亭川柳《りょくていせんりゅう》が選《えら》び、1843年《ねん》に成立《せいりつ》。素盞嗚尊《すさのおのみこと》から足利義尚《あしかがよしひさ》までの英雄百人《えいゆうひゃくにん》の和歌《わか》を集《あつ》めたもの。神話《しんわ》や人物《じんぶつ》の伝記《でんき》を合《あ》わせて紹介《しょうかい》してある。画像《がぞう》は、九郎判官義経《くろうはんがんよしつね》（源義経《みなもとのよしつね》）と白拍子静《しらびょうししずか》（静御前《しずかごぜん》）。

どんな和歌《わか》が選《えら》ばれたの？

百人一首《ひゃくにんいっしゅ》の歌《うた》は、勅撰和歌集《ちょくせんわかしゅう》から選《えら》ばれました。勅撰和歌集《ちょくせんわかしゅう》について、そして、和歌《わか》についてみてみましょう。

勅撰和歌集《ちょくせんわかしゅう》ってどんなもの？

「勅撰和歌集《ちょくせんわかしゅう》」とは、天皇《てんのう》や上皇《じょうこう》（太上天皇《だいじょうてんのう》・院《いん》）▼14ページの命令《めいれい》によってつくられた和歌集《わかしゅう》のこと。当時《とうじ》は貴族《きぞく》のたしなみとして、また学問《がくもん》や遊《あそ》びの一つとして、多《おお》くの和歌《わか》が詠《よ》まれた。宮中《きゅうちゅう》には和歌《わか》を詠《よ》んだり研究《けんきゅう》したりするのを仕事《しごと》とする宮廷歌人《きゅうていかじん》がいて、歌会《うたかい》や歌合《うたあわせ》▼11ページなど、和歌《わか》を詠《よ》むイベントも開《ひら》かれた。

そうして詠《よ》まれた数《かぞ》えきれないほどの数《かず》の歌《うた》の中《なか》から、とくに優《すぐ》れたものだけをよりすぐっておさめたのが勅撰和歌集《ちょくせんわかしゅう》。百人一首《ひゃくにんいっしゅ》はさらにその中《なか》から、定家《ていか》が選《えら》びに選《えら》びぬいた特別《とくべつ》な百首《しゅ》。

百人一首《ひゃくにんいっしゅ》の歌《うた》が載《の》っている勅撰和歌集《ちょくせんわかしゅう》

歌集名《かしゅうめい》	成立《せいりつ》（年《ねん》）	百人一首《ひゃくにんいっしゅ》に選《えら》ばれた歌数《うたかず》	つくらせた人《ひと》	撰者《せんじゃ》
古今和歌集《こきんわかしゅう》（古今集《こきんしゅう》）	九〇五	二四	醍醐天皇《だいごてんのう》	紀貫之《きのつらゆき》、紀友則《きのとものり》、凡河内躬恒《おおしこうちのみつね》、壬生忠岑《みぶのただみね》
後撰和歌集《ごせんわかしゅう》（後撰集《ごせんしゅう》）	九五一	七	村上天皇《むらかみてんのう》	清原元輔《きよはらのもとすけ》、源　順《みなもとのしたごう》、坂上望城《さかのうえのもちき》、紀時文《きのときぶみ》、大中臣能宣《おおなかとみのよしのぶ》
拾遺和歌集《しゅういわかしゅう》（拾遺集《しゅういしゅう》）	一〇〇七？	一〇	花山院《かざんいん》	花山院《かざんいん》（藤原公任《ふじわらのきんとう》とも）
後拾遺和歌集《ごしゅういわかしゅう》（後拾遺集《ごしゅういしゅう》）	一〇八六	一四	白河天皇《しらかわてんのう》	藤原通俊《ふじわらのみちとし》
金葉和歌集《きんようわかしゅう》（金葉集《きんようしゅう》）	一一二七	五	白河院《しらかわいん》	源　俊頼《みなもとのとしより》
詞花和歌集《しかわかしゅう》（詞花集《しかしゅう》）	一一五一	五	崇徳院《すとくいん》	藤原顕輔《ふじわらのあきすけ》
千載和歌集《せんざいわかしゅう》（千載集《せんざいしゅう》）	一一八八	一五	後白河院《ごしらかわいん》	藤原俊成《ふじわらのしゅんぜい》
新古今和歌集《しんこきんわかしゅう》（新古今集《しんこきんしゅう》）	一二〇五	一四	後鳥羽院《ごとばいん》	藤原定家《ふじわらのていか》、源　通具《みなもとのみちとも》、藤原有家《ふじわらのありいえ》、藤原家隆《ふじわらのいえたか》、藤原雅経《ふじわらのまさつね》
新勅撰和歌集《しんちょくせんわかしゅう》（新勅撰集《しんちょくせんしゅう》）	一二三五	四	後堀河天皇《ごほりかわてんのう》	藤原定家《ふじわらのていか》
続後撰和歌集《しょくごせんわかしゅう》（続後撰集《しょくごせんしゅう》）	一二五一	二	後嵯峨院《ごさがいん》	藤原為家《ふじわらのためいえ》

和《わ》歌《か》ってどんなもの？

和歌《わか》は、中国《ちゅうごく》の漢詩《かんし》に対《たい》する日本《にほん》の歌《うた》のよび方《かた》。「やまとうた」ともいわれる。昔《むかし》の人々《ひとびと》にとって、和歌《わか》は自分《じぶん》の気持《きも》ちをあらわし、伝《つた》えるための手段《しゅだん》だった。

いつごろから和歌《わか》が詠《よ》まれはじめたのかは、はっきりしない。しかし、今《いま》から一三〇〇年前《ねんまえ》につくられたと考《かんが》えられる歴史書《れきししょ》『古事記《こじき》』には、すでに和歌《わか》が載《の》っている。

日本《にほん》で一番古《いちばんふる》い和歌集《わかしゅう》は七七〇年《ねん》ごろに成立《せいりつ》したとされる『万葉集《まんようしゅう》』。天皇《てんのう》、貴族《きぞく》から役人《やくにん》、庶民《しょみん》などさまざまな身分《みぶん》の人《ひと》が詠《よ》んだ歌《うた》が四五〇〇首以上《しゅいじょう》もおさめられている。天皇《てんのう》が世《よ》の中《なか》の平和《へいわ》を願《ねが》って詠《よ》んだ歌《うた》もあれば、貴族《きぞく》が旅先《たびさき》で詠《よ》んだ歌《うた》、男女《だんじょ》が恋愛《れんあい》を詠《よ》み合《あ》った歌《うた》、農民《のうみん》や兵士《へいし》が生活《せいかつ》のつらさを詠《よ》んだ歌《うた》など、さまざまな歌《うた》がある。このことから、昔《むかし》の人々《ひとびと》は、あらゆる場面《ばめん》で和歌《わか》を詠《よ》み、気持《きも》ちや情景《じょうけい》をあらわしていたことがわかる。

好《す》きな人《ひと》には、まず歌《うた》を贈《おく》った。

和《わ》歌《か》の形《かたち》

五音《おん》と七音《おん》をもとにした歌《うた》を、全部《ぜんぶ》まとめて和歌《わか》という。現代《げんだい》の和歌《わか》は「五・七・五・七・七」の三十一文字《みそひともじ》でつくられる短歌《たんか》がほとんど。それに対《たい》して、『万葉集《まんようしゅう》』などの古《ふる》い時代《じだい》には、短歌《たんか》よりも長《なが》い「長歌《ちょうか》」や「旋頭歌《せどうか》」などいろいろな形《かたち》があった。

平安時代《へいあんじだい》に入《はい》ると、だんだん長歌《ちょうか》や旋頭歌《せどうか》が詠《よ》まれなくなり、短歌《たんか》が中心《ちゅうしん》になっていった。そのため、今《いま》では「和歌《わか》＝短歌《たんか》」をさすことが多《おお》くなった。

短歌《たんか》

「五・七・五・七・七」の五句《く》でできた和歌《わか》。五・七・五・七・七のそれぞれを句《く》という。最初《さいしょ》の五音《おん》は初句《しょく》、それ以《い》降《こう》は二句《く》、三句《く》…とよび、最後《さいご》の七音《おん》を結句《けっく》とよぶ。

長歌《ちょうか》

「五・七」をくり返《かえ》して、最後《さいご》を「五・七・七」で終《お》わる和歌《わか》。「五・七」は何度《なんど》くり返《かえ》してもよい。

旋頭歌《せどうか》

「五・七・七」を二回《かい》くり返《かえ》す和歌《わか》。一回目《かいめ》の「五・七・七」と二回目《かいめ》の「五・七・七」で詠《よ》み手《て》が異《こと》なることが多《おお》い。

和歌《わか》に使《つか》われた技法《ぎほう》

和歌《わか》にはさまざまな表現技法《ひょうげんぎほう》が使《つか》われる。表現《ひょうげん》を工夫《くふう》することで、歌《うた》の世界《せかい》に広《ひろ》がりをもたせたり、声《こえ》に出《だ》して読《よ》んだときにリズムをよくしたり、歌《うた》の印象《いんしょう》を強《つよ》くしたりすることができる。

句切《くぎ》れ

猿丸大夫《さるまるたいふ》の歌《うた》「奥山《おくやま》に…」と喜撰法師《きせんほうし》の歌《うた》「わが庵《いお》は…」の二つを、声《こえ》に出《だ》して読《よ》んでみると、「奥山《おくやま》に…」は最後《さいご》まで止《と》まらずに読《よ》めるが、「わが庵《いお》は…」は三句目《くめ》の「しかぞ住《す》む」でいったん切《き》れる。歌《うた》の内容《ないよう》の切《き》れ目《め》のことを句切《くぎ》れという。「わが庵《いお》は…」の歌《うた》は三句切《くぎ》れ。句切《くぎ》れは、和歌《わか》のリズムとして重要《じゅうよう》。

奥山《おくやま》に　紅葉《もみじ》踏《ふ》み分《わ》け　なく鹿《しか》の
声聞《こえき》く時《とき》ぞ　秋《あき》は悲《かな》しき

5

▼44ページ

わが庵《いお》は　都《みやこ》のたつみ　しかぞ住《す》む
世《よ》をうぢ《(じ)》山《やま》と　人《ひと》はいふ《(う)》なり

8

▼47ページ

体言止《たいげんど》め

体言《たいげん》とは名詞《めいし》のこと。ものの名前《なまえ》や「もの」「こと」「とき」などの言葉《ことば》で終《お》わることを体言止《たいげんど》めという。体言《たいげん》で終《お》わることで、歌《うた》に味《あじ》わいを残《のこ》す。

春過《はるす》ぎて　夏来《なつき》にけらし　白妙《しろたえ》の
衣《ころも》ほすてふ《(ちょう)》　**天《あま》の香具山《かぐやま》**

2

▼41ページ

本歌取《ほんかど》り

古歌《こか》（本歌《ほんか》）の語句《ごく》や素材《そざい》を借《か》りて、新《あた》しい歌《うた》を詠《よ》む技法《ぎほう》。参議等《さんぎひとし》の「浅茅生《あさじう》の…」は、『古今和歌集《こきんわかしゅう》』のよみ人知《びとし》らずの歌《うた》「浅茅生《あさじう》の　小野《おの》の篠原《しのはら》　しのぶとも　人知《ひとし》るらめや　いふ人《ひと》なしに」の本歌取《ほんかど》り。上《かみ》の句《く》はほぼ同《おな》じだが、本歌《ほんか》がしのぶ恋《こい》を歌《うた》うのに対《たい》し、参議等《さんぎひとし》の歌《うた》はおさえきれない恋《こい》を歌《うた》っていて、その対比《たいひ》が歌《うた》に深《ふか》みをもたせている。

浅茅生《あさじう》の　小野《おの》の篠原《しのはら》　しのぶとも
人知《ひとし》るらめや　いふ《(う)》人《ひと》なしに

本歌《ほんか》・古今和歌集《こきんわかしゅう》

浅茅生《あさじう》の　小野《おの》の篠原《しのはら》　しのぶれど
あまりてなどか　人《ひと》の恋《こい》しき

39

▼78ページ

歌枕《うたまくら》

▼22ページ

和歌《わか》によく詠《よ》まれる地名《ちめい》や名所《めいしょ》をまとめて「歌枕《うたまくら》」という。たとえば、清原元輔《きよはらのもとすけ》の歌《うた》には「末《すえ》の松山《まつやま》」という歌枕《うたまくら》が出《で》てくる。「末《すえ》の松山《まつやま》」は、今《いま》の宮城県《みやぎけん》の海岸《かいがん》で、波《なみ》が越《こ》えたことがないという名所《めいしょ》。和歌《わか》の中《なか》では永遠《えいえん》にかわらない愛《あい》を意味《いみ》する。このように、歌枕《うたまくら》がもつイメージを借《か》りることで、限《かぎ》られた三十一文字《みそひともじ》で深《ふか》い意味《いみ》をこめることができる。

契《ちぎ》りきな　かたみに袖《そで》を　しぼりつつ
末《すえ》の松山《まつやま》　浪《なみ》こさじとは

42

▼81ページ

隠喩《いんゆ》

たとえの表現《ひょうげん》の一つで、間接《かんせつ》的《てき》にたとえる方法《ほうほう》。祐子内親王《ゆうしないしんのう》家紀伊《けのきい》の歌《うた》にある「袖《そで》のぬれ」は、おもての意味《いみ》は「海《うみ》の波《なみ》で袖《そで》がぬれること」だが、前後《ぜんご》の文脈《ぶんみゃく》をふまえて読《よ》むと「涙《なみだ》で袖《そで》がぬれること」のたとえになっている。

音《おと》に聞《き》く　高師《たかし》の浜《はま》の　あだ浪《なみ》は
かけじや袖《そで》の　ぬれもこそすれ

72

▼111ページ

擬人法《ぎじんほう》（擬人化《ぎじんか》）

人間《にんげん》ではないものを、人間《にんげん》にたとえる表現技法《ひょうげんぎほう》。貞信公《ていしんこう》の「小倉山《おぐらやま》…」の歌《うた》では、「もみぢ《(じ)》葉《ば》」に向《む》かって「心《こころ》あらば（お前《まえ》に心《こころ》があるならば）」とよびかけている。もみぢ《(じ)》葉《ば》を擬人化《ぎじんか》することで印象的《いんしょうてき》な歌《うた》にしている。

小倉山《おぐらやま》　峰《みね》のもみぢ《(じ)》葉《ば》　心《こころ》あらば
今《いま》ひとたびの　みゆき待《ま》たなむ《(ん)》

26

▼65ページ

倒置法《とうちほう》

言葉《ことば》の順番《じゅんばん》を入《い》れかえて、ある語句《ごく》を特別《とくべつ》な位置《いち》に置《お》く技法《ぎほう》。順番《じゅんばん》を入《い》れかえることで、ある語句《ごく》を強調《きょうちょう》することができる。たとえば、源宗于朝臣《みなもとのむねゆきあそん》の歌《うた》はふつうの順番《じゅんばん》でいうと「山里《やまざと》は　冬《ふゆ》ぞ寂《さび》しさ　まさりける」があとにくる。それをあえて先《さき》に置《お》くことで、「山里《やまざと》のさびしさ」を強《つよ》めている。

山里《やまざと》は　冬《ふゆ》ぞ寂《さび》しさ　まさりける
人目《ひとめ》も草《くさ》も　かれぬと思《おも》へ《(え)》ば

28

▼67ページ

枕詞《まくらことば》

五音《おん》からなる言葉《ことば》で、下《した》に続《つづ》く特定《とくてい》の言葉《ことば》をみちびき出《だ》すはたらきがある。音楽《おんがく》でたとえるとイントロのようなもの。百人一首《ひゃくにんいっしゅ》に出《で》てくる枕詞《まくらことば》には、衣《ころも》にかかる「白妙《しろたえ》の」、山《やま》にかかる「足曳《あしび》きの」、神《かみ》や宇治《うじ》にかかる「ちはやぶる」などがある。

ちはやぶる　神代《かみよ》も聞《き》かず　龍田川《たつたがわ》
から紅《くれない》に　水《みず》くぐるとは

17

▼56ページ

序詞《じょことば》

ある特定《とくてい》の言葉《ことば》をみちびき出《だ》すために、前置《まえお》きとなる語《ご》のこと。枕詞《まくらことば》と似《に》ている。通常《つうじょう》は七音以上《おんいじょう》の長《なが》い言葉《ことば》で構成《こうせい》されている。藤原敏行朝臣《ふじわらのとしゆきあそん》の歌《うた》では、「住《すみ》の江《え》の　岸《きし》による浪《なみ》」の部分《ぶぶん》が、その下《した》の「よる」をみちびく序詞《じょことば》になっている。

住《すみ》の江《え》の　岸《きし》による浪《なみ》　よるさへ《(え)》や
夢《ゆめ》の通《かよ》ひ《(い)》路《じ》　人目《ひとめ》よくらむ《(ん)》

18

▼57ページ

掛詞《かけことば》

一つの語《ご》に二つ以上《いじょう》の意味《いみ》を重《かさ》ねる技法《ぎほう》。中納言《ちゅうなごん》行平《ゆきひら》の歌《うた》では「いなば」に「因幡《いなば》」と「往《い》なば」、「まつ」に「松《まつ》」と「待《ま》つ」をかけている。同《おな》じ発音《はつおん》で意味《いみ》のちがう言葉《ことば》（同音異義語《どうおんいぎご》）を使《つか》うことで、言葉遊《ことばあそ》びとしてのおもしろさがある。

立別《たちわか》れ　いなばの山《やま》の　峰《みね》におふる《(う)》
まつとし聞《き》かば　今帰《いまかえ》り来《こ》む《(ん)》

16

▼55ページ

縁語《えんご》

和歌《わか》の中《なか》の特定《とくてい》の言葉《ことば》と関係《かんけい》の深《ふか》い言葉《ことば》を用《もち》いる技法《ぎほう》。歌《うた》の世界《せかい》に深《ふか》みをもたせることができる。多《おお》くは掛詞《かけことば》といっしょに使《つか》われ、複雑《ふくざつ》な効果《こうか》を生《う》み出《だ》す。小野小町《おののこまち》の「花《はな》の色《いろ》は…」の歌《うた》では、「ふる」に「経《ふ》る」と「降《ふ》る」をかけ、さらに「ながめ」に「眺《なが》め」と「長雨《ながあめ》」をかけている。それが縁語《えんご》としてもはたらくことで、「降《ふ》る―長雨《ながあめ》」という流《なが》れと、「経《ふ》る―眺《なが》め」という流《なが》れを生《う》んでいる。

花《はな》の色《いろ》は　移《うつ》りにけりな　いたづら《(ず)》に
我《わ》が身世《みよ》にふる　ながめせしまに

9

▼48ページ

どんな時代《じだい》に詠《よ》まれた歌《うた》？

百人一首《ひゃくにんいっしゅ》の歌《うた》が詠《よ》まれた時代《じだい》はどんな時代《じだい》で、どんな人《ひと》たちが活躍《かつやく》したのでしょう。時代《じだい》ごとに見《み》てみましょう。

中国《ちゅうごく》との交流《こうりゅう》がさかんだった【飛鳥《あすか》・奈良《なら》時代《じだい》】

飛鳥時代《あすかじだい》は聖徳太子《しょうとくたいし》や蘇我氏《そがし》が政《せい》治《じ》の中心《ちゅうしん》にいた。ところが、六四五年《ねん》に中大兄皇子《なかのおおえのおうじ》と中臣鎌足《なかとみのかまたり》が大化《たいか》の改新《かいしん》を起《お》こし、世《よ》の中《なか》が一変《いっぺん》。そこからの時代《じだい》は、天皇中心《てんのうちゅうしん》の時代《じだい》に。中大兄皇子《なかのおおえのおうじ》はのちに天智天皇《てんじてんのう》になる人物《じんぶつ》で、百人一首《ひゃくにんいっしゅ》の一番目《ばんめ》におかれている。二番目《ばんめ》の持統天皇《じとうてんのう》は、天智《てんじ》天皇《てんのう》の娘《むすめ》。つまり、百人一首《ひゃくにんいっしゅ》の世界《せかい》の幕開《まくあ》けは、ここからということになる。

次《つぎ》の奈良時代《ならじだい》には、「律令《りつりょう》」という新《あたら》しい制度《せいど》がつくられ、天皇中心《てんのうちゅうしん》の政治《せいじ》のしくみが確立《かくりつ》した。

この時代《じだい》の文化《ぶんか》のお手本《てほん》は、中国《ちゅうごく》(唐《とう》)。日本《にほん》から遣唐使《けんとうし》を唐《とう》に送《おく》り、仏《ぶっ》教《きょう》や学問《がくもん》や政治《せいじ》のしくみを学《まな》ばせた。

所蔵先：高岡市万葉歴史館

遣唐使船《けんとうしせん》の模型《もけい》。遣唐使《けんとうし》が持《も》ち帰《かえ》った仏教色《ぶっきょうしょく》の強《つよ》い文化《ぶんか》のことを「天平文化《てんぴょうぶんか》」という。

日本独自《にほんどくじ》の文化《ぶんか》が生《う》まれた【平安時代《へいあんじだい》】

仏教《ぶっきょう》の力《ちから》が強《つよ》くなりすぎたため、七九四年《ねん》、桓武天皇《かんむてんのう》が京都《きょうと》の平安京《へいあんきょう》に都《みやこ》を移《うつ》した。ここから平安時代《へいあんじだい》がはじまる。平安時代《へいあんじだい》になると遣唐使《けんとうし》が中止《ちゅうし》され、唐《とう》の影響《えいきょう》が弱《よわ》まった。そして、日本独自《にほんどくじ》の文化《ぶんか》「国風文化《こくふうぶんか》」が花《はな》開《ひら》いた。和歌《わか》がさかんになり、物語《ものがたり》や日記《にっき》などの文学《ぶんがく》が登場《とうじょう》。初《はつ》の勅撰《ちょくせん》和歌集《かしゅう》▼6ページとなる『古今和歌集《こきんわかしゅう》』がつくられた。

作家名：土佐光吉　作品名：源氏物語図色紙（花宴）※部分
所蔵先：東京国立博物館　Image:TNM Image Archives
華《はな》やかな貴族文化《きぞくぶんか》が開花《かいか》した時代《じだい》。日本独自《にほんどくじ》の文字《もじ》である仮名《かな》文字《もじ》が生《う》まれた。

権力《けんりょく》をにぎった藤原氏《ふじわらし》

平安時代《へいあんじだい》に力《ちから》をつけてきたのが藤原氏《ふじわらし》。藤原氏《ふじわらし》は自分《じぶん》の息子《むすこ》や娘《むすめ》を天皇家《てんのうけ》の皇女《こうじょ》・皇子《おうじ》と結婚《けっこん》させて親戚関係《しんせきかんけい》になり、政治《せいじ》への発言力《はつげんりょく》を強《つよ》くしていった。

藤原氏《ふじわらし》の娘《むすめ》には、当時《とうじ》の優秀《ゆうしゅう》な女性《じょせい》がたくさん仕《つか》えた。百《ひゃく》人一首《にんいっしゅ》にもそうした女性《じょせい》の歌《うた》が多《おお》く選《えら》ばれている。

貴族《きぞく》に流行《りゅうこう》

1 歌《うた》のコンテスト

歌人《かじん》が左右《さゆう》二組《くみ》に分《わ》かれて、お題《だい》にしたがって歌《うた》を詠《よ》み、どちらがよい歌《うた》かを競《きそ》い合《あ》う「歌合《うたあわせ》」がさかんに開《ひら》かれた。

平安時代《へいあんじだい》の中《なか》ごろまでは宮中《きゅうちゅう》の儀式的《ぎしきてき》なイベントだった。

2 いなか暮《ぐ》らし

貴族《きぞく》たちの間《あいだ》で、都《みやこ》から少《すこ》し離《はな》れた場所《ばしょ》に別荘《べっそう》をつくってリゾート生活《せいかつ》を楽《たの》しむことが流行《りゅうこう》した。

リゾート地《ち》として人気《にんき》だったのが、京都《きょうと》の宇治《うじ》や嵐山《あらしやま》。

3 日本《にほん》で生《う》まれた新《あたら》しい仏教《ぶっきょう》

新《あたら》しい日本《にほん》の仏教《ぶっきょう》が生《う》まれた。それが最澄《さいちょう》による「天台宗《てんだいしゅう》」と空海《くうかい》による「真言宗《しんごんしゅう》」。新《あたら》しい仏教《ぶっきょう》は「密教《みっきょう》」とよばれ、貴族《きぞく》を中心《ちゅうしん》に信仰《しんこう》が広《ひろ》まっていった。

最澄《さいちょう》も空海《くうかい》も遣唐使《けんとうし》として唐《とう》で仏教《ぶっきょう》を学《まな》んだ。

貴族《きぞく》から武士《ぶし》へ
平安時代末期《へいあんじだいまっき》から鎌倉時代《かまくらじだい》

藤原氏《ふじわらし》の力《ちから》が弱《よわ》まり、貴族《きぞく》が政治《せいじ》から離《はな》れていく一方《いっぽう》で、天皇《てんのう》を味方《みかた》につけた武士《ぶし》たちは権力《けんりょく》を強《つよ》めていった。そうした武士《ぶし》の中《なか》からは、平氏《へいし》や源氏《げんじ》が誕生《たんじょう》し、勢力争《せいりょくあらそ》いをするようになっていく。こうして、貴族中心《きぞくちゅうしん》の平安時代《へいあんじだい》が終《お》わり、武士中心《ぶしちゅうしん》の鎌倉時代《かまくらじだい》へとかわっていった。

百人一首歌人年表《ひゃくにんいっしゅかじんねんぴょう》＆おもなできごと

百人一首《ひゃくにんいっしゅ》の歌《うた》は、飛鳥《あすか》・奈良時代《ならじだい》から鎌倉時代《かまくらじだい》のはじめまで、六〇〇年《ねん》もの長《なが》い間《あいだ》に詠《よ》まれたものです。第《だい》一首《しゅ》の天智天皇《てんじてんのう》から第《だい》一〇〇首《しゅ》の順徳院《じゅんとくいん》までの歌人《かじん》が活躍《かつやく》した時代《じだい》を年表《ねんぴょう》で見《み》てみましょう。

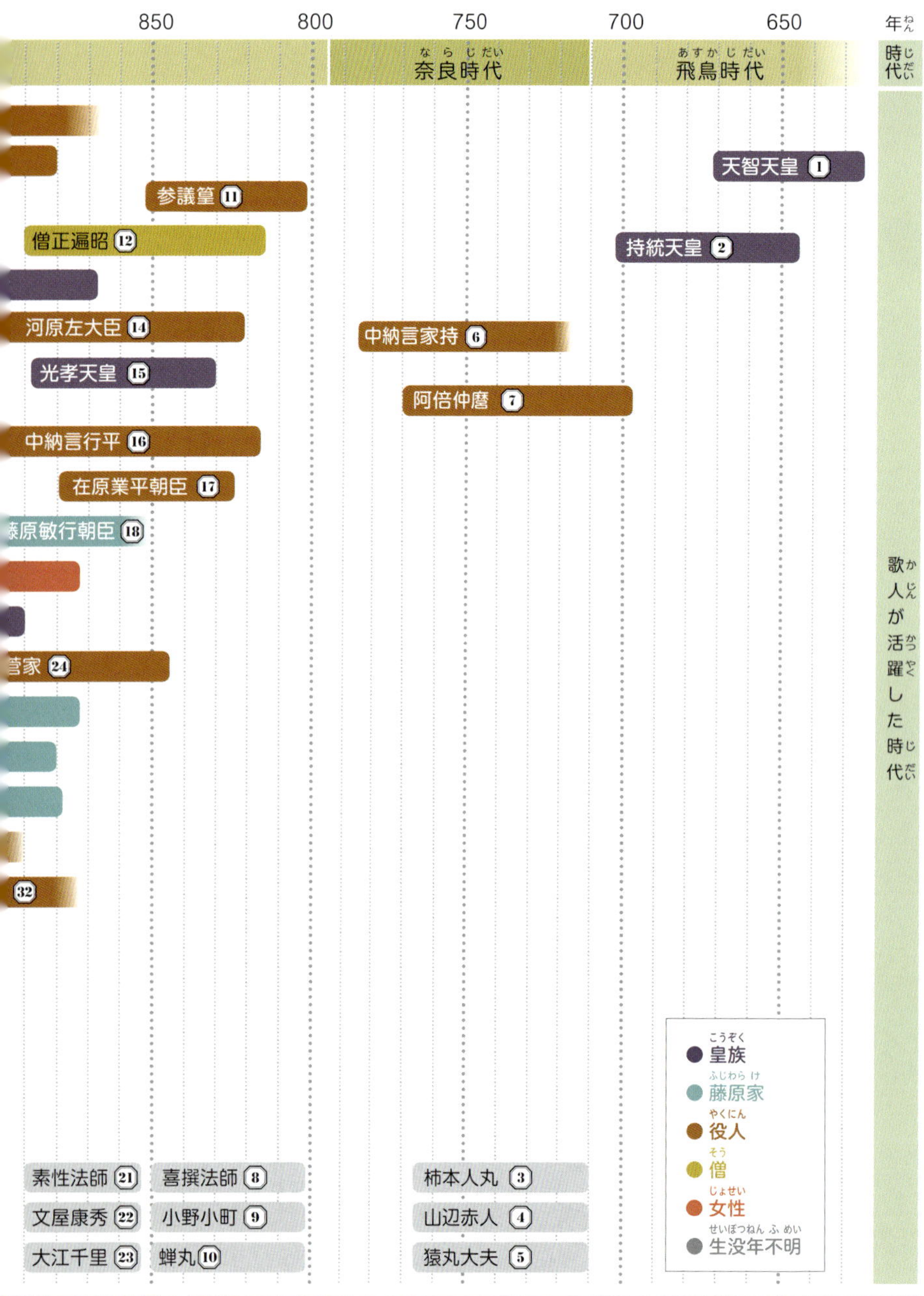

おもなできごと

大化《たいか》の改新《かいしん》(六四五)
天智天皇《てんじてんのう》が即位《そくい》する(六六八)
壬申《じんしん》の乱《らん》(六七二)
天武天皇《てんむてんのう》が即位《そくい》する(六七三)
持統天皇《じとうてんのう》が即位《そくい》する(六九〇)
藤原京遷都《ふじわらきょうせんと》(六九四)
平城京遷都《へいじょうきょうせんと》(七一〇)
『古事記《こじき》』『風土記《ふどき》』がつくられる
阿倍仲麿《あべのなかまろ》が遣唐使《けんとうし》として唐《とう》へ(七一六)
聖武天皇《しょうむてんのう》が即位《そくい》する(七二四)
各地《かくち》に国分寺《こくぶんじ》・国分尼寺《こくぶんにじ》ができる(七四一)
東大寺《とうだいじ》の大仏《だいぶつ》がつくられる(七四五)
鑑真《がんじん》が日本《にほん》にくる
東大寺正倉院《とうだいじしょうそういん》ができる(七五六)
『万葉集《まんようしゅう》』が完成《かんせい》する
平安京遷都《へいあんきょうせんと》(七九四)
最澄《さいちょう》が天台宗《てんだいしゅう》を、空海《くうかい》が真言宗《しんごんしゅう》をひらく
薬子《くすこ》の変《へん》(八一〇)
最後《さいご》の遣唐使《けんとうし》が唐《とう》へ(八三八)
承和《じょうわ》の変《へん》(八四二)
応天門《おうてんもん》の変《へん》、藤原良房《ふじわらのよしふさ》が摂政《せっしょう》になる(八六六)
藤原基経《ふじわらのもとつね》が関白《かんぱく》になる(八八七)
遣唐使中止《けんとうしちゅうし》(八九四)

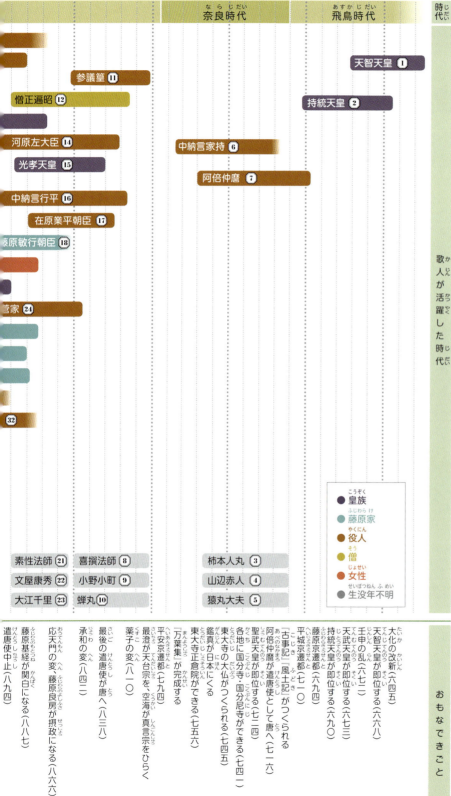

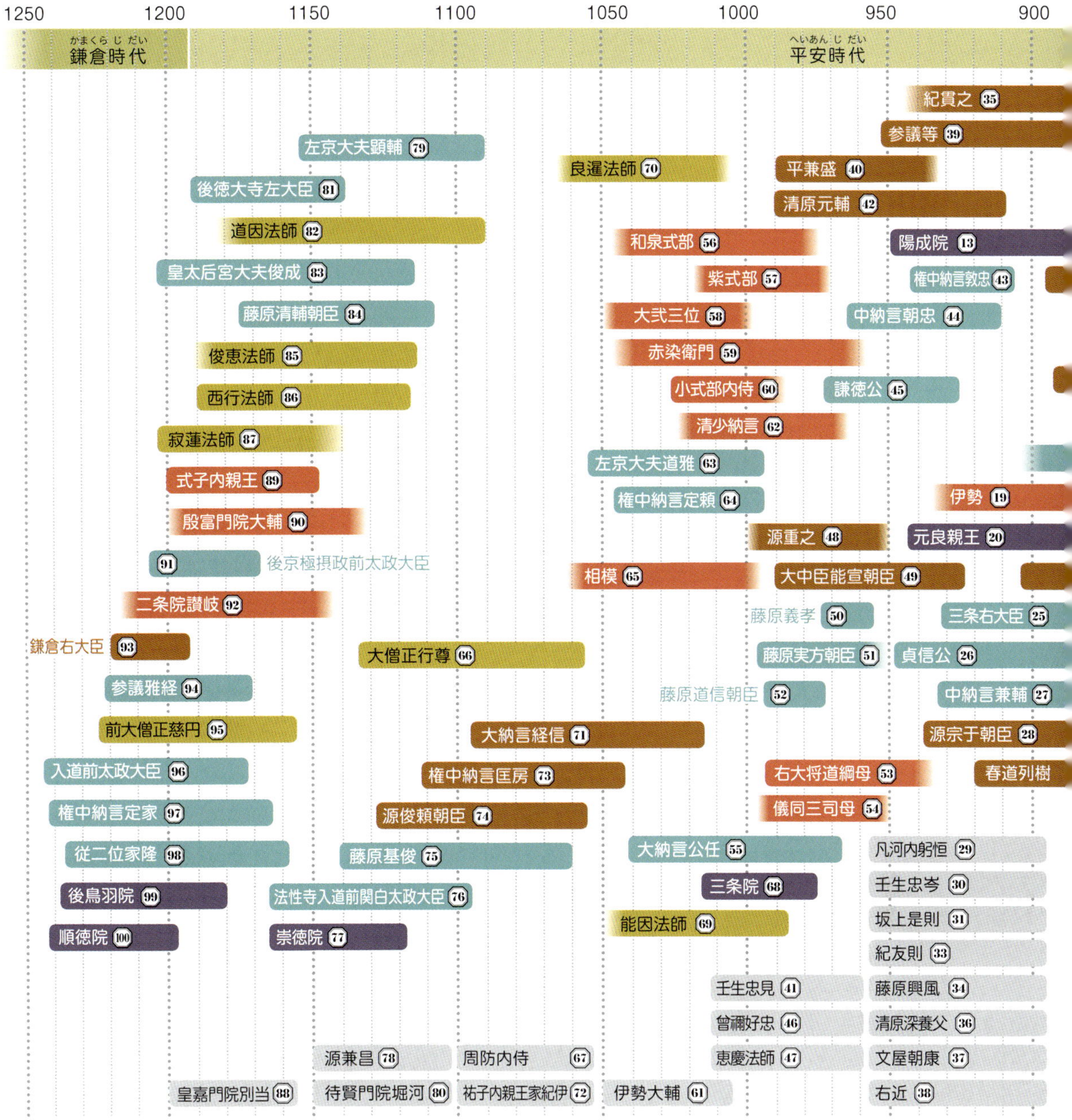

菅原道真《すがわらのみちざね》が大宰府《だざいふ》に左遷《させん》される(九〇一)
『古今和歌集《こきんわかしゅう》』がつくられる(九〇五)
紀貫之《きのつらゆき》の『土佐日記《とさにっき》』がつくられる
『後撰和歌集《ごせんわかしゅう》』がつくられる(九五一)
藤原道長《ふじわらのみちなが》が左大臣《さだいじん》になる(九九六)
清少納言《せいしょうなごん》の『枕草子《まくらのそうし》』が完成《かんせい》
『拾遺和歌集《しゅういわかしゅう》』がつくられる
紫式部《むらさきしきぶ》の『源氏物語《げんじものがたり》』がつくられる
藤原道長《ふじわらのみちなが》が摂政《せっしょう》になる(一〇一六)
白河上皇《しらかわじょうこう》が院政《いんせい》をはじめる(一〇八六)
『後拾遺和歌集《ごしゅういわかしゅう》』がつくられる(一〇八六)
『金葉和歌集《きんようわかしゅう》』がつくられる(一一二七)
『詞花和歌集《しかわかしゅう》』がつくられる(一一五一)
保元《ほうげん》の乱《らん》(一一五六)
平治《へいじ》の乱《らん》(一一五九)
平清盛《たいらのきよもり》が太政大臣《だいじょうだいじん》になる(一一六七)
壇ノ浦《だんのうら》の戦《たたか》い、平家滅亡《へいけめつぼう》(一一八五)
『千載和歌集《せんざいわかしゅう》』がつくられる(一一八八)
源頼朝《みなもとのよりとも》が征夷大将軍《せいいたいしょうぐん》になる(一一九二)
『新古今和歌集《しんこきんわかしゅう》』がつくられる(一二〇五)
鴨長明《かものちょうめい》の『方丈記《ほうじょうき》』がつくられる(一二一二)
源実朝《みなもとのさねとも》が暗殺《あんさつ》される(一二一九)
承久《じょうきゅう》の乱《らん》に敗《やぶ》れ、後鳥羽院《ごとばいん》が隠岐《おき》に、
順徳院《じゅんとくいん》が佐渡《さど》に流《なが》される(一二二一)
『百人一首《ひゃくにんいっしゅ》』『新勅撰和歌集《しんちょくせんわかしゅう》』がつくられる(一二三五)
『平家物語《へいけものがたり》』がつくられる
『続後撰和歌集《しょくごせんわかしゅう》』がつくられる(一二五一)

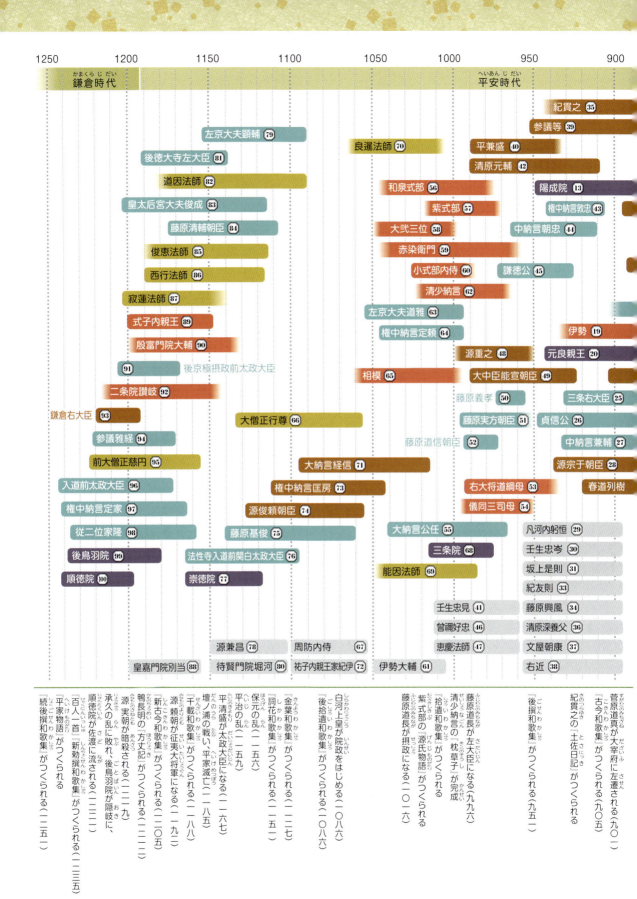

名前《なまえ》でわかる！ 歌人《かじん》の身分《みぶん》や役職《やくしょく》

この時代《じだい》の人々《ひとびと》は、役職《やくしょく》や勤務地《きんむち》、住《す》まいなどで名前《なまえ》をよぶことが多《おお》くありました。また、女性《じょせい》の場合《ばあい》は父親《ちちおや》や子《こ》の役職《やくしょく》や名前《なまえ》に続《つづ》けて○○娘《むすめ》、○○母《はは》とよぶこともありました。百人一首《ひゃくにんいっしゅ》の歌人名《かじんめい》から身分《みぶん》や役職《やくしょく》を見《み》てみましょう。

皇族《こうぞく》

天皇《てんのう》、院《いん》（上皇《じょうこう》・法皇《ほうおう》）

平安時代《へいあんじだい》の天皇《てんのう》は、政治《せいじ》をおこなう国《くに》のトップ。代々《だいだい》、天皇家《てんのうけ》の血族《けつぞく》から選《えら》ばれ、女性《じょせい》の天皇《てんのう》もいた。天皇《てんのう》を退《しりぞ》くと、上皇《じょうこう》（太上天皇《だいじょうてんのう》）や法皇《ほうおう》（出家《しゅっけ》した上皇《じょうこう》）になる。上皇《じょうこう》や法皇《ほうおう》のことを「院《いん》」ともいう。

天智天皇《てんじてんのう》

▶40ページ

持統天皇《じとうてんのう》

▶41ページ

陽成院《ようぜいいん》

▶52ページ

親王《しんのう》、内親王《ないしんのう》

天皇《てんのう》の兄弟《きょうだい》および息子《むすこ》（皇子《おうじ》）を親王《しんのう》、姉妹《しまい》および娘《むすめ》（皇女《こうじょ》）を内親王《ないしんのう》とよぶ。

式子内親王《しょくしないしんのう》

▶128ページ

僧《そう》（法師《ほうし》、入道《にゅうどう》）

僧正《そうじょう》

僧侶《そうりょ》の階級《かいきゅう》の一《ひと》つ。大僧正《だいそうじょう》が最高位《さいこうい》で、その次《つぎ》が僧正《そうじょう》、権僧正《ごんのそうじょう》……となる。僧侶全般《そうりょぜんぱん》を法師《ほうし》、入道《にゅうどう》とよぶ。

僧正遍昭《そうじょうへんじょう》

▶51ページ

大僧正行尊《だいそうじょうぎょうそん》

▶105ページ

役職《やくしょく》、官位《かんい》

官位《かんい》とは、役職《やくしょく》である官職《かんしょく》と位《くらい》の等級《とうきゅう》をあらわす位階《いかい》のこと。

太政大臣《だいじょうだいじん》

政治《せいじ》をおこなう貴族《きぞく》の最高位《さいこうい》の役職《やくしょく》。位階《いかい》は一位《い》。今《いま》でいう内閣総理大臣《ないかくそうりだいじん》。

後京極摂政《ごきょうごくせっしょう》
前太政大臣《さきのだいじょうだいじん》

▶130ページ

入道前《にゅうどうさきの》
太政大臣《だいじょうだいじん》

▶135ページ

すぐれた歌人《かじん》はチーム分《わ》け？

有名《ゆうめい》な歌人《かじん》を集《あつ》めてグループにしたものが「六歌仙《ろっかせん》」や「三十六歌仙《さんじゅうろっかせん》」。人気投票《にんきとうひょう》で決《き》めるのではなく、撰者《せんじゃ》の好《この》みやセンスで選《えら》んでいます。

●歌仙《かせん》……優《すぐ》れた和歌《わか》の詠《よ》み手《て》のことを、尊敬《そんけい》をこめて「歌仙《かせん》」という。中国《ちゅうごく》では優《すぐ》れた詩人《しじん》を「詩仙《しせん》」とよぶのに対《たい》して、日本《にほん》の歌人《かじん》を歌仙《かせん》とよんだ。『古今和歌集《こきんわかしゅう》』の

左大臣《さだいじん》、右大臣《うだいじん》

太政大臣《だいじょうだいじん》の次《つぎ》に位《くらい》が高《たか》い、位階《いかい》は二位《い》。左《さ》大臣《だいじん》のほうが右大臣《うだいじん》より上《うえ》。

河原左大臣《かわらのさだいじん》

▶53ページ

三条右大臣《さんじょうのうだいじん》

▶64ページ

大納言《だいなごん》、中納言《ちゅうなごん》

左大臣《さだいじん》、右大臣《うだいじん》の下《した》にある役職《やくしょく》。大納言《だいなごん》の位階《いかい》は三位《さんみ》。中納言《ちゅうなごん》は四位《しい》。「権《ごん》」は定員以外《ていいんいがい》の仮《かり》でつくられた役職《やくしょく》。

大納言公任《だいなごんきんとう》

▶94ページ

権中納言定頼《ごんちゅうなごんさだより》

▶103ページ

参議《さんぎ》

位階《いかい》は四位《しい》だが、あつかいとしては三位《さんみ》に入《はい》る。とくに身分《みぶん》の高《たか》い三位《さんみ》までと参議《さんぎ》を「上達部《かんだちめ》」とか「公卿《くぎょう》」とよぶこともある。

参議篁《さんぎたかむら》

▶50ページ

参議等《さんぎひとし》

▶78ページ

大夫《だいぶ》

八省《はっしょう》の下《した》におかれた役所《やくしょ》「識《しき》」の長官《ちょうかん》。五位以上《いいじょう》の男性役人《だんせいやくにん》をまとめてさしていた。

左京大夫道雅《さきょうのだいぶみちまさ》

▶102ページ

皇太后宮《こうたいごうぐうの》
大夫俊成《だいぶしゅんぜい》

▶122ページ

朝臣《あそん》

五位以上《いいじょう》の人《ひと》につける敬称《けいしょう》。初《はじ》めは、皇族《こうぞく》から降下《こうか》した貴族《きぞく》につけられた。

在原業平朝臣《ありわらのなりひらあそん》

▶56ページ

藤原敏行朝臣《ふじわらのとしゆきあそん》

▶57ページ

内侍《ないし》

天皇《てんのう》の后《きさき》がくらす後宮《こうきゅう》の役所《やくしょ》「内侍司《ないしのつかさ》」に仕《つか》える女官《にょかん》。

小式部内侍《こしきぶのないし》

▶99ページ

周防内侍《すおうのないし》

▶106ページ

序《じょ》で紀貫之《きのつらゆき》が柿本人丸《かきのもとのひとまる》と山辺赤人《やまべのあかひと》を「歌聖《かせい》」とよんだのがはじまり。

●**六歌仙《ろっかせん》**……紀貫之《きのつらゆき》が『古今和歌集《こきんわかしゅう》』で、優《すぐ》れた歌人《かじん》として次《つぎ》の六人《にん》を挙《あ》げている。喜撰法師《きせんほうし》、小野小町《おののこまち》、僧正遍昭《そうじょうへんじょう》、在原業平朝臣《ありわらのなりひらあそん》、文屋康秀《ふんやのやすひで》、大友黒主《おおとものくろぬし》。大友黒主《おおとものくろぬし》をのぞく五人《にん》が百人一首《ひゃくにんいっしゅ》に選《えら》ばれている。

●**三十六歌仙《さんじゅうろっかせん》**……平安時代《へいあんじだい》の貴族《きぞく》で歌人《かじん》だった大納言公《だいなごんきん》任《とう》(藤原公任《ふじわらのきんとう》)が選《えら》んだ、和歌《わか》のうまい三十六人《にん》。柿本人《かきのもとのひと》丸《まる》、山辺赤人《やまべのあかひと》、猿丸大夫《さるまるたいふ》、中納言家持《ちゅうなごんやかもち》、小野小町《おののこまち》、僧正遍《そうじょうへん》昭《じょう》、在原業平朝臣《ありわらのなりひらあそん》、藤原敏行朝臣《ふじわらのとしゆきあそん》、伊勢《いせ》、素性法師《そせいほうし》、中納《ちゅうな》言兼輔《ごんかねすけ》、源 宗于朝臣《みなもとのむねゆきあそん》、凡河内躬恒《おおしこうちのみつね》、壬生忠岑《みぶのただみね》、坂上是則《さかのうえのこれのり》、紀友則《きのとものり》、藤原興風《ふじわらのおきかぜ》、紀貫之《きのつらゆき》、平 兼盛《たいらのかねもり》、壬生忠見《みぶのただみ》、清原元輔《きよはらのもとすけ》、権中納言敦忠《ごんちゅうなごんあつただ》、中納言朝忠《ちゅうなごんあさただ》、源 重之《みなもとのしげゆき》、大中臣能宣朝臣《おおなかとみのよしのぶあそん》、大中臣頼基《おおなかとみのよりもと》、源 公忠《みなもとのきんただ》、源 順《みなもとのしたごう》、小大君《こおおきみ》、中務《なかつかさ》、藤原元真《ふじわらのもとざね》、斎宮女御《さいぐうのにょうご》、藤原高光《ふじわらのたかみつ》、源 信明《みなもとのさねあきら》、藤原仲文《ふじわらのなかぶみ》、藤原清正《ふじわらのきよただ》などが選《えら》ばれている。百人一首《ひゃくにんいっしゅ》には、三十六人《にん》のうち太字《ふとじ》の二十五人《にん》が選《えら》ばれている。

●**中古三十六歌仙《ちゅうこさんじゅうろっかせん》**……藤原公任《ふじわらのきんとう》が三十六歌仙《さんじゅうろっかせん》を選《えら》んでから約百年後《やくねんご》、藤原範兼《ふじわらののりかね》が選《えら》んだ。三十六歌仙《さんじゅうろっかせん》に選《えら》ばれなかった歌人《かじん》と、それ以降《いこう》に活躍《かつやく》した歌人《かじん》の中《なか》から、優《すぐ》れた三十六人《にん》を選《えら》んでいる。公任《きんとう》の三十六歌仙《さんじゅうろっかせん》と区別《くべつ》するため、「中古三十六歌仙《ちゅうこさんじゅうろっかせん》」とよぶ。百人一首《ひゃくにんいっしゅ》の中《なか》では、文屋康秀《ふんやのやすひで》、大江千里《おおえのちさと》、清原深養父《きよはらのふかやぶ》、曾禰好忠《そねのよしただ》、恵慶法師《えぎょうほうし》、藤原義孝《ふじわらのよしたか》、藤原実方朝臣《ふじわらのさねかたあそん》、右大将道綱母《うだいしょうみちつなのはは》、大納言公任《だいなごんきんとう》、和《い》泉式部《ずみしきぶ》、紫式部《むらさきしきぶ》、赤染衛門《あかぞめえもん》、伊勢大輔《いせのたいふ》、清少納言《せいしょうなごん》、左京大《さきょうのだい》夫道雅《ぶみちまさ》、権中納言定頼《ごんちゅうなごんさだより》、相模《さがみ》、能因法師《のういんほうし》が選《えら》ばれている。

百人一首《ひゃくにんいっしゅ》の歌《うた》のテーマは？

和歌《わか》は、詠《よ》まれた場面《ばめん》や目的《もくてき》、テーマによっていくつかに分《わ》けられます。百人一首《ひゃくにんいっしゅ》のもとになった勅撰和歌集《ちょくせんわかしゅう》は、それぞれテーマごとに歌《うた》を分類《ぶんるい》して並《なら》べていました。

【どんなときに詠《よ》んだ歌《うた》？】

百人一首《ひゃくにんいっしゅ》の歌《うた》は、『古今和歌集《こきんわかしゅう》』や『続後撰和歌集《しょくごせんわかしゅう》』など十の勅撰和歌集《ちょくせんわかしゅう》から選《えら》ばれています。歌会《うたかい》や歌合《うたあわせ》▼11ページでテーマをもとに詠《よ》んだり、つのる恋《こい》や日常《にちじょう》を歌《うた》にして詠《よ》んだりしています。

日常《にちじょう》では宮中《きゅうちゅう》の儀式《ぎしき》や天皇《てんのう》の行幸《ぎょうこう》(旅《たび》をすること)など政治《せいじ》や宮廷《きゅうてい》に関《かん》することを詠《よ》んだものが多《おお》くあります。

また、平安時代《へいあんじだい》の恋愛《れんあい》は歌《うた》を詠《よ》み合《あ》うことからはじまったため、百人一首《ひゃくにんいっしゅ》にも恋《こい》の歌《うた》が数多《かずおお》くあり、全体《ぜんたい》の四割以上《わりいじょう》にもなります。

【どんなテーマがあるの？】

和歌《わか》は部立《ぶたて》といわれるいくつかのテーマに分《わ》けられる。『古今和歌集《こきんわかしゅう》』以降《いこう》の時代《じだい》になると、ある程度決《ていどき》まったテーマで分類《ぶんるい》された。おもなテーマとして、恋《こい》、四季《しき》、旅《たび》、別《わかれ》、雑《ぞう》があり、百人一首《ひゃくにんいっしゅ》の歌《うた》も同《おな》じように分《わ》けることができる。

恋《こい》

かなわぬ恋《こい》になやんだり、恋人《こいびと》の心《こころ》がわりを悲《かな》しんだり、さまざまな恋《こい》のシーンが詠《よ》まれている。

四季《しき》

春《はる》・夏《なつ》・秋《あき》・冬《ふゆ》の季節《きせつ》ごとの歌《うた》。百人一首《ひゃくにんいっしゅ》では「秋《あき》」の歌《うた》が最《もっと》も多《おお》い。

旅《たび》

旅先《たびさき》の風景《ふうけい》や名所《めいしょ》などを詠《よ》んだ歌《うた》。実際《じっさい》に見《み》た景色《けしき》ではなく、想像《そうぞう》して詠《よ》んだ歌《うた》などもある。

別《わかれ》

別《わか》れのシーンや気持《きも》ちを詠《よ》んだ歌《うた》。都《みやこ》から追放《ついほう》される悲《かな》しさや無念《むねん》を詠《よ》んだ歌《うた》も少《すく》なくない。

雑《ぞう》

恋《こい》、四季《しき》、旅《たび》、別《わかれ》のどれにも入《はい》らない歌《うた》。農民《のうみん》の生活《せいかつ》を思《おも》いやる歌《うた》、人《ひと》の世《よ》の難《むずか》しさを詠《よ》んだ歌《うた》などがある。

恋《こい》の歌《うた》 43首《しゅ》

足曳《あしび》きの山鳥《やまどり》の尾《お》のしだり尾《お》の　ながながし夜《よ》をひとりかも寝《ね》む《(ん)》
柿本人丸《かきのもとのひとまる》 ▼42ページ

筑波《つくば》ねの峯《みね》より落《お》つるみなの川《がわ》　恋《こい》ぞつもりて淵《ふち》となりぬる
陽成院《ようぜいいん》 ▼52ページ

陸奥《みちのく》のしのぶもぢ《(じ)》ずり誰故《たれゆえ》に　乱《みだ》れそめにし我《われ》ならなくに
河原左大臣《かわらのさだいじん》 ▼53ページ

住《すみ》の江《え》の岸《きし》による浪《なみ》よるさへ《(え)》や　夢《ゆめ》の通《かよ》ひ《(い)》路《じ》人目《ひとめ》よくらむ《(ん)》
藤原敏行朝臣《ふじわらのとしゆきあそん》 ▼57ページ

難波潟《なにわがた》短《みじか》き葦《あし》のふしのまも　あはで《(わ)》この世《よ》をすぐしてよとや
伊勢《いせ》 ▼58ページ

侘《わ》びぬれば今《いま》はた同《おな》じ難波《なにわ》なる　みをつくしても逢《あ》は《(わ)》む《(ん)》とぞ思《おも》ふ《(う)》
元良親王《もとよししんのう》 ▼59ページ

今来《いまこ》む《(ん)》といひ《(い)》しばかりに長月《ながつき》の　有明《ありあけ》の月《つき》を待《ま》ち出《い》でつるかな
素性法師《そせいほうし》 ▼60ページ

名《な》にしおはば《(わ)》逢坂山《おうさかやま》のさねかづ《(ず)》ら　人《ひと》に知《し》られでくるよしもがな
三条右大臣《さんじょうのうだいじん》 ▼64ページ

みかの原《はら》わきて流《なが》るる泉川《いずみがわ》　いつみきとてか恋《こい》しかるらむ《(ん)》
中納言兼輔《ちゅうなごんかねすけ》 ▼66ページ

有明《ありあけ》のつれなく見《み》えし別《わか》れより　暁《あかつき》ばかり憂《う》きものはなし
壬生忠岑《みぶのただみね》 ▼69ページ

忘《わす》らるる身《み》をば思《おも》は《(わ)》ず誓《ちか》ひ《(い)》てし　人《ひと》の命《いのち》の惜《お》しくもあるかな
右近《うこん》 ▼77ページ

浅茅生《あさじう》の小野《おの》の篠原《しのはら》しのぶれど　あまりてなどか人《ひと》の恋《こい》しき
参議等《さんぎひとし》 ▼78ページ

忍《しの》ぶれど色《いろ》に出《い》でにけりわが恋《こい》は　ものや思《おも》ふ《(う)》と人《ひと》の問《と》ふ《(う)》まで
平兼盛《たいらのかねもり》 ▼79ページ

恋《こい》すてふ《(ちょう)》わが名《な》はまだき立《た》ちにけり　人知《ひとし》れずこそ思《おも》ひ《(い)》そめしか
壬生忠見《みぶのただみ》 ▼80ページ

契《ちぎ》りきなかたみに袖《そで》をしぼりつつ　末《すえ》の松山浪《まつやまなみ》こさじとは
清原元輔《きよはらのもとすけ》 ▼81ページ

逢《あ》ひ《(い)》見《み》ての後《のち》の心《こころ》にくらぶれば　昔《むかし》はものを思《おも》は《(わ)》ざりけり
権中納言敦忠《ごんちゅうなごんあつただ》 ▼82ページ

逢《お》ふ《(お)》ことの絶《た》えてしなくはなかなかに　人《ひと》をも身《み》をも恨《うら》みざらまし
中納言朝忠《ちゅうなごんあさただ》 ▼83ページ

哀《あわ》れともいふ《(う)》べき人《ひと》はおもほ《(お)》えで　身《み》のいたづ《(ず)》らになりぬべきかな
謙徳公《けんとくこう》 ▼84ページ

由良《ゆら》の門《と》をわたる舟人《ふなびと》かぢ《(じ)》を絶《た》え　行方《ゆくえ》も知《し》らぬ恋《こい》の道《みち》かな
曾禰好忠《そねのよしただ》 ▼85ページ

風《かぜ》をいたみ岩《いわ》うつ浪《なみ》のおのれのみ　くだけてものを思《おも》ふ《(う)》頃《ころ》かな
源重之《みなもとのしげゆき》 ▼87ページ

御垣守《みかきもり》衛士《えじ》のたく火《ひ》の夜《よる》はもえ　昼《ひる》は消《き》えつつものをこそ思《おも》へ《(え)》
大中臣能宣朝臣《おおなかとみのよしのぶあそん》 ▼88ページ

君《きみ》がため惜《お》しからざりし命《いのち》さへ《(え)》　長《なが》くもがなと思《おも》ひ《(い)》けるかな
藤原義孝《ふじわらのよしたか》 ▼89ページ

かくとだにえやはいぶきのさしも草《ぐさ》　さしも知《し》らじな燃《も》ゆる思《おも》ひ《(い)》を
藤原実方朝臣《ふじわらのさねかたあそん》 ▼90ページ

明《あ》けぬれば暮《く》るるものとは知《し》りながら　なほ《(お)》恨《うら》めしき朝《あさ》ぼらけかな
藤原道信朝臣《ふじわらのみちのぶあそん》 ▼91ページ

嘆《なげ》きつつ独《ひと》りぬる夜《よ》の明《あ》くるまは　いかに久《ひさ》しきものとかは《(わ)》知《し》る
右大将道綱母《うだいしょうみちつなのはは》 ▼92ページ

忘《わす》れじの行末《ゆくすえ》まではかたければ　今日《きょう》を限《かぎ》りの命《いのち》ともがな
儀同三司母《ぎどうさんしのはは》 ▼93ページ

あらざらむ《(ん)》この世《よ》のほかの思《おも》ひ《(い)》出《いで》に　今《いま》一《ひと》たびの逢《お》ふ《(う)》こともがな
和泉式部《いずみしきぶ》 ▼95ページ

有馬山《ありまやま》ゐ《(い)》なのささ原風吹《はらかぜふ》けば　いでそよ人《ひと》を忘《わす》れやは《(わ)》する
大弐三位《だいにのさんみ》 ▼97ページ

やすらは《(わ)》で寝《ね》なましものを小夜更《さよふ》けて　かたぶくまでの月《つき》を見《み》しかな
赤染衛門《あかぞめえもん》 ▼98ページ

今《いま》はただ思《おも》ひ《(い)》絶《た》えなむ《(ん)》とばかりを　人《ひと》づてならで言《い》ふ《(う)》よしもがな
左京大夫道雅《さきょうのだいぶみちまさ》 ▼102ページ

恨《うら》み侘《わ》びほさぬ袖《そで》だにあるものを　恋《こい》に朽《く》ちなむ《(ん)》名《な》こそ惜《お》しけれ
相模《さがみ》 ▼104ページ

音《おと》に聞《き》く高師《たかし》の浜《はま》のあだ浪《なみ》は　かけじや袖《そで》のぬれもこそすれ
祐子内親王家紀伊《ゆうしないしんのうけのきい》 ▼111ページ

うかりける人《ひと》を初瀬《はつせ》の山《やま》おろし　はげしかれとは祈《いの》らぬものを
源俊頼朝臣《みなもとのとしよりあそん》 ▼113ページ

瀬《せ》を早《はや》み岩《いわ》にせかるる滝川《たきがわ》の　われても末《すえ》に逢《あ》は《(わ)》む《(ん)》とぞ思《おも》ふ《(う)》
崇徳院《すとくいん》 ▼116ページ

ながからむ《(ん)》心《こころ》も知《し》らず黒髪《くろかみ》の　乱《みだ》れてけさはものをこそ思《おも》へ《(え)》
待賢門院堀河《たいけんもんいんほりかわ》 ▼119ページ

思《おも》ひ《(い)》わびさても命《いのち》はあるものを　憂《う》きに堪《た》へ《(え)》ぬは涙《なみだ》なりけり
道因法師《どういんほうし》 ▼121ページ

夜《よ》もすがらもの思《おも》ふ《(う)》ころは明《あ》けやらで　ねやのひまさへ《(え)》つれなかりけり
俊恵法師《しゅんえほうし》 ▼124ページ

嘆《なげ》けとて月《つき》やはものを思《おも》は《(わ)》する　かこち顔《がお》なるわが涙《なみだ》かな
西行法師《さいぎょうほうし》 ▼125ページ

難波江《なにわえ》のあしのかりねの一夜《ひとよ》ゆゑ《(え)》　みをつくしてや恋《こい》わたるべき
皇嘉門院別当《こうかもんいんのべっとう》 ▼127ページ

玉《たま》の緒《お》よたえなば絶《た》えねながらへ《(え)》ば　忍《しの》ぶることの弱《よわ》りもぞする
式子内親王《しょくしないしんのう》 ▼128ページ

見《み》せばやな雄島《おじま》のあまの袖《そで》だにも　濡《ぬ》れにぞ濡《ぬ》れし色《いろ》はかはら《(わ)》ず
殷富門院大輔《いんぷもんいんのたいふ》 ▼129ページ

わが袖《そで》は汐干《しおひ》に見《み》えぬ沖《おき》の石《いし》の　人《ひと》こそ知《し》らね乾《かわ》く間《ま》もなし
二条院讃岐《にじょういんのさぬき》 ▼131ページ

来《こ》ぬ人《ひと》を松帆《まつほ》の浦《うら》の夕《ゆう》なぎに　焼《や》くや藻塩《もしお》の身《み》もこがれつつ
権中納言定家《ごんちゅうなごんていか》 ▼136ページ

四季《しき》の歌《うた》

春《はる》の歌《うた》 6首《しゅ》

花《はな》の色《いろ》は移《うつ》りにけりないたづ《（ず）》らに　我《わ》が身世《みよ》にふるながめせしまに　小野小町《おののこまち》 ▼48ページ

君《きみ》がため春《はる》の野《の》に出《い》でて若菜《わかな》つむ　わが衣手《ころもで》に雪《ゆき》は降《ふ》りつつ　光孝天皇《こうこうてんのう》 ▼54ページ

久方《ひさかた》の光《ひかり》のどけき春《はる》の日《ひ》に　しづ《（ず）》ごころなく花《はな》の散《ち》るらむ《（ん）》　紀友則《きのとものり》 ▼72ページ

人《ひと》はいさ心《こころ》もしらずふるさとは　花《はな》ぞ昔《むかし》の香《か》ににほ《（お）》ひ《（い）》ける　紀貫之《きのつらゆき》 ▼74ページ

いにしへ《（え）》の奈良《なら》の都《みやこ》の八重《やえ》ざくら　今日九重《きょうここのえ》に匂《にお》ひ《（い）》ぬるかな　伊勢大輔《いせのたいふ》 ▼100ページ

高砂《たかさご》の尾《お》の上《え》の桜咲《さくらさ》きにけり　外山《とやま》の霞《かすみ》たたずもあらなむ《（ん）》　権中納言匡房《ごんちゅうなごんまさふさ》 ▼112ページ

夏《なつ》の歌《うた》 4首《しゅ》

春過《はるす》ぎて夏来《なつき》にけらし白妙《しろたえ》の　衣《ころも》ほすてふ《（ちょう）》天《あま》の香具山《かぐやま》　持統天皇《じとうてんのう》 ▼41ページ

夏《なつ》の夜《よ》はまだ宵《よい》ながらあけぬるを　雲《くも》のいづ《（ず）》こに月宿《つきやど》るらむ《（ん）》　清原深養父《きよはらのふかやぶ》 ▼75ページ

ほととぎす鳴《な》きつる方《かた》を眺《なが》むれば　ただ有明《ありあけ》の月《つき》ぞ残《のこ》れる　後徳大寺左大臣《ごとくだいじのさだいじん》 ▼120ページ

風《かぜ》そよぐならの小川《おがわ》の夕《ゆう》ぐれは　みそぎぞ夏《なつ》のしるしなりける　従二位家隆《じゅにいいえたか》 ▼137ページ

秋《あき》の歌《うた》 16首《しゅ》

秋《あき》の田《た》のかりほ《（お）》の庵《いお》のとまをあらみ　我《わ》が衣手《ころもで》は露《つゆ》に濡《ぬ》れつつ　天智天皇《てんじてんのう》 ▼40ページ

奥山《おくやま》に紅葉踏《もみじふ》み分《わ》けなく鹿《しか》の　声聞《こえき》く時《とき》ぞ秋《あき》は悲《かな》しき　猿丸大夫《さるまるたいふ》 ▼44ページ

ちはやぶる神代《かみよ》も聞《き》かず龍田川《たつたがわ》　から紅《くれない》に水《みず》くぐるとは　在原業平朝臣《ありわらのなりひらあそん》 ▼56ページ

吹《ふ》くからに秋《あき》の草木《くさき》のしを《（お）》るれば　むべ山風《やまかぜ》を嵐《あらし》といふ《（う）》らむ《（ん）》　文屋康秀《ふんやのやすひで》 ▼61ページ

旅《たび》の歌《うた》 4首《しゅ》

天《あま》の原《はら》ふりさけ見《み》れば春日《かすが》なる　三笠《みかさ》の山《やま》に出《い》でし月《つき》かも　阿倍仲麿《あべのなかまろ》 ▼46ページ

わたの原八十島《はらやそしま》かけて漕《こ》ぎ出《い》でぬと　人《ひと》にはつげよあまの釣舟《つりぶね》　参議篁《さんぎたかむら》 ▼50ページ

このたびは幣《ぬさ》もとりあへ《（え）》ず手向山《たむけやま》　紅葉《もみじ》の錦神《にしきかみ》のまにまに　菅家《かんけ》 ▼63ページ

世《よ》の中《なか》は常《つね》にもがもな渚《なぎさ》こぐ　海士《あま》の小舟《おぶね》の綱手《つなで》かなしも　鎌倉右大臣《かまくらのうだいじん》 ▼132ページ

別《わかれ》の歌《うた》 1首《しゅ》

立別《たちわか》れいなばの山《やま》の峰《みね》におふ《（う）》る　まつとし聞《き》かば今帰《いまかえ》り来《こ》む《（ん）》　中納言行平《ちゅうなごんゆきひら》 ▼55ページ

月見《つきみ》れば千々《ちぢ》にものこそ悲《かな》しけれ　わが身《み》ひとつの秋《あき》にはあらねど
大江千里《おおえのちさと》 ▼62ページ

心《こころ》あてに折《お》らばや折《お》らむ《(ん)》初霜《はつしも》の　置《お》きまどは《(わ)》せる白菊《しらぎく》の花《はな》
凡河内躬恒《おおしこうちのみつね》 ▼68ページ

山《やま》がは《(わ)》に風《かぜ》のかけたるしがらみは　流《なが》れもあへ《(え)》ぬ紅葉《もみじ》なりけり
春道列樹《はるみちのつらき》 ▼71ページ

白露《しらつゆ》に風《かぜ》の吹《ふ》きしく秋《あき》の野《の》は　つらぬきとめぬ玉《たま》ぞ散《ち》りける
文屋朝康《ふんやのあさやす》 ▼76ページ

八重葎《やえむぐら》しげれる宿《やど》のさびしきに　人《ひと》こそ見《み》えね秋《あき》は来《き》にけり
恵慶法師《えぎょうほうし》 ▼86ページ

嵐《あらし》ふく三室《みむろ》の山《やま》のもみぢ《(じ)》葉《ば》は　龍田《たつた》の川《かわ》の錦《にしき》なりけり
能因法師《のういんほうし》 ▼108ページ

寂《さび》しさに宿《やど》を立《た》ち出《い》でて眺《なが》むれば　いづ《(ず)》こも同《おな》じ秋《あき》の夕暮《ゆうぐれ》
良暹法師《りょうぜんほうし》 ▼109ページ

夕《ゆう》されば門田《かどた》の稲葉《いなば》おとづ《(ず)》れて　葦《あし》のまろやに秋風《あきかぜ》ぞ吹《ふ》く
大納言経信《だいなごんつねのぶ》 ▼110ページ

秋風《あきかぜ》にたなびく雲《くも》の絶《た》え間《ま》より　もれ出《い》づ《(ず)》る月《つき》の影《かげ》のさやけさ
左京大夫顕輔《さきょうのだいぶあきすけ》 ▼118ページ

村雨《むらさめ》の露《つゆ》もまだひぬ槙《まき》の葉《は》に　霧立《きりた》ちのぼる秋《あき》の夕暮《ゆうぐれ》
寂蓮法師《じゃくれんほうし》 ▼126ページ

きりぎりすなくや霜夜《しもよ》のさむしろに　衣《ころも》かたしき独《ひと》りかも寝《ね》む《(ん)》
後京極摂政前太政大臣《ごきょうごくせっしょうさきのだいじょうだいじん》 ▼130ページ

みよし野《の》の山《やま》の秋風《あきかぜ》小夜《さよ》更《ふ》けて　故郷《ふるさと》寒《さむ》く衣《ころも》うつなり
参議雅経《さんぎまさつね》 ▼133ページ

冬《ふゆ》の歌《うた》　6首《しゅ》

田子《たご》の浦《うら》に打出《うちい》でてみれば白妙《しろたえ》の　富士《ふじ》の高嶺《たかね》に雪《ゆき》は降《ふ》りつつ
山辺赤人《やまべのあかひと》 ▼43ページ

かささぎの渡《わた》せる橋《はし》に置《お》く霜《しも》の　白《しろ》きを見《み》れば夜《よ》ぞ更《ふ》けにける
中納言家持《ちゅうなごんやかもち》 ▼45ページ

山里《やまざと》は冬《ふゆ》ぞ寂《さび》しさまさりける　人目《ひとめ》も草《くさ》もかれぬと思《おも》へ《(え)》ば
源宗于朝臣《みなもとのむねゆきあそん》 ▼67ページ

朝《あさ》ぼらけ有明《ありあけ》の月《つき》と見《み》るまでに　吉野《よしの》の里《さと》に降《ふ》れる白雪《しらゆき》
坂上是則《さかのうえのこれのり》 ▼70ページ

朝《あさ》ぼらけ宇治《うじ》の川霧《かわぎり》絶《た》えだえに　あらは《(わ)》れ渡《わた》る瀬々《せぜ》の網代木《あじろぎ》
権中納言定頼《ごんちゅうなごんさだより》 ▼103ページ

淡路島《あわじしま》かよふ《(う)》千鳥《ちどり》の鳴《な》く声《こえ》に　いくよ寝覚《ねざ》めぬ須磨《すま》の関守《せきもり》
源兼昌《みなもとのかねまさ》 ▼117ページ

雑《ぞう》の歌《うた》　20首《しゅ》

わが庵《いお》は都《みやこ》のたつみしかぞ住《す》む　世《よ》をうぢ《(じ)》山《やま》と人《ひと》はいふ《(う)》なり
喜撰法師《きせんほうし》 ▼47ページ

これやこの行《ゆ》くも帰《かえ》るも別《わか》れては　知《し》るも知《し》らぬも逢坂《おうさか》の関《せき》
蝉丸《せみまる》 ▼49ページ

天《あま》つ風雲《かぜくも》のかよひ《(い)》ぢ《(じ)》吹《ふ》きとぢ《(じ)》よ　乙女《おとめ》の姿《すがた》しばしとどめむ《(ん)》
僧正遍昭《そうじょうへんじょう》 ▼51ページ

小倉山峰《おぐらやまみね》のもみぢ《(じ)》葉《ば》心《こころ》あらば　今《いま》ひとたびのみゆき待《ま》たなむ《(ん)》
貞信公《ていしんこう》 ▼65ページ

誰《たれ》をかも知《し》る人《ひと》にせむ《(ん)》高砂《たかさご》の　松《まつ》も昔《むかし》の友《とも》ならなくに
藤原興風《ふじわらのおきかぜ》 ▼73ページ

滝《たき》の音《おと》はたえて久《ひさ》しくなりぬれど　名《な》こそ流《なが》れてなほ《(お)》聞《き》こえけれ
大納言公任《だいなごんきんとう》 ▼94ページ

めぐり逢《あ》ひ《(い)》て見《み》しやそれともわかぬまに　雲《くも》がくれにし夜半《よわ》の月《つき》かな
紫式部《むらさきしきぶ》 ▼96ページ

大江山生野《おおえやまいくの》の道《みち》の遠《とお》ければ　まだふみも見《み》ず天《あま》の橋立《はしだて》
小式部内侍《こしきぶのないし》 ▼99ページ

夜《よ》をこめて鳥《とり》のそら音《ね》ははかるとも　よに逢坂《おうさか》の関《せき》はゆるさじ
清少納言《せいしょうなごん》 ▼101ページ

もろともにあは《(わ)》れと思《おも》へ《(え)》山《やま》ざくら　花《はな》よりほかに知《し》る人《ひと》もなし
大僧正行尊《だいそうじょうぎょうそん》 ▼105ページ

春《はる》の夜《よ》の夢《ゆめ》ばかりなる手枕《たまくら》に　かひ《(い)》なくたたむ《(ん)》名《な》こそ惜《お》しけれ
周防内侍《すおうのないし》 ▼106ページ

心《こころ》にもあらで憂《う》き世《よ》にながらへ《(え)》ば　恋《こい》しかるべき夜半《よわ》の月《つき》かな
三条院《さんじょういん》 ▼107ページ

契《ちぎ》りおきしさせもが露《つゆ》を命《いのち》にて　あは《(わ)》れ今年《ことし》の秋《あき》もいぬめり
藤原基俊《ふじわらのもととし》 ▼114ページ

わたの原《はら》漕《こ》ぎ出《い》でて見《み》れば久方《ひさかた》の　雲居《くもい》にまがふ《(ごう)》沖《おき》つ白浪《しらなみ》
法性寺入道前関白太政大臣《ほっしょうじにゅうどうさきのかんぱくだいじょうだいじん》 ▼115ページ

世《よ》の中《なか》よ道《みち》こそなけれ思《おも》ひ《(い)》入《い》る　山《やま》の奥《おく》にも鹿《しか》ぞなくなる
皇太后宮大夫俊成《こうたいごうぐうのだいぶしゅんぜい》 ▼122ページ

ながらへ《(え)》ばまたこのごろやしのばれむ《(ん)》　憂《う》しと見《み》し世《よ》ぞ今《いま》は恋《こい》しき
藤原清輔朝臣《ふじわらのきよすけあそん》 ▼123ページ

おほ《(お)》けなくうき世《よ》の民《たみ》におほ《(お)》ふ《(う)》かな　わが立《た》つ杣《そま》に墨染《すみぞ》めの袖《そで》
前大僧正慈円《さきのだいそうじょうじえん》 ▼134ページ

花《はな》さそふ《(う)》あらしの庭《にわ》の雪《ゆき》ならで　ふりゆくものはわが身《み》なりけり
入道前太政大臣《にゅうどうさきのだいじょうだいじん》 ▼135ページ

人《ひと》もをし《(お)》人《ひと》もうらめしあぢ《(じ)》きなく　世《よ》を思《おも》ふ《(う)》故《ゆえ》にもの思《おも》ふ《(う)》身《み》は
後鳥羽院《ごとばいん》 ▼138ページ

百敷《ももしき》や古《ふる》き軒端《のきば》のしのぶにも　なほ《(お)》あまりある昔《むかし》なりけり
順徳院《じゅんとくいん》 ▼139ページ

歌《うた》に詠《よ》まれた月《つき》、植物《しょくぶつ》、動物《どうぶつ》

和歌《わか》には「月《つき》」「植物《しょくぶつ》」「動物《どうぶつ》」などの自然《しぜん》がよく詠《よ》まれます。月《つき》のいろいろなよび方《かた》や、季節《きせつ》を代表《だいひょう》する植物《しょくぶつ》、動物《どうぶつ》を紹介《しょうかい》します。

月《つき》

日本人《にほんじん》は古《ふる》くから月《つき》を好《この》んできた。また、月《つき》とのかかわりを大切《たいせつ》にして、日々《ひび》をくらしてきた。現代《げんだい》の私《わたし》たちが使《つか》っているカレンダーは太陽《たいよう》の動《うご》きをもとにした「太陽暦《たいようれき》」だが、昔《むかし》は月《つき》の満《み》ち欠《か》けを基準《きじゅん》にした「太陰暦《たいいんれき》」だった。人々《ひとびと》は月《つき》の形《かたち》を見《み》て、今日《きょう》が何月何日《なんがつなんにち》かを知《し》ったり、月《つき》の満《み》ち欠《か》けに合《あ》わせて農業《のうぎょう》や漁業《ぎょぎょう》をおこなったりしていた。そのため、月《つき》のよび方《かた》もいろいろ生《う》まれた。百人一首《ひゃくにんいっしゅ》の中《なか》に月《つき》を詠《よ》んだ歌《うた》は多《おお》くある。その多《おお》くが、月《つき》をながめてもの思《おも》いにふける内容《ないよう》。

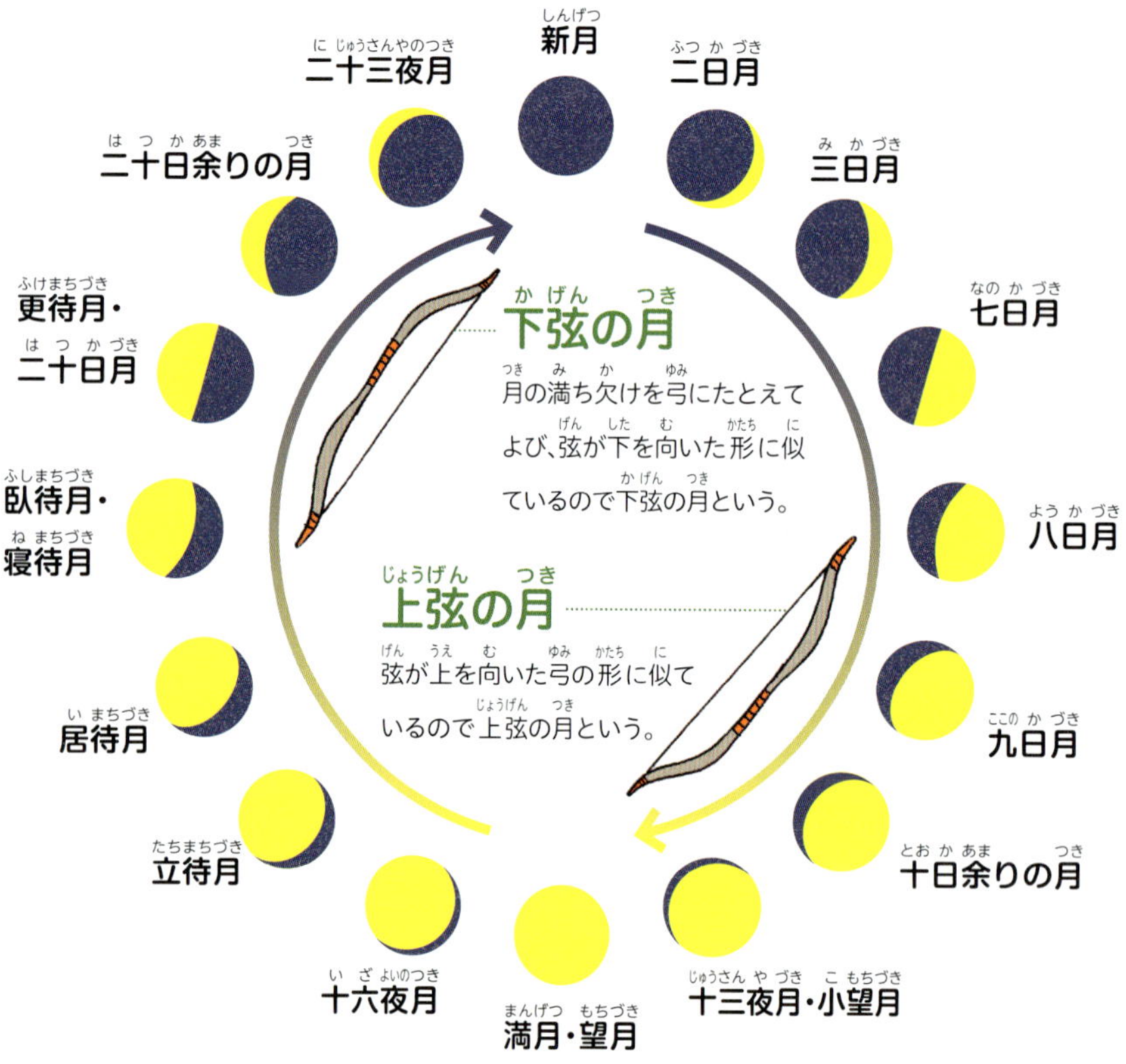

ほかにもこんな名前《なまえ》で詠《よ》まれたよ

●**夜半《よわ》の月《つき》**
夜中《よなか》に見《み》える月《つき》のこと。百人一首《ひゃくにんいっしゅ》にも「夜半《よわ》の月《つき》」を詠《よ》んだ歌《うた》が二首《しゅ》ある。

●**有明《ありあけ》の月《つき》**
明《あ》け方《がた》に残《のこ》っている月《つき》。女性《じょせい》の家《いえ》に泊《と》まりにきていた男性《だんせい》が帰《かえ》ってしまう時間《じかん》なので、「うらめしい月《つき》」として詠《よ》まれることが多《おお》い。百人一首《ひゃくにんいっしゅ》では三首《しゅ》ある。

●**夕月夜《ゆうづくよ》**
夕方《ゆうがた》に出《で》る月《つき》。または、月《つき》が出《で》ている夕方《ゆうがた》のこと。百人一首《ひゃくにんいっしゅ》では詠《よ》まれていない。

植物《しょくぶつ》

百人一首《ひゃくにんいっしゅ》には、さまざまな植物《しょくぶつ》が詠《よ》まれている。植物《しょくぶつ》は季節《きせつ》を感《かん》じさせるとともに、その植物《しょくぶつ》がもつイメージを歌《うた》にとりこむことができる。

紅葉《もみじ》

秋《あき》になると赤《あか》や黄色《きいろ》に色《いろ》が変《へん》化《か》する植物《しょくぶつ》をまとめていう。

梅《うめ》

奈良時代《ならじだい》に「花《はな》」といえば、梅《うめ》のこと。平安時代《へいあんじだい》になると、桜《さくら》のことをさすようになった。

桜《さくら》

春《はる》の訪《おとず》れとともに、いっせいに咲《さ》き、すぐにちってしまう。

若菜《わかな》

なずなやつくしなど、春《はる》に芽《め》を出《だ》す野草《やそう》。「春《はる》の七草《ななくさ》」のように、食用《しょくよう》にするものをまとめて若《わか》菜《な》といった。

篠《しの》・笹《ささ》

細《ほそ》く短《みじか》い竹《たけ》。風《かぜ》にふかれるとゆれて、「さやさや」「そよそよ」と音《おと》が鳴《な》る。

松《まつ》

常緑樹《じょうりょくじゅ》で樹齢《じゅれい》も長《なが》い。そのため、長生《ながい》きの象徴《しょうちょう》として使《つか》われることがある。

動物《どうぶつ》

百人一首《ひゃくにんいっしゅ》には、鹿《しか》と鳥《とり》がよく出《で》てくる。鹿《しか》は秋《あき》の歌《うた》に詠《よ》まれることが多《おお》く、鳥《とり》は声《こえ》や姿《すがた》、習性《しゅうせい》などを歌《うた》にしている。

かささぎ

カラス科《か》の黒《くろ》い鳥《とり》。たくさんのかささぎが翼《つばさ》を広《ひろ》げて並《なら》び、天《あま》の川《がわ》に橋《はし》をかけるという七夕伝《たなばたでん》説《せつ》がある。

山鳥《やまどり》

やなぎ/PIXTA

オスの尾《お》が長《なが》いのが特徴《とくちょう》。また、オスとメスが離《はな》れて寝《ね》る習性《しゅうせい》があり、「ひとり寝《ね》」の表現《ひょうげん》によく使《つか》われる。

鹿《しか》

オスがメスをよぶ鳴《な》き声《ごえ》がさびしそうに聞《き》こえることから、「人《ひと》恋《こい》しさ」をあらわすために登場《とうじょう》することが多《おお》い。

ほととぎす

初夏《しょか》になると、東南《とうなん》アジアから日本《にほん》に渡《わた》ってくる。夏《なつ》の訪《おとず》れを知《し》らせる鳥《とり》として、鳴《な》き声《ごえ》を詠《よ》んだ歌《うた》が多《おお》い。

千鳥《ちどり》

海岸《かいがん》などの水辺《みずべ》に群《む》れでくらす鳥《とり》。もの悲《がな》しい声《こえ》で鳴《な》く。冬《ふゆ》をイメージさせる鳥《とり》の代表《だいひょう》。

鶏《にわとり》

古《ふる》くから家畜《かちく》として飼《か》われていた。夜明《よあ》けを告《つ》げる鳥《とり》として歌《うた》に詠《よ》まれることが多《おお》い。

歌《うた》に詠《よ》まれた土地《とち》

古《ふる》くから人々《ひとびと》に親《した》しまれ、多《おお》くの和歌《わか》に詠《よ》まれてきた土地《とち》や名所《めいしょ》を歌枕《うたまくら》（▼8ページ）といいます。百人一首《ひゃくにんいっしゅ》ではどんな歌枕《うたまくら》が出《で》るか、地図《ちず》といっしょに見《み》てみましょう。

泉川《いずみがわ》・瓶原《みかのはら》（みかの原《はら》）
中納言兼輔《ちゅうなごんかねすけ》 27
三笠山《みかさやま》（三笠《みかさ》の山《やま》）・春日《かすが》
阿倍仲麿《あべのなかまろ》 7
三室山《みむろやま》（三室《みむろ》の山《やま》）
能因法師《のういんほうし》 69
住の江《すみのえ》
藤原敏行朝臣《ふじわらのとしゆきあそん》 18
難波《なにわ》（難波潟《なにわがた》・難波江《なにわえ》）
伊勢《いせ》 19
元良親王《もとよししんのう》 20
皇嘉門院別当《こうかもんいんのべっとう》 88
拡大図《かくだいず》
兵庫県《ひょうごけん》
京都府《きょうとふ》
滋賀県《しがけん》
大阪府《おおさかふ》
奈良県《ならけん》
和歌山県《わかやまけん》
奈良《なら》（奈良《なら》の都《みやこ》）
伊勢大輔《いせのたいふ》 61
初瀬《はつせ》
源俊頼朝臣《みなもとのとしよりあそん》 74
天の香具山《あまのかぐやま》
持統天皇《じとうてんのう》 2
吉野《よしの》（吉野《よしの》の里《さと》・みよし野《の》）
坂上是則《さかのうえのこれのり》 31
参議雅経《さんぎまさつね》 94
龍田川《たつたがわ》（龍田《たつた》の川《かわ》）
在原業平朝臣《ありわらのなりひらあそん》 17
能因法師《のういんほうし》 69
高師の浜《たかしのはま》
祐子内親王家紀伊《ゆうしないしんのうけのきい》 72
猪名《いな》（ゐ《い》な）
大弐三位《だいにのさんみ》 58

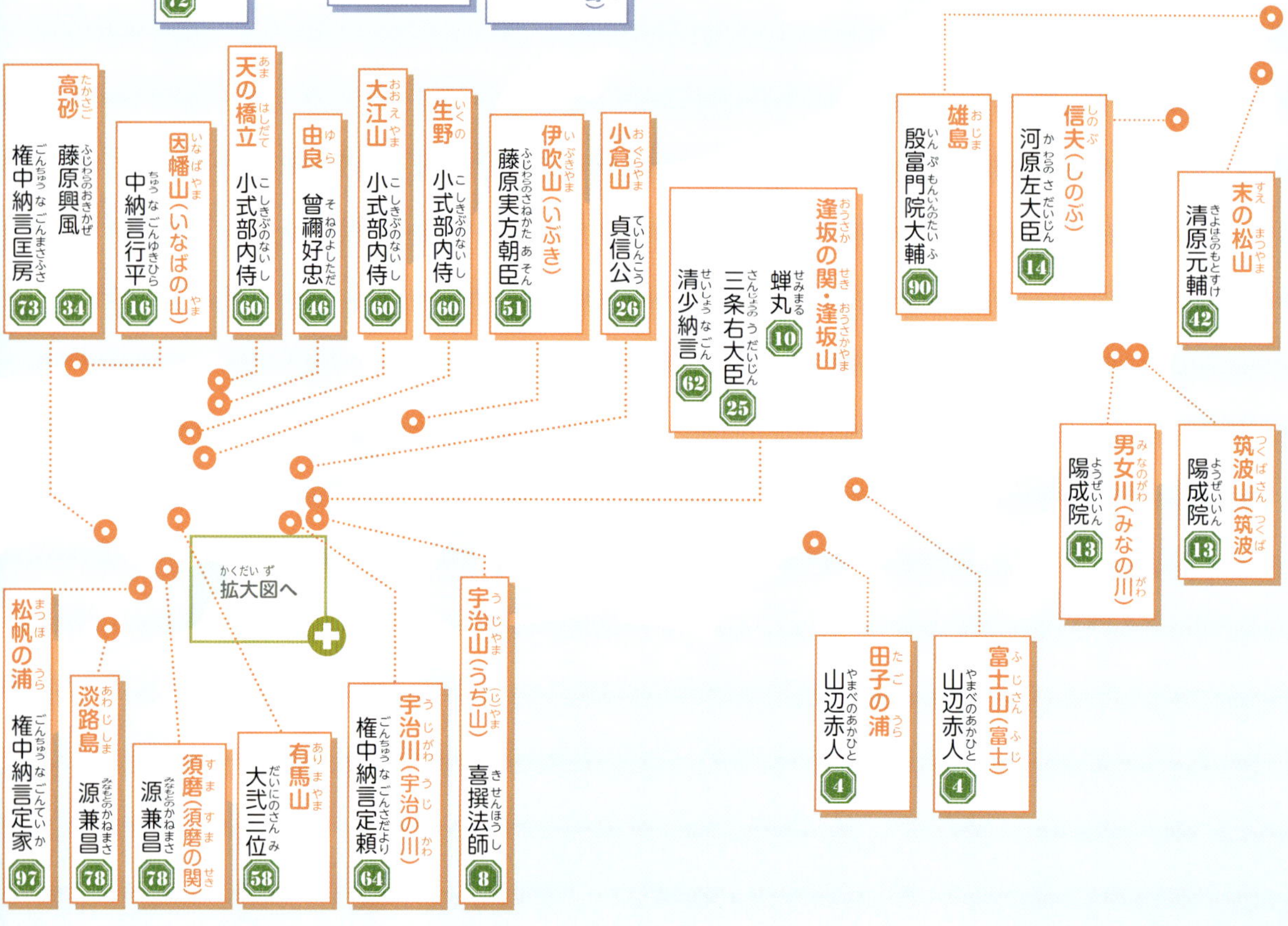
末の松山《すえのまつやま》
清原元輔《きよはらのもとすけ》 42
信夫《しのぶ》（しのぶ）
河原左大臣《かわらのさだいじん》 14
雄島《おじま》
殷富門院大輔《いんぷもんいんのたいふ》 90
筑波山《つくばさん》（筑波《つくば》）
陽成院《ようぜいいん》 13
男女川《みなのがわ》（みなの川《がわ》）
陽成院《ようぜいいん》 13
富士山《ふじさん》（富士《ふじ》）
山辺赤人《やまべのあかひと》 4
田子の浦《たごのうら》
山辺赤人《やまべのあかひと》 4
逢坂の関《おうさかのせき》・逢坂山《おうさかやま》
蝉丸《せみまる》 10
三条右大臣《さんじょううだいじん》 25
清少納言《せいしょうなごん》 62
小倉山《おぐらやま》
貞信公《ていしんこう》 26
伊吹山《いぶきやま》（いぶき）
藤原実方朝臣《ふじわらのさねかたあそん》 51
生野《いくの》
小式部内侍《こしきぶのないし》 60
大江山《おおえやま》
小式部内侍《こしきぶのないし》 60
由良《ゆら》
曾禰好忠《そねのよしただ》 46
天の橋立《あまのはしだて》
小式部内侍《こしきぶのないし》 60
因幡山《いなばやま》（いなばの山《やま》）
中納言行平《ちゅうなごんゆきひら》 16
高砂《たかさご》
藤原興風《ふじわらのおきかぜ》 34
権中納言匡房《ごんちゅうなごんまさふさ》 73
拡大図《かくだいず》へ
宇治山《うじやま》（うぢ《じ》山《やま》）
喜撰法師《きせんほうし》 8
宇治川《うじがわ》（宇治《うじ》の川《かわ》）
権中納言定頼《ごんちゅうなごんさだより》 64
有馬山《ありまやま》
大弐三位《だいにのさんみ》 58
須磨《すま》（須磨《すま》の関《せき》）
源兼昌《みなもとのかねまさ》 78
淡路島《あわじしま》
源兼昌《みなもとのかねまさ》 78
松帆の浦《まつほのうら》
権中納言定家《ごんちゅうなごんていか》 97

二章《しょう》 百人一首《ひゃくにんいっしゅ》かるたで遊《あそ》ぼう

百人一首《ひゃくにんいっしゅ》かるたの見方《みかた》

読《よ》み札《ふだ》(絵札《えふだ》)

百人一首《ひゃくにんいっしゅ》の歌《うた》

歌人《かじん》の名前《なまえ》

歌番号《うたばんごう》

ついていないものもある。

歌人《かじん》の絵《え》

取《と》り札《ふだ》

下《しも》の句《く》

すべてひらがな。旧《きゅう》かなづかい(昔《むかし》、使《つか》われていた文字《もじ》)で書《か》かれていることが多《おお》い。濁点《だくてん》のつく文字《もじ》は濁点《てん》なしで表記《ひょうき》される。

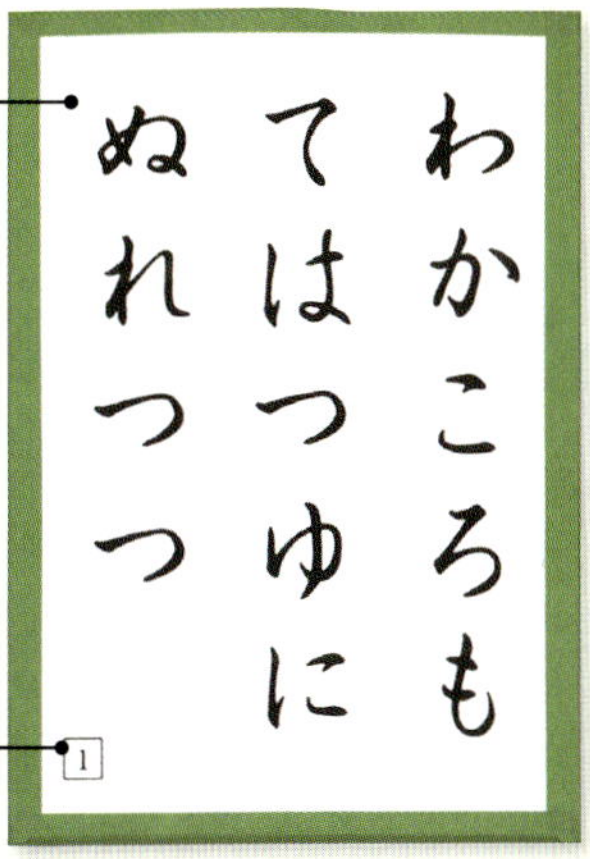

歌番号《うたばんごう》

ついていないものもある。

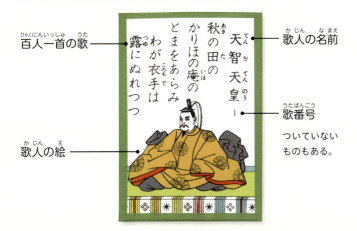

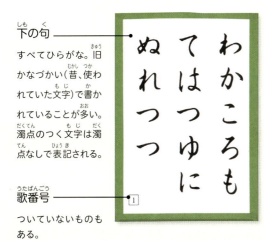

かるた遊《あそ》び①
競技《きょうぎ》かるた

3人以上《にんいじょう》で遊《あそ》べる

札《ふだ》の暗記《あんき》が必要《ひつよう》

競技《きょうぎ》かるたは、一対《たい》一で五十枚《まい》のかるたを取《と》り合《あ》う競技《きょうぎ》。ピンとはりつめた空気《くうき》の中《なか》、真剣勝負《しんけんしょうぶ》でおこなわれます。対戦相手《たいせんあいて》とのかけ引《ひ》きや反射神経《はんしゃしんけい》、体力《たいりょく》が必要《ひつよう》なため、「スポーツ」「畳《たたみ》の上《うえ》の格闘技《かくとうぎ》」ともいわれます。毎《まい》年《とし》、全国各地《ぜんこくかくち》で大会《たいかい》がおこなわれています。

【遊《あそ》び方《かた》】

① 取《と》り札《ふだ》をまぜる

百枚《まい》の取《と》り札《ふだ》を全部裏返《ぜんぶうらがえ》しにして、かきまぜる。各自《かくじ》が二十五枚《まい》ずつ取《と》って、持《も》ち札《ふだ》(自分《じぶん》の札《ふだ》)とする。残《のこ》りの五十枚《まい》は使《つか》わない。

② 取《と》り札《ふだ》を並《なら》べて覚《おぼ》える

持《も》ち札《ふだ》を表《おもて》にして下《した》の図《ず》のように三段《だん》に並《なら》べる。どの札《ふだ》をどこに置《お》くかは自由《じゆう》。自分《じぶん》が取《と》りやすく、相手《あいて》が取《と》りにくいように置《お》くのがポイント。このときに、自分《じぶん》が並《なら》べるほうを「自陣《じじん》」、相手《あいて》が並《なら》べるほうを「敵陣《てきじん》」という。全部並《ぜんぶなら》べたら、十五分間《ふんかん》の暗記時間《あんきじかん》で、自分《じぶん》の札《ふだ》と相手《あいて》の札《ふだ》を覚《おぼ》える。札《ふだ》は競技《きょうぎ》のとちゅうで並《なら》べかえることができる。その場合《ばあい》、相手《あいて》に伝《つた》え、読《よ》み手《て》にも次《つぎ》へ進《すす》まないように手《て》をあげて知《し》らせる。

87センチ
1センチ
3センチ
空札《からふだ》
使用《しよう》しない
50枚《まい》
競技線《きょうぎせん》

姿勢《しせい》 ▶33ページ
ひざを開《ひら》いて、前傾《ぜんけい》姿勢《しせい》でおこなう。足《あし》の指《ゆび》を立《た》ててもよい。頭《あたま》は自陣《じじん》の上段《じょうだん》より対戦者側《たいせんしゃがわ》に出《だ》してはいけない。

取《と》った札《ふだ》
使《つか》っている手《て》とは反《はん》対側《たいがわ》の後方《こうほう》に置《お》く。

手《て》やひざ
床《ゆか》についた手《て》やひざは、競技線《きょうぎせん》より前《まえ》に出《だ》さない。

陣《じん》と競技線《きょうぎせん》
横《よこ》87センチ、上中下段《じょうちゅうげだん》の間《あいだ》に各《かく》1センチをあけて、縦《たて》に札《ふだ》3枚《まい》が並《なら》ぶ範囲《はんい》がそれぞれの陣《じん》。それぞれの陣《じん》の外周《がいしゅう》が競技線《きょうぎせん》。それぞれの陣《じん》の上段《じょうだん》の間隔《かんかく》は3センチとし、左右《さゆう》の競技線《きょうぎせん》の延長線《えんちょうせん》は一致《いっち》させる。

陣《じん》の中央《ちゅうおう》
あけて左右《さゆう》に札《ふだ》を並《なら》べることが多《おお》い。

3 読《よ》み手《て》が札《ふだ》を読《よ》む

姿勢《しせい》を正《ただ》して座《すわ》り、頭《あたま》を下《さ》げて礼《れい》をし、「よろしくお願《ねが》いします」とあいさつする。読《よ》み手《て》がスタートの合図《あいず》となる序歌《じょか》を読《よ》みあげる。序《じょ》歌《か》は百人一首《ひゃくにんいっしゅ》にない和歌《わか》で、下《しも》の句《く》を二回読《かいよ》み、一枚目《まいめ》の札《ふだ》を読《よ》む。全日本《ぜんにほん》かるた協会《きょうかい》では序歌《じょか》を『古今和歌集《こきんわかしゅう》』の仮名序《かなじょ》に書《か》かれた王仁《わに》の歌《うた》と指定《してい》している。場《ば》に出《で》ていない五十枚《まい》（空札《からふだ》）が読《よ》まれることもある。

難波津《なにわず》に 咲《さ》くやこの花《はな》 冬《ふゆ》ごもり
今《いま》を春《はる》べと 咲《さ》くやこの花《はな》

二枚目《まいめ》からは、一つ前《まえ》に読《よ》んだ歌《うた》の下《しも》の句《く》を読《よ》んでから上《かみ》の句《く》を読《よ》みあげる。これは、選手《せんしゅ》が次《つぎ》の札《ふだ》に集中《しゅうちゅう》できるようにするため。

4 札《ふだ》を取《と》る

読《よ》まれた札《ふだ》がわかったら、すぐに札《ふだ》を取《と》る。早《はや》くさわったほう、もしくは払《はら》い手《て》▼33ページで競技線《きょうぎせん》からはじき出《だ》したほうが札《ふだ》を取《と》る。自陣《じじん》の札《ふだ》を取《と》ると、持《も》ち札《ふだ》が一枚《まい》へる。敵陣《てきじん》の札《ふだ》を取《と》った場合《ばあい》は、自陣《じじん》の札《ふだ》から自由《じゆう》に一枚《まい》を選《えら》んで、相手《あいて》にわたす。これを「札《ふだ》を送《おく》る」という。

5 勝《か》ち負《ま》け

先《さき》に自陣《じじん》の札《ふだ》がなくなったほうが勝《か》ち。勝負《しょうぶ》がついたら、「ありがとうございました」とあいさつして終《お》わり。

ルール

取《と》り手《て》

札《ふだ》を取《と》るのはどちらか片方《かたほう》の手《て》のみ。競技《きょうぎ》では、右手《みぎて》なら右手《みぎて》と決《き》めたほうの手《て》だけを使《つか》う。両手《りょうて》を使《つか》ったり、反対《はんたい》の手《て》を使《つか》ったりすると反則《はんそく》になり、相手《あいて》が取《と》ったことになる。上《かみ》の句《く》が読《よ》まれるまで、両手《りょうて》は床《ゆか》につけておく。

お手《て》つき

読《よ》まれた札《ふだ》がある陣地《じんち》と逆《ぎゃく》の陣地《じんち》の札《ふだ》にふれると「お手《て》つき」になる。お手《て》つきをすると、相手《あいて》から札《ふだ》が一枚送《まいおく》られる。読《よ》まれた札《ふだ》が置《お》いてある陣地《じんち》なら、読《よ》まれた札以外《ふだいがい》の札《ふだ》にさわってもお手《て》つきにならない。

札《ふだ》の取《と》り

先《さき》に読《よ》まれた札《ふだ》をさわったほう、もしくは競技線《きょうぎせん》からはじき出《だ》したほうが札《ふだ》を取《と》る。同時《どうじ》に札《ふだ》にさわったとき（セイム）には、読《よ》まれた札《ふだ》が自陣《じじん》にあったほうの取《と》りとなる。

カラダブ

空札《からふだ》が読《よ》まれたときに、自陣《じじん》と敵陣両方《てきじんりょうほう》の札《ふだ》にふれてしまった場合《ばあい》、相手《あいて》から札《ふだ》が二枚送《まいおく》られる。

カラダブになると一気《いっき》に4枚《まい》の差《さ》がつく。

かるたを早《はや》く取《と》る方法《ほうほう》

競技《きょうぎ》かるたで勝《か》つには、練習《れんしゅう》が一番《いちばん》。百首《しゅ》の歌《うた》を全部《ぜんぶ》覚《おぼ》えて、早《はや》く取《と》れるようにしよう。歌《うた》を覚《おぼ》えるコツは、「決《き》まり字《じ》」を覚《おぼ》えること。百人一首《ひゃくにんいっしゅ》の歌《うた》は、上《かみ》の句《く》の一～六文字《もじ》を聞《き》いただけで、どの歌《うた》かわかる。決《き》まり字《じ》が読《よ》まれた瞬間《しゅんかん》に下《しも》の句《く》がわかるので、早《はや》く取《と》ることができる。決《き》まり字《じ》と下《しも》の句《く》を組《く》み合《あ》わせた語呂合《ごろあ》わせで覚《おぼ》えるのもおすすめ。

一字決《じき》まり　七首《しゅ》

上《かみ》の句《く》／下《しも》の句《く》

- 87 **む**らさめの／きりたちのぼる　▼126ページ
- 18 **す**みのえの／ゆめのかよひ《い》ぢ《じ》　▼57ページ
- 57 **め**ぐりあひ《い》て／くもがくれにし　▼96ページ
- 22 **ふ**くからに／むべやまかぜを　▼61ページ
- 70 **さ**びしさに／いづ《ず》こもおなじ　▼109ページ
- 81 **ほ**ととぎす／ただありあけの　▼120ページ
- 77 **せ**をはやみ／われてもすゑ《え》に　▼116ページ

二字決《じき》まり　四十二首《しゅ》

- 43 **あひ《い》**みての／むかしはものを　▼82ページ
- 52 **あけ**ぬれば／なほ《お》うらめしき　▼91ページ
- 3 **あし**びきの／ながながしよを　▼42ページ

- 61 **いに**しへ《え》の／けふ《きょう》ここのへ《え》に　▼100ページ
- 74 **うか**りける／はげしかれとは　▼113ページ
- 65 **うら**みわび／こひ《い》にくちなむ《ん》　▼104ページ
- 5 **おく**やまに／こゑ《え》きくときぞ　▼44ページ
- 26 **を《お》ぐ**らやま／いまひとたびの　▼65ページ
- 72 **おと**にきく／かけじやそでの　▼111ページ
- 82 **おも**ひ《い》わび／うきにたへ《え》ぬは　▼121ページ
- 51 **かく**とだに／さしもしらじな　▼90ページ
- 6 **かさ**さぎの／しろきをみれば　▼45ページ
- 91 **きり**ぎりす／ころもかたしき　▼130ページ
- 41 **こひ《い》**すてふ《ちょう》／ひとしれずこそ　▼80ページ
- 97 **こぬ**ひとを／やくやもしほ《お》の　▼136ページ
- 24 **この**たびは／もみぢ《じ》のにしき　▼63ページ
- 10 **これ**やこの／しるもしらぬも　▼49ページ
- 40 **しの**ぶれど／ものやおもふ《う》と　▼79ページ
- 37 **しら**つゆに／つらぬきとめぬ　▼76ページ
- 73 **たか**さごの／とやまのかすみ　▼112ページ
- 55 **たき**のおとは／なこそながれて　▼94ページ
- 4 **たご**のうらに／ふじのたかねに　▼43ページ
- 16 **たち**わかれ／まつとしきかば　▼55ページ
- 89 **たま**のを《お》よ／しのぶることの　▼128ページ
- 34 **たれ**をかも／まつもむかしの　▼73ページ
- 17 **ちは**やぶる／からくれなゐ《い》に　▼56ページ
- 23 **つき**みれば／わがみひとつの　▼62ページ
- 13 **つく**ばねの／こひ《い》ぞつもりて　▼52ページ
- 36 **なつ**のよは／くものいづ《ず》こに　▼75ページ
- 33 **ひさ**かたの／しづ《ず》ごころなく　▼72ページ
- 90 **みせ**ばやな／ぬれにぞぬれし　▼129ページ

- 14 **みち**のくの／みだれそめにし　▼53ページ
- 94 **みよ**しのの／ふるさとさむく　▼133ページ
- 100 **もも**しきや／なほ《お》あまりある　▼139ページ
- 66 **もろ**ともに／はなよりほかに　▼105ページ
- 47 **やへ《え》**むぐら／ひとこそみえね　▼86ページ
- 59 **やす**らはで《わ》／かたぶくまでの　▼98ページ
- 71 **ゆふ《う》**されば／あしのまろやに　▼110ページ
- 46 **ゆら**のとを／ゆくへ《え》もしらぬ　▼85ページ
- 85 **よも**すがら／ねやのひまさへ《え》　▼124ページ
- 62 **よを**こめて／よにあふ《おう》さかの　▼101ページ
- 20 **わび**ぬれば／みをつくしても　▼59ページ

三字決《じ》《き》まり　三十七首《しゅ》

- 79 **あきか**ぜに／もれいづ《(ず)》るつきの ▼118ページ
- 1 **あきの**たの／わがころもでは ▼40ページ
- 39 **あさぢ**《(じ)》ふ《(う)》の／あまりてなどか ▼78ページ
- 12 **あまつ**かぜ／を《(お)》とめのすがた ▼51ページ
- 7 **あまの**はら／みかさのやまに ▼46ページ
- 56 **あらざ**らむ《(ん)》／いまひとたびの ▼95ページ
- 69 **あらし**ふく／たつたのかは《(わ)》の ▼108ページ

- 30 **ありあ**けの／あかつきばかり ▼69ページ
- 58 **ありま**やま／いでそよひとを ▼97ページ
- 78 **あはぢ**《(わ)(じ)》しま／いくよねざめぬ ▼117ページ
- 45 **あはれ**《(わ)》とも／みのいたづ《(ず)》らに ▼84ページ
- 21 **いまこ**むと《(ん)》／ありあけのつきを ▼60ページ
- 63 **いまは**ただ／ひとづてならで ▼102ページ
- 60 **おほえ**《(お)》やま／まだふみもみず ▼99ページ
- 95 **おほけ**《(お)》なく／わがたつそまに ▼134ページ
- 44 **あふこ**《(お)(お)》との／ひとをもみをも ▼83ページ
- 98 **かぜそ**よぐ／みそぎぞなつの ▼137ページ
- 48 **かぜを**いたみ／くだけてものを ▼87ページ
- 80 **ながか**らむ《(ん)》／みだれてけさは ▼119ページ
- 84 **ながら**へ《(え)》ば／うしとみしよぞ ▼123ページ
- 53 **なげき**つつ／いかにひさしき ▼92ページ
- 86 **なげけ**とて／かこちがほ《(お)》なる ▼125ページ
- 25 **なにし**おはば《(わ)》／ひとにしられで ▼64ページ
- 96 **はなさ**そふ《(う)》／ふりゆくものは ▼135ページ
- 9 **はなの**いろは／わがみよにふる ▼48ページ
- 2 **はるす**ぎて／ころもほすてふ《(ちょう)》 ▼41ページ
- 67 **はるの**よの／かひ《(い)》なくたたむ《(ん)》 ▼106ページ
- 35 **ひとは**いさ／はなぞむかしの ▼74ページ
- 99 **ひとも**を《(お)》し／よをおもふ《(う)》ゆゑ《(え)》に ▼138ページ
- 49 **みかき**もり／ひるはきえつつ ▼88ページ
- 27 **みかの**はら／いつみきとてか ▼66ページ
- 32 **やまが**は《(わ)》に／ながれもあへ《(え)》ぬ ▼71ページ
- 28 **やまざ**とは／ひとめもくさも ▼67ページ
- 8 **わがい**ほ《(お)》は／よをうぢ《(じ)》やまと ▼47ページ
- 92 **わがそ**では／ひとこそしらね ▼131ページ
- 38 **わすら**るる／ひとのいのちの ▼77ページ
- 54 **わすれ**じの／けふ《(きょう)》をかぎりの ▼93ページ

四字決《じ》《き》まり　六首《しゅ》

- 29 **こころあ**てに／おきまどは《(わ)》せる ▼68ページ
- 68 **こころに**も／こひ《(い)》しかるべき ▼107ページ
- 75 **ちぎりお**きし／あはれ《(わ)》ことしの ▼114ページ
- 42 **ちぎりき**な／すゑ《(え)》のまつやま ▼81ページ
- 88 **なにはえ**《(わ)》の／みをつくしてや ▼127ページ
- 19 **なにはが**《(わ)》た／あは《(わ)》でこのよを ▼58ページ

五字決《じ》《き》まり　二首《しゅ》

- 93 **よのなかは**／あまのを《(お)》ぶねの ▼132ページ
- 83 **よのなかよ**／やまのおくにも ▼122ページ

六字決《じ》《き》まり　六首《しゅ》

- 31 **あさぼらけ あ**りあけのつきと／よしののさとに ▼70ページ
- 64 **あさぼらけ う**ぢ《(じ)》のかはぎり《(わ)》／あらは《(わ)》れわたる ▼103ページ
- 50 **きみがため を**《(お)》しからざりし／ながくもがなと ▼89ページ
- 15 **きみがため は**るののにいでて／わがころもでに ▼54ページ
- 76 **わたのはら こ**ぎいでてみれば／くもゐ《(い)》にまがふ《(ごう)》 ▼115ページ
- 11 **わたのはら や**そしまかけて／ひとにはつげよ ▼50ページ

※「一字決《じ》ま《き》り」は一文字目《もじめ》をとった語呂《ごろ》「むすめふさほせ」、「二字決《じ》ま《き》り」以降《いこう》は、実際《じっさい》の読《よ》みの五十音順《おんじゅん》に並《なら》べています。

上《かみ》の句《く》の一文字目《もじめ》の音《おと》で、何枚《なんまい》（何種類《なんしゅるい》）の札《ふだ》があるかしぼりこみ、下《しも》の句《く》を予想《よそう》する方法《ほうほう》も効果《こうか》的《てき》。この枚数別《まいすうべつ》グループ ▼140ページ で並《なら》べ方《かた》を工夫《くふう》すると早《はや》く取《と》れるようになる。そして、似《に》た取《と》り札《ふだ》 ▼142ページ に注意《ちゅうい》することはお手《て》つき防《ぼう》止《し》にもなる。

競技《きょうぎ》かるた大会《たいかい》に出《で》てみよう

毎年《まいとし》、全国各地《ぜんこくかくち》でおこなわれている競技《きょうぎ》かるた大会《たいかい》。全日本《ぜんにほん》かるた協会《きょうかい》がやっている公式《こうしき》の大会《たいかい》と、各地《かくち》の組織《そしき》でおこなわれる非公式《ひこうしき》の大会《たいかい》があります。公式大会《こうしきたいかい》は統一《とういつ》ルール、非公式《ひこうしき》の大会《たいかい》は大会《たいかい》ごとにルールがちがう場合《ばあい》もあります。大会出場《たいかいしゅつじょう》を目標《もくひょう》にして練習《れんしゅう》するとはげみになります。

写真提供：一般社団法人全日本かるた協会

3月《がつ》におこなわれる全国競技《ぜんこくきょうぎ》かるた小《しょう》・中学生選手権大会《ちゅうがくせいせんしゅけんたいかい》。毎年《まいとし》、多《おお》くの小《しょう》・中学生《ちゅうがくせい》たちが練習《れんしゅう》をつんで大会《たいかい》にのぞむ。力《ちから》と力《ちから》がぶつかり合《あ》う白熱《はくねつ》のシーンも！

2018年《ねん》のおもなかるた大会《たいかい》

月《つき》	大会名《たいかいめい》	級《きゅう》	会場《かいじょう》
1	第《だい》48回《かい》太宰府《だざいふ》小倉百人一首競技《おぐらひゃくにんいっしゅきょうぎ》かるた大会《たいかい》	A、B、C、D、E	太宰府天満宮余香殿《だざいふてんまんぐうよこうでん》
	第《だい》64期名人位《きめいじんい》・第《だい》62期《き》クイーン位決定戦《いけっていせん》	A	近江勧学館《おうみかんがくかん》
	第《だい》67回高松宮記念杯近江神宮全国競技《かいたかまつのみやきねんはいおうみじんぐうぜんこくきょうぎ》かるた大会《たいかい》	A、B、C、D、E	近江勧学館《おうみかんがくかん》
	第《だい》31回全国小学生《かいぜんこくしょうがくせい》かるた選手権大会《せんしゅけんたいかい》	小学生《しょうがくせい》	湯島天満宮《ゆしまてんまんぐう》
2	第《だい》31回全国競技《かいぜんこくきょうぎ》かるた各会対抗団体戦《かくかいたいこうだんたいせん》	級《きゅう》なし	かるた記念大塚会館《きねんおおつかかいかん》
3	第《だい》90回全国競技《かいぜんこくきょうぎ》かるた学生選手権大会《がくせいせんしゅけんたいかい》	A、B、C	江戸川区《えどがわく》スポーツセンター
	第《だい》48回全国競技《かいぜんこくきょうぎ》かるた小《しょう》・中学生選手権大会《ちゅうがくせいせんしゅけんたいかい》	小《しょう》・中学生《ちゅうがくせい》	滋賀県立武道館《しがけんりつぶどうかん》
6	第《だい》30回全国《かいぜんこく》シニアかるた選手権大会《せんしゅけんたいかい》	G(シニア)、A、B、C、D	近江勧学館《おうみかんがくかん》
7	第《だい》40回全国高等学校小倉百人一首《かいぜんこくこうとうがっこうおぐらひゃくにんいっしゅ》かるた選手権大会《せんしゅけんたいかい》(団体戦《だんたいせん》の部《ぶ》)	高校生《こうこうせい》	近江勧学館《おうみかんがくかん》
	第《だい》40回全国高等学校小倉百人一首《かいぜんこくこうとうがっこうおぐらひゃくにんいっしゅ》かるた選手権大会《せんしゅけんたいかい》(個人戦《こじんせん》の部《ぶ》)	A、B、C、D	近江勧学館《おうみかんがくかん》
8	第《だい》20回全国小倉百人一首競技《かいぜんこくおぐらひゃくにんいっしゅきょうぎ》かるた中学生選手権大会《ちゅうがくせいせんしゅけんたいかい》(団体戦《だんたいせん》)	中学生《ちゅうがくせい》	墨田区総合体育館《すみだくそうごうたいいくかん》
	第《だい》30回全国競技《かいぜんこくきょうぎ》かるた中学生選手権大会《ちゅうがくせいせんしゅけんたいかい》	中学生《ちゅうがくせい》	湯島天満宮《ゆしまてんまんぐう》
	第《だい》91回全国競技《かいぜんこくきょうぎ》かるた学生選手権大会《がくせいせんしゅけんたいかい》	D、E	江戸川区《えどがわく》スポーツセンター
10	第《だい》65期名人位《きめいじんい》・第《だい》63期《き》クイーン位東日本予選《いひがしにほんよせん》	A	かるた記念大塚会館《きねんおおつかかいかん》
	第《だい》65期名人位《きめいじんい》・第《だい》63期《き》クイーン位西日本予選《いにしにほんよせん》	A	近江勧学館《おうみかんがくかん》
11	第《だい》41回小《かいしょう》・中学生競技《ちゅうがくせいきょうぎ》かるた選手権福井大会《せんしゅけんふくいたいかい》	小《しょう》・中学生《ちゅうがくせい》	未定《みてい》
	第《だい》65期名人位《きめいじんい》・第《だい》63期《き》クイーン位挑戦者決定戦《いちょうせんしゃけっていせん》	A	かるた記念大塚会館《きねんおおつかかいかん》

※2018年《ねん》7月時点《がつじてん》の大会情報《たいかいじょうほう》をもとにしています。

競技《きょうぎ》かるたの級《きゅう》や段《だん》ってなに？

競技大会《きょうぎたいかい》では、大会《たいかい》によって「A級《エイきゅう》」「C級《シーきゅう》」などのレベルがある。A《エイ》級《きゅう》が最高位《さいこうい》で、B《ビー》、C《シー》…と続《つづ》き、E級《イーきゅう》まである。また、選手《せんしゅ》の強《つよ》さをあらわすレベルとして段位《だんい》がある。初段《しょだん》から十段《だん》まであって、最高位《さいこうい》は十段《だん》。

大会《たいかい》ごとに、出場《しゅつじょう》できる選手《せんしゅ》の強《つよ》さが決《き》まっている。たとえばA級《エイきゅう》の大会《たいかい》に出《で》るには、四段以上《だんいじょう》の段位《だんい》をもっていなくてはならない。D《ディ》～E級《イーきゅう》の大会《たいかい》は無段《むだん》でも出《で》ることができる。初心者《しょしんしゃ》の場合《ばあい》、D《ディ》～E《イー》級《きゅう》のどの大会《たいかい》に出《で》るかは、日《ひ》ごろの練習《れんしゅう》での腕前《うでまえ》を見《み》て、指導者《しどうしゃ》の先生《せんせい》が判断《はんだん》する。

競技《きょうぎ》かるた大会《たいかい》には昇段試験《しょうだんしけん》がない。全日本《ぜんにほん》かるた協会《きょうかい》がやっている公式大会《こうしきたいかい》の結果《けっか》で、昇段《しょうだん》できるか、できないかが決《き》まる。

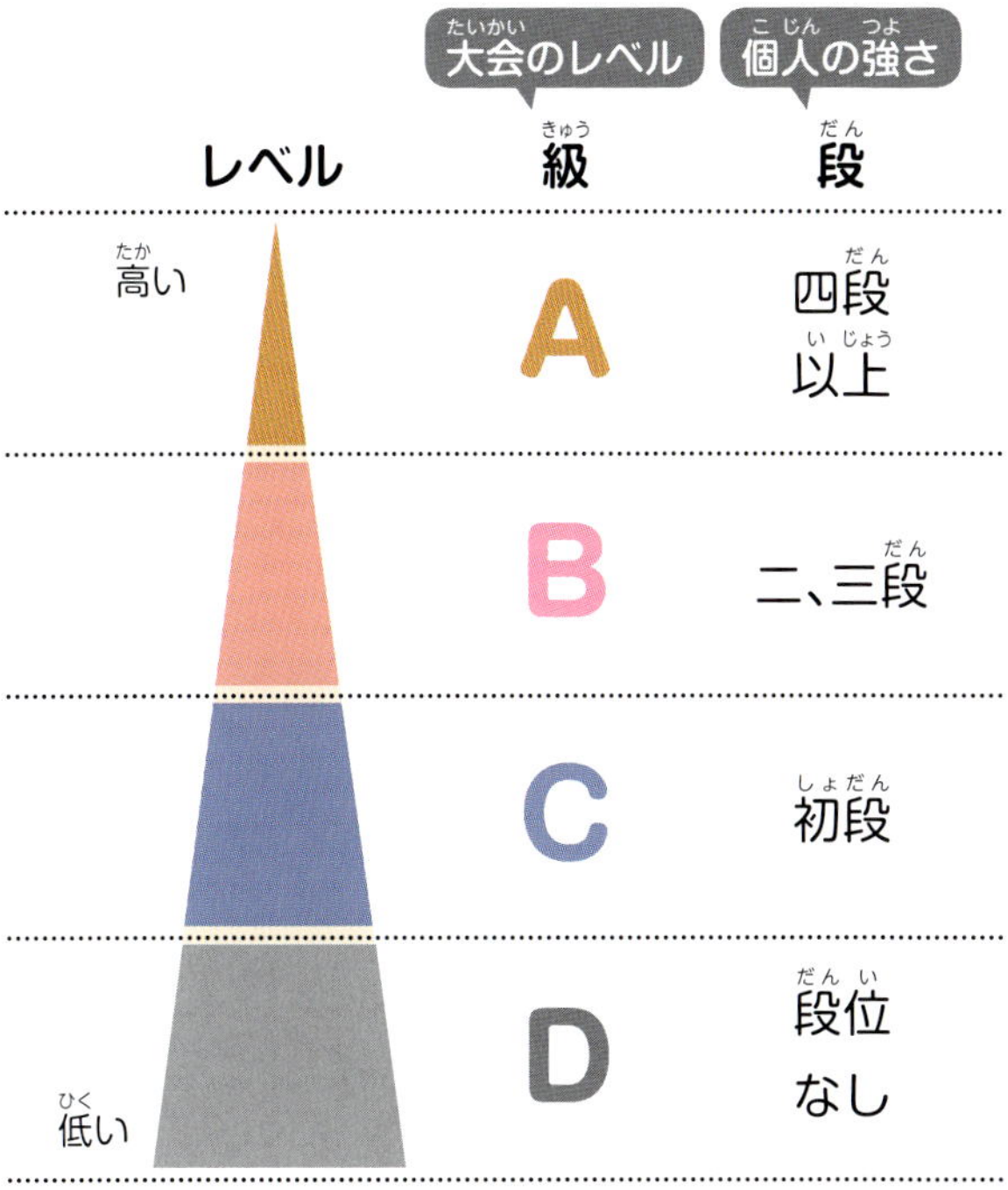
大会《たいかい》のレベル
個人《こじん》の強《つよ》さ
レベル
級《きゅう》
段《だん》
高《たか》い
A
四段《だん》以上《いじょう》
B
二、三段《だん》
C
初段《しょだん》
D
段位《だんい》なし
低《ひく》い

大会《たいかい》に出《で》るには？

競技《きょうぎ》かるた大会《たいかい》に出場《しゅつじょう》する方法《ほうほう》は二つある。

一つは、かるた会《かい》に入《はい》り、かるた会《かい》から申《もう》し込《こ》んでもらう方法《ほうほう》。自分《じぶん》のレベルにあった大会《たいかい》や級《きゅう》を考《かんが》えて、先生《せんせい》が申《もう》し込《こ》みをしてくれるのでおすすめ。

もう一つは、自分《じぶん》で申《もう》し込《こ》む方法《ほうほう》。大会情報《たいかいじょうほう》を調《しら》べて、そこに書《か》いてある連絡先《れんらくさき》に申《もう》し込《こ》みをする。ただし、個人《こじん》での申《もう》し込《こ》みを受《う》け付《つ》けていない大会《たいかい》もある。

大会《たいかい》で実力《じつりょく》を出《だ》しきるために、またケガなどしないために、次《つぎ》のことに気《き》をつけよう。

大会直前《たいかいちょくぜん》！ チェック項目《こうもく》

- ☑ 手《て》と足《あし》のツメを切《き》る
- ☑ 大会《たいかい》の日時《にちじ》、場所《ばしょ》、行《い》き方《かた》を確認《かくにん》する
- ☑ 前日《ぜんじつ》の夜《よる》は早《はや》く寝《ね》る
- ☑ 持《も》ち物《もの》をそろえる　※持《も》ち物《もの》は大会《たいかい》によってもかわります
  - ☑ T《ティー》シャツ
  - ☑ 使《つか》い慣《な》れたジャージ
  - ☑ 上着《うわぎ》
  - ☑ ひざサポーターまたはひざに敷《し》く座布団《ざぶとん》など
  - ☑ タオル
  - ☑ 絆創膏《ばんそうこう》、テーピング　※つき指《ゆび》やケガの対応《たいおう》
  - ☑ 大会《たいかい》の参加費《さんかひ》
  - ☑ お弁当《べんとう》、おやつ（おにぎり、チョコレートなど）
  - ☑ 水筒《すいとう》、飲《の》み物《もの》
  - ☑ ゴミ袋《ぶくろ》

【あこがれの大会《たいかい》をチェック！】

競技《きょうぎ》かるたの選手《せんしゅ》にとって、あこがれの大会《たいかい》といえば「全国高等学校小倉百人一首《ぜんこくこうとうがっこうおぐらひゃくにんいっしゅ》かるた選手権大会《せんしゅけんたいかい》」と「競技《きょうぎ》かるた名人位《めいじんい》・クイーン位決定戦《いけっていせん》」。全国高等学校《ぜんこくこうとうがっこう》かるた選手権大会《せんしゅけんたいかい》は、「かるたの甲子園《こうしえん》」ともいわれます。競技《きょうぎ》かるた名人位《めいじんい》・クイーン位決定戦《いけっていせん》は、男女《だんじょ》、それぞれの日本一《にほんいち》を決《き》める究極《きゅうきょく》のかるた大会《たいかい》です。

かるたの甲子園《こうしえん》 全国高等学校小倉百人一首《ぜんこくこうとうがっこうおぐらひゃくにんいっしゅ》かるた選手権大会《せんしゅけんたいかい》

競技《きょうぎ》かるたをする高校生《こうこうせい》たちがめざす大会《たいかい》。一九七九年《ねん》に第《だい》一回大会《かいたいかい》が開《ひら》かれてから毎年《まいとし》おこなわれ、平成《へいせい》三〇年《ねん》で第《だい》四十回目《かいめ》をむかえる。大会《たいかい》には全国《ぜんこく》から選手《せんしゅ》が集《あつ》まり、熱戦《ねっせん》をくり広《ひろ》げる。近年《きんねん》は小《しょう》・中学校《ちゅうがっこう》で百人一首《ひゃくにんいっしゅ》を授業《じゅぎょう》に取《と》り入《い》れるところが増《ふ》えたり、コミック『ちはやふる』の影響《えいきょう》があったりして、参加数《さんかすう》が増《ふ》えている。

写真提供：近江神宮

全国高等学校小倉百人一首《ぜんこくこうとうがっこうおぐらひゃくにんいっしゅ》かるた選手権大会《せんしゅけんたいかい》の様子《ようす》。

競技種目《きょうぎしゅもく》は二つ

競技種目《きょうぎしゅもく》は、団体戦《だんたいせん》と個人戦《こじんせん》の二つがある。団体戦《だんたいせん》は大会《たいかい》一日目《にちめ》に、個人戦《こじんせん》は二日目《かめ》におこなわれる。会場《かいじょう》は、小倉百人一首《おぐらひゃくにんいっしゅ》の第《だい》一首《しゅ》を詠《よ》んだ天智天皇《てんじてんのう》にゆかりが深《ふか》い近江神宮《おうみじんぐう》をはじめ、大津市内《おおつしない》の各会場《かくかいじょう》。

服装《ふくそう》はT《ティー》シャツとジャージなど、動《うご》きやすい服装《ふくそう》でおこなう。のびたツメや指輪《ゆびわ》は、自分《じぶん》がケガをしたり、相手《あいて》にケガをさせたりする危険《きけん》があるので禁止《きんし》となっている。

団体戦《だんたいせん》

一対《たい》一の試合《しあい》を五組同時《くみどうじ》におこない、三組以上勝《くみいじょうか》ったチームだけが残《のこ》っていくトーナメント方式《ほうしき》。予選《よせん》を勝《か》ちぬいた八チームで決勝《けっしょう》トーナメントをおこない、三位決定戦《いけっていせん》までおこなわれる。メンバーは八人《にん》まで登録《とうろく》でき、どの五人《にん》が出《で》るかは試合直前《しあいちょくぜん》までかえられる。組《く》み合《あ》わせによって番《ばん》くるわせが起《お》き、予想《よそう》とは異《こと》なるチームが勝《か》ち上《あ》がることも。

個人戦《こじんせん》

一対《たい》一で戦《たたか》う。勝《か》った者《もの》だけが残《のこ》っていくトーナメント方式《ほうしき》。団体戦《だんたいせん》には出《で》ないで個人戦《こじんせん》だけ出《で》る選手《せんしゅ》もいる。また、団体戦《だんたいせん》でメンバー入《い》りができなかった選手《せんしゅ》や、団体戦《だんたいせん》の予選《よせん》で負《ま》けて参加《さんか》できなかった高校《こうこう》の選手《せんしゅ》なども参加《さんか》することができる。四つのクラスがあって、A級《エイきゅう》(四段以上《だんいじょう》)、B級《ビーきゅう》(三、二段《だん》)、C級《シーきゅう》(初段《しょだん》)、D級《ディきゅう》(無段《むだん》)となっている。

競技《きょうぎ》かるたの最高峰《さいこうほう》 名人位《めいじんい》とクイーン位《い》

名人位決定戦《めいじんいけっていせん》は男性《だんせい》の日本一《にほんいち》、クイーン位決定戦《いけっていせん》は女性《じょせい》の日本一《にほんいち》を決《き》める大会《たいかい》。それぞれの予選《よせん》を勝《か》ちぬいて、前年《ぜんねん》の優勝者《ゆうしょうしゃ》との対戦《たいせん》に勝利《しょうり》すると「名人位《めいじんい》」「クイーン位《い》」の称号《しょうごう》が与《あた》えられる。

名人位決定戦《めいじんいけっていせん》

毎年《まいとし》十月下旬《がつげじゅん》に、東日本予選《ひがしにほんよせん》と西日本予選《にしにほんよせん》がトーナメント形式《けいしき》でおこなわれる。出場《しゅつじょう》できるのは、A《エイ》級《きゅう》四段以上《だんいじょう》の男性《だんせい》。

東日本予選《ひがしにほんよせん》と西日本予選《にしにほんよせん》を勝《か》ちぬいた勝者《しょうしゃ》は、十一月《がつ》に挑戦者決定戦《ちょうせんしゃけっていせん》をおこなう。三番勝負《ばんしょうぶ》で、二勝以上《しょういじょう》したほうが翌年《よくとし》の一月《がつ》におこなわれる名人《めいじん》位決定戦《いけっていせん》の挑戦者《ちょうせんしゃ》になれる。名人位決定戦《めいじんいけっていせん》は、近江《おうみ》神宮《じんぐう》で対戦《たいせん》。名人《めいじん》と挑戦者《ちょうせんしゃ》で五番勝負《ばんしょうぶ》をして、勝《か》ち数《すう》の多《おお》いほうが名人位《めいじんい》になる。敗者《はいしゃ》は準名人位《じゅんめいじんい》となる。

クイーン位決定戦《いけっていせん》

毎年《まいとし》十月下旬《がつげじゅん》に、東日本予選《ひがしにほんよせん》と西日本予選《にしにほんよせん》がトーナメント形式《けいしき》でおこなわれる。出場《しゅつじょう》できるのは、A《エイ》級《きゅう》四段以上《だんいじょう》の女性《じょせい》。

基本的《きほんてき》には名人位決定戦《めいじんいけっていせん》と同《おな》じ。ここで勝《か》つとクイーン位《い》になる。敗者《はいしゃ》は準《じゅん》クイーン位《い》となる。

写真提供：一般社団法人全日本かるた協会

第《だい》64期《き》名人位決定戦《めいじんいけっていせん》の様子《ようす》

写真提供：一般社団法人全日本かるた協会

第《だい》62期《き》クイーン位決定戦《いけっていせん》の様子《ようす》

最強《さいきょう》のかるた選手《せんしゅ》 永世名人位《えいせいめいじんい》と永世《えいせい》クイーン位《い》

名人《めいじん》は連続《れんぞく》五期《き》または通算《つうさん》七期《き》つとめると「永世《えいせい》名人位《めいじんい》」の称号《しょうごう》が与《あた》えられ、クイーン位《い》は通算《つうさん》五期《き》つとめると「永世《えいせい》クイーン位《い》」の称号《しょうごう》が与《あた》えられる。名人位《めいじんい》戦《せん》は一九五五年《ねん》からおこなわれていて、永世《えいせい》名人位《めいじんい》は今《いま》までに四人《にん》、クイーン位戦《いせん》は一九五七年《ねん》からおこなわれていて、永世《えいせい》クイーン位《い》は三人《にん》しかいない。

名人位《めいじんい》、クイーン位《い》になるだけでもすごいことで、さらに「永世名人位《えいせいめいじんい》」「永世《えいせい》クイーン位《い》」となると、人間《にんげん》ばなれした「神《かみ》の領域《りょういき》」ともいわれる。

歴代永世名人《れきだいえいせいめいじん》

正木一郎《まさきいちろう》……十期《き》（一九五五年《ねん》〜十期《き》）

松川英夫《まつかわひでお》……九期《き》（一九六五年《ねん》〜三期《き》、一九七〇年《ねん》〜一期《き》、一九七九年《ねん》〜四期《き》、一九八四年《ねん》〜一期《き》）

種村貴史《たねむらたかし》……九期《き》（一九八五年《ねん》〜八期《き》、一九九五年《ねん》〜一期《き》）

西郷直樹《さいごうなおき》……十四期《き》（一九九九年《ねん》〜十四期《き》）

歴代永世《れきだいえいせい》クイーン

堀沢久美子《ほりさわくみこ》…八期《き》（一九七七年《ねん》〜八期《き》）

渡辺令恵《わたなべふみえ》……十四期《き》（一九八八年《ねん》〜三期《き》、一九九二年《ねん》〜十一期《き》）

楠木早紀《くすのきさき》……十期《き》（二〇〇五年《ねん》〜十期《き》）

写真提供：近江神宮

名人位《めいじんい》・クイーン位決定戦《いけっていせん》がおこなわれる近江神宮《おうみじんぐう》。

強豪校《きょうごうこう》に聞《き》く!

かるた練習法《れんしゅうほう》

競技《きょうぎ》かるたで強《つよ》くなるために、練習《れんしゅう》のポイントや試合《しあい》に勝《か》つためのコツを聞《き》いてきました。こたえてくれたのは、東京都千代田区《とうきょうとちよだく》にある暁星高等学校《ぎょうせいこうとうがっこう》の競技《きょうぎ》かるた部《ぶ》。全国大会《ぜんこくたいかい》で九連覇《れんぱ》した名門校《めいもんこう》です。顧問《こもん》の田口先生《たぐちせんせい》はコミック『ちはやふる』▼38ページの監修《かんしゅう》もつとめました。

質問《しつもん》 どんな練習《れんしゅう》をしていますか?

\こたえ/

試合形式《しあいけいしき》の練習《れんしゅう》がメインです。平日《へいじつ》の練習時間《れんしゅうじかん》は十五時半《じはん》から十八時《じ》までで、試合《しあい》を二回《かい》おこないます。休日《きゅうじつ》は十三時半《じはん》から十八時《じ》までで、いつもの試合形式《しあいけいしき》プラス体幹《たいかん》トレーニングなどもおこないます。

競技《きょうぎ》かるたでは、腹筋《ふっきん》と背筋《はいきん》を鍛《きた》えることが大切《たいせつ》。体幹《たいかん》がしっかり安定《あんてい》していると、かるたを取《と》るスピードがアップしますよ!

試合前《しあいまえ》は団体戦《だんたいせん》の練習《れんしゅう》がメインになる。

試合後《しあいご》は、試合《しあい》をした10人《にん》で集《あつ》まって反省会《はんせいかい》をおこなう。

質問《しつもん》 かるたが強《つよ》くなるにはどうしたらいいですか?

\こたえ/

試合形式《しあいけいしき》の練習《れんしゅう》で実践《じっせん》をつむのがおすすめ。かるたのやり方《かた》を体《からだ》で覚《おぼ》えていきましょう。勝《か》ち負《ま》けをくり返《かえ》すうちに、基礎力《きそりょく》がついて、暗記《あんき》もすぐにできるようになり、取《と》り方《かた》もうまくなります。

ただし、試合《しあい》をするためには次《つぎ》の三点《てん》をマスターしなければいけません。

① 決《き》まり字《じ》▼26ページをおぼえる
札《ふだ》を読《よ》まれた瞬間《しゅんかん》に、決《き》まり字《じ》で反応《はんのう》できることが大事《だいじ》

② 札《ふだ》の並《なら》べ方《かた》で定位置《ていいち》をつくる
いつも決《き》まった並《なら》べ方《かた》をすれば、すぐに反応《はんのう》できる

③ ルールをおぼえる
お手《て》つきや反則《はんそく》などでミスをすると台無《だいな》し!

飛《と》ばした札《ふだ》は、もとのとおりにもどさないといけない。そのためにも札《ふだ》の暗記《あんき》は重要《じゅうよう》。

質問《しつもん》 試合《しあい》で勝《か》つためにはどうしたらいいですか?

\こたえ/

大会前《たいかいまえ》の練習《れんしゅう》では五~六試合《しあい》をして体《からだ》を慣《な》らしておきましょう。実際《じっさい》の大会《たいかい》では、勝《か》ち進《すす》むと、一日《にち》に七試合《しあい》することもあります。試合《しあい》を重《かさ》ねるとどれくらい体力《たいりょく》を消耗《しょうもう》するか暗記力《あんきりょく》が低下《ていか》するか、などを体験《たいけん》しておくことが大事《だいじ》です。

試合本番《しあいほんばん》では、**暗記時間《あんきじかん》に並《なら》べられた札《ふだ》を見《み》て、どう取《と》るかイメージを**。素振《すぶ》りをするときも、どの札《ふだ》をどう取《と》るか具体的《ぐたいてき》にイメージしながらおこないましょう。

質問《しつもん》

どんな取《と》り方《かた》がいいですか?

＼こたえ／

指《ゆび》の腹《はら》で、はじくように取《と》るのが基本《きほん》です。読《よ》まれた札《ふだ》だけをはじく必要《ひつよう》はないので、まわりの札《ふだ》ごと読《よ》まれた札《ふだ》もはじく気持《きも》ちで、思《おも》いきって取《と》りましょう! 札《ふだ》をはじくときは、反対側《はんたいがわ》の肩《かた》まで腕《うで》を振《ふ》りぬきましょう。そうすることで、札《ふだ》をはじく瞬間《しゅんかん》のトップスピードがアップしますよ。

何《なに》よりも大事《だいじ》なのは姿勢《しせい》です。すぐに取《と》れる姿勢《しせい》を自然《しぜん》につくれるようになりましょう。

基本《きほん》ができたら、上手《じょうず》な人《ひと》の取《と》り方《かた》をまねしたり、自分《じぶん》にあった取《と》り方《かた》を工夫《くふう》したりして身《み》につけていきます。

姿勢《しせい》

左右《さゆう》のひざと、取《と》り手《て》と逆《ぎゃく》の手に、4対《たい》4対《たい》2の割合《わりあい》で体重《たいじゅう》をのせるのがコツ。

取《と》り方《かた》

囲《かこ》い手《て》 札《ふだ》が決定《けってい》するまでの間《あいだ》、相手《あいて》が札《ふだ》にさわれないように囲《かこ》う。

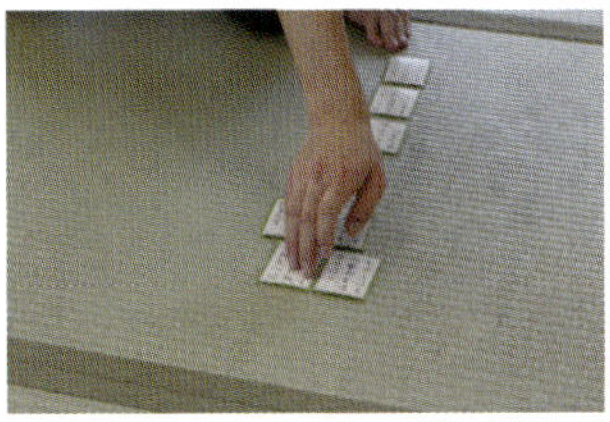

払《はら》い手《て》 札《ふだ》を払《はら》って取《と》る基本《きほん》の取《と》り方《かた》。手《て》を振《ふ》りぬいて、札《ふだ》を競技線《きょうぎせん》の外《そと》に飛《と》ばす。

かるたを覚《おぼ》えてなくてもできる! 暁星高等学校競技《ぎょうせいこうとうがっこうきょうぎ》かるた部直伝《ぶじきでん》

四十枚《まい》かるた練習法《れんしゅうほう》

「札《ふだ》を覚《おぼ》えていないけど、試合《しあい》をしてみたい」という人《ひと》におすすめなのが、百枚《まい》のうち四十枚《まい》だけを使《つか》っておこなう「四十枚《まい》かるた」。札《ふだ》を覚《おぼ》えていなくてもできるので、競技《きょうぎ》かるたの入門編《にゅうもんへん》としてはピッタリ。

ルール

① 使《つか》う四十枚札《まいふだ》を決《き》める

一字決《じき》まりはすべて盛《も》りこみ、二、三、四、五、六字《じ》決《き》まりも入《い》れ、「あさ」ではじまる三枚《まい》を入《い》れる。

② 四十枚《まい》を裏返《うらがえ》しにして、十五枚《まい》ずつ取《と》る

十枚《まい》は片《かた》づける。この十枚《まい》が空札《からふだ》になる。

③ 札《ふだ》を並《なら》べて暗記《あんき》する

暗記時間《あんきじかん》は五分《ふん》。

④ 読《よ》み手《て》が序歌《じょか》を読《よ》んで試合《しあい》スタート

あとは、ふつうの競技《きょうぎ》かるたと同《おな》じ。先《さき》に自陣《じじん》の札《ふだ》がなくなったほうの勝《か》ち。

表《おもて》に赤《あか》ペンで決《き》まり字《じ》を書《か》いておく。こうすると覚《おぼ》えていなくても試合《しあい》ができる。

これは初心者《しょしんしゃ》のためのお試《ため》し版《ばん》。四十枚覚《まいおぼ》えたら、できるだけ早《はや》く百枚《まい》の競技《きょうぎ》かるたへ進《すす》もう!

かるた遊《あそ》び②ちらし取《ど》り

3人《にん》以上《いじょう》で遊《あそ》べる

札《ふだ》の暗記《あんき》が必要《ひつよう》

百枚《まい》の取《と》り札《ふだ》と百枚《まい》の読《よ》み札《ふだ》を使《つか》って遊《あそ》びます。百枚《まい》の取《と》り札《ふだ》をちらして置《お》くので、「ちらし取《ど》り」といいます。「お座敷《ざしき》かるた」ともよばれます。枚数《まいすう》が多《おお》いので、多《おお》くの人数《にんずう》でも遊《あそ》ぶことができます。

【遊《あそ》び方《かた》】

① 取《と》り札《ふだ》を置《お》く

読《よ》み手《て》は一人《ひとり》。百枚《まい》の取《と》り札《ふだ》を表《おもて》にして、重《かさ》ならないようにバラバラに置《お》く。それを取《と》り囲《かこ》むようにして、取《と》る人《ひと》は好《す》きな場所《ばしょ》に座《すわ》る。

② 札《ふだ》を取《と》る

百枚《まい》の読《よ》み札《ふだ》はよくまぜて一つにまとめ、裏《うら》にして置《お》く。読《よ》み手《て》は一番上《ばんうえ》の札《ふだ》を取《と》り、読《よ》み上《あ》げる。取《と》る人《ひと》は、読《よ》まれた札《ふだ》の下《しも》の句《く》が書《か》かれた取《と》り札《ふだ》を取《と》る。

③ 多《おお》く取《と》った人《ひと》の勝《か》ち！

読《よ》まれた札《ふだ》を取《と》り合《あ》う。百枚《まい》を読《よ》み終《お》わったら終了《しゅうりょう》。取《と》った札《ふだ》の枚数《まいすう》の多《おお》い人《ひと》が勝《か》ち。

どこにどんな札《ふだ》があるか覚《おぼ》えて、読《よ》み手《て》の声《こえ》に集中《しゅうちゅう》しよう。

かるた遊《あそ》び③ 源平合戦《げんぺいがっせん》

5人以上《にんいじょう》で遊《あそ》べる

札《ふだ》の暗記《あんき》が必要《ひつよう》

「源氏《げんじ》」と「平氏《へいし》」の二チームに分《わ》かれて、札《ふだ》を取《と》り合《あ》います。ルールは競技《きょうぎ》かるたとほぼ同《おな》じですが、空札《からふだ》がありません。チームで作戦《さくせん》を練《ね》り、協力《きょうりょく》して戦《たたか》うのが楽《たの》しいゲームです。

【遊《あそ》び方《かた》】

① 二チームに分《わ》かれる

読《よ》み手《て》は一人《ひとり》。取《と》る人《ひと》は、二人《ふたり》以上《いじょう》の二チームに分《わ》かれ、向《む》かい合《あ》って座《すわ》る。

② 札《ふだ》を並《なら》べる

取《と》り札《ふだ》を五十枚《まい》ずつに分《わ》けて、それぞれ三段《だん》にそれぞれに並《なら》べる。自陣《じじん》の札《ふだ》と敵陣《てきじん》の札《ふだ》の位置《いち》を覚《おぼ》える。

③ 札《ふだ》を取《と》る

読《よ》み手《て》が上《かみ》の句《く》を読《よ》んだら、札《ふだ》を取《と》る。お手《て》つきをしたら、相手《あいて》から一枚《まい》もらわなくてはならない。自陣《じじん》の札《ふだ》がなくなったチームの勝《か》ち！

敵陣《てきじん》の札《ふだ》を取《と》ったとき

敵陣《てきじん》の札《ふだ》を取《と》ったら、自陣《じじん》の札《ふだ》から一枚《まい》を相手《あいて》に送《おく》る。

自陣《じじん》の札《ふだ》を取《と》ったとき

自陣《じじん》の札《ふだ》を取《と》ったら横《よこ》に置《お》く。

かるた遊《あそ》び④
坊主《ぼうず》めくり

2人《り》以上《いじょう》で遊《あそ》べる

札《ふだ》の暗記《あんき》が不要《ふよう》

絵札《えふだ》（読《よ》み札《ふだ》）だけを使《つか》って遊《あそ》ぶゲームです。その絵《え》がらによって、札《ふだ》を自分《じぶん》のものにできたり、全部《ぜんぶ》さし出《だ》したりしなければなりません。和歌《わか》を知《し》らなくてもできます。

遊《あそ》び方《かた》

① 読《よ》み札《ふだ》を人数分《にんずうぶん》に分《わ》けて配《くば》る

それぞれが自分《じぶん》の札《ふだ》を裏返《うらがえ》しに重《かさ》ねて、自分《じぶん》の前《まえ》に置《お》く。

※読《よ》み札《ふだ》を配《くば》らず、すべて輪《わ》の中央《ちゅうおう》に裏返《うらがえ》しに重《かさ》ねて置《お》く遊《あそ》び方《かた》もある。

② 右《みぎ》まわりに順番《じゅんばん》に一枚《まい》ずつめくっていく

最初《さいしょ》の人《ひと》から右《みぎ》まわりに自分《じぶん》の札《ふだ》の一番上《いちばんうえ》から一枚《まい》めくる。男性《だんせい》の札《ふだ》が出《で》たら自分《じぶん》の右横《みぎよこ》に置《お》く。坊主《ぼうず》の札《ふだ》が出《で》たら右横《みぎよこ》の札全部《ふだぜんぶ》といっしょに輪《わ》の中央《ちゅうおう》に出《だ》す。姫《ひめ》の札《ふだ》が出《で》たら中央《ちゅうおう》にある札《ふだ》をすべて取《と》ることができる。

男性《だんせい》の札《ふだ》
自分《じぶん》の札《ふだ》の山《やま》の右横《みぎよこ》に表向《おもてむ》きにして置《お》く。

坊主《ぼうず》の札《ふだ》
右横《みぎよこ》に置《お》いた札《ふだ》全部《ぜんぶ》といっしょに中央《ちゅうおう》に出《だ》す。

姫《ひめ》（女性《じょせい》）の札《ふだ》
輪《わ》の中央《ちゅうおう》につんである札《ふだ》を全部《ぜんぶ》もらえる。

③ 最後《さいご》に多《おお》く札《ふだ》を持《も》っていた人《ひと》の勝《か》ち

裏返《うらがえ》しの札《ふだ》がなくなったときに、札《ふだ》をいっぱい持《も》っている人《ひと》の勝《か》ち！

※蝉丸《せみまる》は坊主《ぼうず》の札《ふだ》に入《い》れる場合《ばあい》や、姫《ひめ》の札《ふだ》と同《おな》じようにあつかう場合《ばあい》がある。最初《さいしょ》にみんなでルールを決《き》めておこう。

【百人一首《ひゃくにんいっしゅ》の姫《ひめ》と坊主《ぼうず》を見《み》てみよう】

読《よ》み札《ふだ》にかかれている絵《え》がらには、姫《ひめ》、男性《だんせい》、坊主《ぼうず》、蝉丸《せみまる》がある。百枚《まい》のうち、姫《ひめ》の札《ふだ》は二十一枚《まい》。坊主《ぼうず》は十二枚《まい》、男性《だんせい》は六十六枚《まい》。姫《ひめ》や坊主《ぼうず》には、どんな人《ひと》がいるか見《み》てみよう。

姫《ひめ》

姫《ひめ》の中《なか》にもふつうの姫《ひめ》と、位《くらい》の高《たか》い姫《ひめ》がいる。位《くらい》の高《たか》い姫《ひめ》は、持統天皇《じとうてんのう》と式子内親王《しょくしないしんのう》。姫《ひめ》の札《ふだ》の絵《え》をよく見《み》てみると、この二人《ふたり》だけ色《いろ》つきの段《だん》や几帳《きちょう》がついていることが多《おお》い。

清少納言《せいしょうなごん》や紫式部《むらさきしきぶ》、和泉式部《いずみしきぶ》などの姫《ひめ》は、宮中《きゅうちゅう》に仕《つか》える女房《にょうぼう》で、天皇《てんのう》の后《きさき》(中宮《ちゅうぐう》・女御《にょうご》・更衣《こうい》)の身《み》のまわりの世話《せわ》をしたりしていた。こうした女房《にょうぼう》たちは、一流《いちりゅう》のセンスや知識《ちしき》をそなえた貴族《きぞく》の姫《ひめ》がつとめた。百人一首《ひゃくにんいっしゅ》には、同《おな》じ天皇《てんのう》の后《きさき》に仕《つか》えた人《ひと》が多《おお》くいる。

坊主《ぼうず》

坊主《ぼうず》としてかかれている人《ひと》たちは、出家《しゅっけ》した人《ひと》たち。出家《しゅっけ》とは、俗世間《ぞくせけん》を離《はな》れて、仏門《ぶつもん》に入《はい》ること。蝉丸《せみまる》は坊《ぼう》主《ず》のようにかかれているが、職業《しょくぎょう》が不明《ふめい》なので、坊主《ぼうず》に入《い》れないこともある。

後白河院《ごしらかわいん》の第《だい》三皇女《こうじょ》

89 式子内親王《しょくしないしんのう》

▶128ページ

第《だい》41代天皇《だいてんのう》をつとめた

2 持統天皇《じとうてんのう》

▶41ページ

中宮彰子《ちゅうぐうしょうし》に仕《つか》えた女房《にょうぼう》

56 和泉式部《いずみしきぶ》

▶95ページ

57 紫式部《むらさきしきぶ》

▶96ページ

58 大弐三位《だいにのさんみ》

▶97ページ

59 赤染衛門《あかぞめえもん》

▶98ページ

60 小式部内侍《こしきぶのないし》

▶99ページ

61 伊勢大輔《いせのたいふ》

▶100ページ

さまざまな坊主《ぼうず》

実《じつ》は天皇《てんのう》の子孫《しそん》

12 僧正遍昭《そうじょうへんじょう》

▶51ページ

人生《じんせい》がなぞの坊主《ぼうず》

8 喜撰法師《きせんほうし》

▶47ページ

とても長生《ながい》きした

82 道因法師《どういんほうし》

▶121ページ

比叡山《ひえいざん》で修行《しゅぎょう》した

70 良暹法師《りょうぜんほうし》

▶109ページ

旅《たび》をして歌《うた》を詠《よ》んだ

69 能因法師《のういんほうし》

▶108ページ

厳《きび》しい修行《しゅぎょう》をした

66 大僧正行尊《だいそうじょうぎょうそん》

▶105ページ

播磨《はりま》国分寺《こくぶんじ》の講師《こうじ》

47 恵慶法師《えぎょうほうし》

▶86ページ

僧正遍昭《そうじょうへんじょう》の息子《むすこ》

21 素性法師《そせいほうし》

▶60ページ

琵琶《びわ》の名手《めいしゅ》

10 蝉丸《せみまる》

▶49ページ

坊主《ぼうず》に入《はい》ったり、入《はい》らなかったり…。

天台座主《てんだいざす》に四回《かい》なった

95 前大僧正慈円《さきのだいそうじょうじえん》

▶134ページ

『新古今和歌集《しんこきんわかしゅう》』の撰者《せんじゃ》

87 寂蓮法師《じゃくれんほうし》

▶126ページ

全国《ぜんこく》を旅《たび》した

86 西行法師《さいぎょうほうし》

▶125ページ

歌合《うたあわせ》や歌会《うたかい》が好《す》き

85 俊恵法師《しゅんえほうし》

▶124ページ

コラム

ふすまの飾《かざ》りから映画《えいが》まで 八〇〇年前《ねんまえ》から人気《にんき》が続《つづ》く百人一首《ひゃくにんいっしゅ》

形《かたち》をかえて広《ひろ》がる人気《にんき》

もともと、ふすまの飾《かざ》りとしてつくられた百人一首《ひゃくにんいっしゅ》だが、定家《ていか》の選《えら》んだ歌《うた》がすばらしいというので、歌集《かしゅう》としてまとめられることになった。当時《とうじ》の貴族《きぞく》や武士《ぶし》たちは、教養《きょうよう》の一つとして百人一首《ひゃくにんいっしゅ》を学《まな》び、その歌集《かしゅう》を手《て》もとに置《お》いて大切《たいせつ》にした。

一般《いっぱん》の人《ひと》にまで人気《にんき》が広《ひろ》まったのは、江《え》戸《ど》時代《じだい》のこと。百人一首《ひゃくにんいっしゅ》がかるたになったことで、遊《あそ》びとして多《おお》くの人《ひと》に親《した》しまれるようになった。

その後《ご》も百人一首《ひゃくにんいっしゅ》は浮世絵《うきよえ》になったり、ひらがなを学《まな》ぶ教科書《きょうかしょ》になったりした。

最近《さいきん》ではマンガやテレビアニメ、映画《えいが》にもなっている。百人一首《ひゃくにんいっしゅ》ができてから八〇〇年近《ねんちか》くがたつ今《いま》も、ますます百人《ひゃくにん》一首《いっしゅ》を楽《たの》しむ人《ひと》たちは増《ふ》えている。

百人一首《ひゃくにんいっしゅ》の移《うつ》りかわり

時代《じだい》	百人一首《ひゃくにんいっしゅ》の使《つか》われ方《かた》
平安《へいあん》	ふすまの飾《かざ》り 歌集《かしゅう》
室町《むろまち》	和歌《わか》の入門書《にゅうもんしょ》
江戸《えど》	小倉百人一首《おぐらひゃくにんいっしゅ》かるた 浮世絵《うきよえ》の題材《だいざい》 手習《てなら》いの教科書《きょうかしょ》 落語《らくご》の題材《だいざい》
明治《めいじ》	小説《しょうせつ》の題材《だいざい》 第一回競技《だいいっかいきょうぎ》かるたの大会開催《たいかいかいさい》
昭和《しょうわ》・平成《へいせい》	小説《しょうせつ》の題材《だいざい》 マンガの題材《だいざい》 テレビアニメの題材《だいざい》 映画《えいが》の題材《だいざい》

13世紀《せいき》に誕生《たんじょう》！

はじまりはふすまの飾《かざ》りだった。

21世紀《せいき》に大人気《だいにんき》！

Ⓒ末次由紀／講談社

競技《きょうぎ》かるたに没頭《ぼっとう》する少女《しょうじょ》と、その仲間《なかま》たちの青春《せいしゅん》をえがいた少女《しょうじょ》マンガ。タイトルは在原業平《ありわらのなりひら》の歌《うた》「ちはやぶる……」から。

三章《しょう》 百人一首《ひゃくにんいっしゅ》の世界《せかい》へ

歌《うた》ページの見方《みかた》

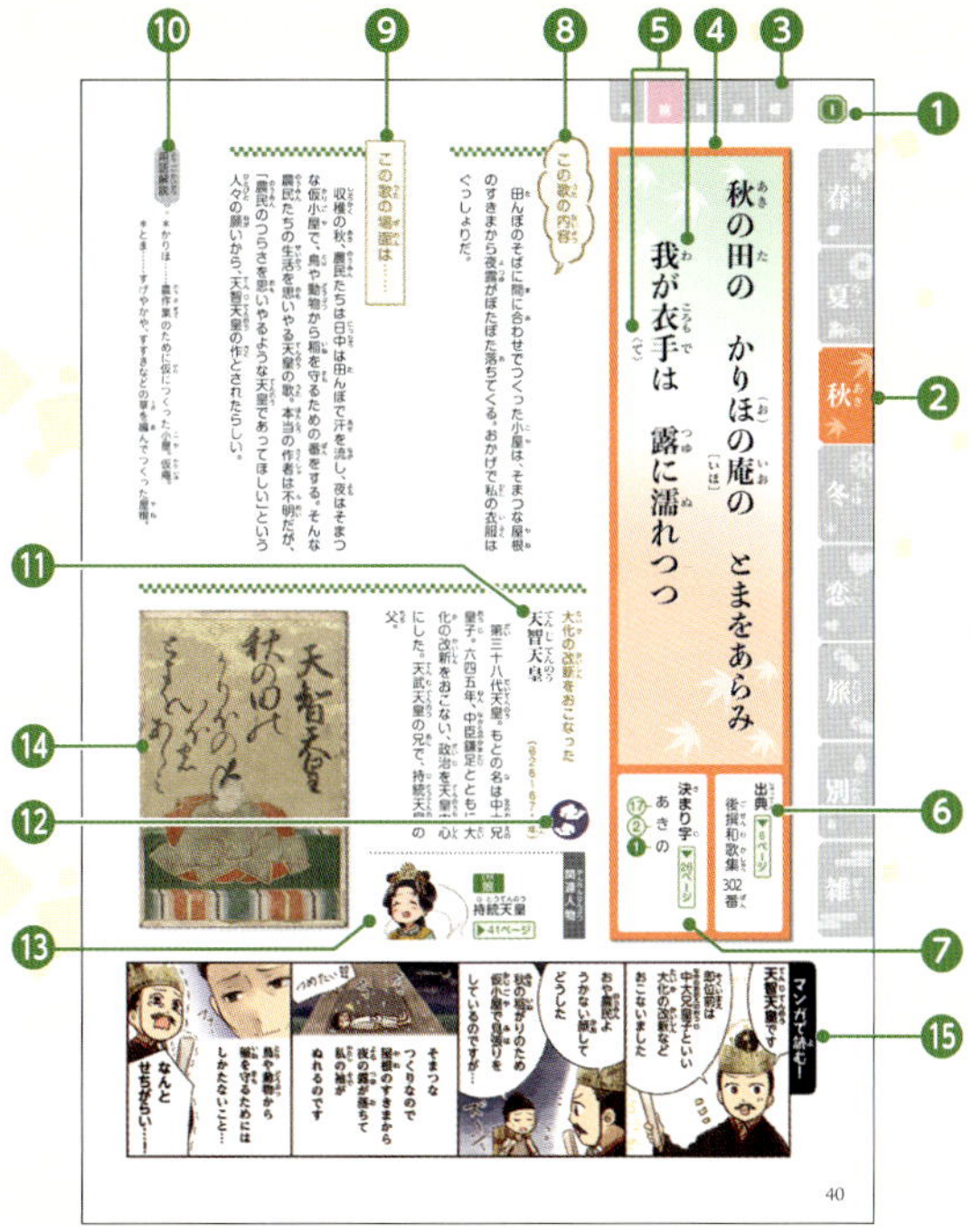

❶ 歌番号《うたばんごう》
藤原定家《ふじわらのていか》が並《なら》べた1～100までの番号《ばんごう》。

❷ 部立《ぶたて》
歌《うた》の内容《ないよう》に合《あ》わせ、春《はる》、夏《なつ》、秋《あき》、冬《ふゆ》、恋《こい》、旅《たび》、別《わかれ》、雑《ぞう》の八種類《しゅるい》に分《わ》けている。

❸ 五色百人一首《ごしょくひゃくにんいっしゅ》の色分《いろわ》け
TOSS《トス》教材《きょうざい》による色分《いろわ》け。百人一首《ひゃくにんいっしゅ》を二十枚《まい》ずつ五色《ごしょく》に分《わ》けている。

❹ 和歌《わか》
百人一首《ひゃくにんいっしゅ》にのっている歌《うた》。

❺ ふりがな
・右側《みぎがわ》…漢字《かんじ》には現代《げんだい》の読《よ》み方《かた》を、旧《きゅう》かなづかいには（　）で現代《げんだい》の読《よ》み方《かた》をつけた。
・左側《ひだりがわ》…漢字《かんじ》に旧《きゅう》かなづかい表記《ひょうき》がある場合《ばあい》は［　］で表示《ひょうじ》し、かるたの取《と》り札《ふだ》と異《こと》なる表記《ひょうき》がある場合《ばあい》は〈　〉で表示《ひょうじ》した。

❻ 出典《しゅってん》
歌《うた》が収録《しゅうろく》されている勅撰和歌集《ちょくせんわかしゅう》の名前《なまえ》とその中《なか》での歌番号《うたばんごう》。

❼ 決《き》まり字《じ》
歌《うた》を特定《とくてい》できる決《き》まり字《じ》。左側《ひだりがわ》の数字《すうじ》はその時《じ》点《てん》での同《おな》じ読《よ》みの歌《うた》がほかに何首《なんしゅ》あるかを示《しめ》している。一文字目《ひともじめ》の数字《すうじ》が枚数別《まいすうべつ》グループとなる。最後《さいご》の音《おと》が歌《うた》を確定《かくてい》できる決《き》まり字《じ》。

❽ 歌《うた》の内容《ないよう》
歌《うた》の内容《ないよう》と意味《いみ》の解説《かいせつ》。

❾ 歌《うた》われた場面《ばめん》
どのような場面《ばめん》・背景《はいけい》で詠《よ》まれた歌《うた》なのかの解説《かいせつ》。

❿ 用語解説《ようごかいせつ》
わかりにくい用語《ようご》や技法《ぎほう》・文法《ぶんぽう》の説明《せつめい》。

⓫ 歌人《かじん》
歌人《かじん》の名前《なまえ》と生没年《せいぼつねん》、人物紹介《じんぶつしょうかい》。

⓬ 分類《ぶんるい》
歌人《かじん》の分類《ぶんるい》。皇族《こうぞく》、役人《やくにん》、藤原家《ふじわらけ》、女性《じょせい》、僧《そう》、その他《た》の六つに分けている。

⓭ 関連人物《かんれんじんぶつ》
歌人《かじん》の血縁関係《けつえんかんけい》にあたる百人一首《ひゃくにんいっしゅ》の歌人《かじん》。

⓮ 札《ふだ》
道勝法親王筆百人一首歌《どうしょうほっしんのうひつひゃくにんいっしゅうた》かるた（滴翠美術館所蔵《てきすいびじゅつかんしょぞう》）。現存《げんぞん》する最古《さいこ》のかるたといわれている。歌人名《かじんめい》、上《かみ》の句《く》、歌仙絵《かせんえ》がかかれた上《かみ》の句札《くふだ》を掲載《けいさい》。

⓯ マンガ
歌《うた》の内容《ないよう》をわかりやすくまとめた四コママンガ。

春《はる》
夏《なつ》
秋《あき》
冬《ふゆ》
恋《こい》
旅《たび》
別《わかれ》
雑《ぞう》

秋《あき》の田《た》の　かりほ（お）の庵《いお》［いほ］の　とまをあらみ
我《わ》が〈か〉衣手《ころもで》〈て〉は　露《つゆ》に濡《ぬ》れつつ

出典《しゅってん》 ▼6ページ
後撰和歌集《ごせんわかしゅう》 302番《ばん》

決《き》まり字《じ》 ▼26ページ
16 2 1 あきの

この歌《うた》の内容《ないよう》

田《た》んぼのそばに間《ま》に合《あ》わせでつくった小屋《こや》は、そまつな屋根《やね》のすきまから夜露《よつゆ》がぽたぽた落《お》ちてくる。おかげで私《わたし》の衣服《いふく》はぐっしょりだ。

この歌《うた》の場面《ばめん》は……

収穫《しゅうかく》の秋《あき》、農民《のうみん》たちは日中《にっちゅう》は田《た》んぼで汗《あせ》を流《なが》し、夜《よる》はそまつな仮小屋《かりごや》で、鳥《とり》や動物《どうぶつ》から稲《いね》を守《まも》るための番《ばん》をする。そんな農民《のうみん》たちの生活《せいかつ》を思《おも》いやる天皇《てんのう》の歌《うた》。本当《ほんとう》の作者《さくしゃ》は不明《ふめい》だが、「農民《のうみん》のつらさを思《おも》いやるような天皇《てんのう》であってほしい」という人々《ひとびと》の願《ねが》いから、天智天皇《てんじてんのう》の作《さく》とされたらしい。

用語解説《ようごかいせつ》

＊かりほ……農作業《のうさぎょう》のために仮《かり》につくった小屋《こや》。
＊とま……すげ、かや、すすきなどの草《くさ》を編《あ》んでつくった屋根《やね》。

大化《たいか》の改新《かいしん》をおこなった
天智天皇《てんじてんのう》（626～671年《ねん》）

第《だい》三十八代天皇《だいてんのう》。もとの名《な》は中大兄皇子《なかのおおえのおうじ》。六四五年《ねん》、中臣鎌足《なかとみのかまたり》とともに大化《たいか》の改新《かいしん》をおこない、政治《せいじ》を天皇中心《てんのうちゅうしん》にした。天武天皇《てんむてんのう》の兄《あに》で、持統天皇《じとうてんのう》の父《ちち》。

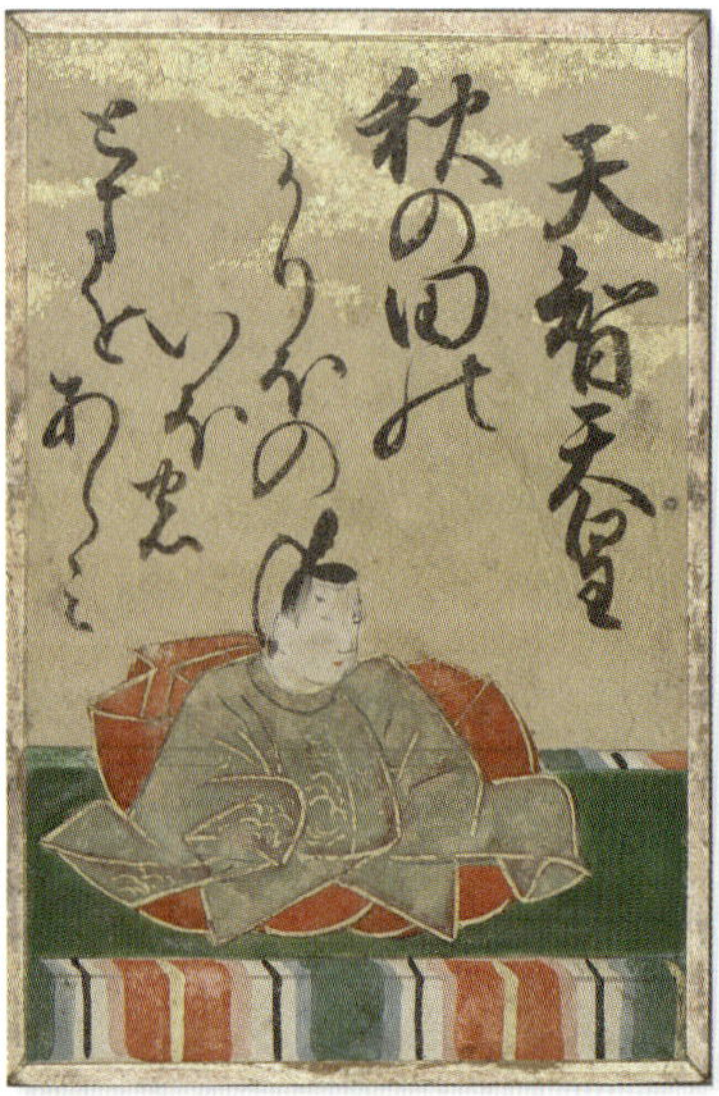

関連人物《かんれんじんぶつ》

娘《むすめ》
持統天皇《じとうてんのう》
▶41ページ

マンガで読《よ》む！
天智天皇《てんじてんのう》です
即位前《そくいまえ》は中大兄皇子《なかのおおえのおうじ》といい大化《たいか》の改新《かいしん》などおこないました
おや農民《のうみん》よ うかない顔《かお》して どうした
秋《あき》の稲《いね》かりのため仮小屋《かりごや》で見張《みは》りをしているのですが…
ズーン…
ポタ
ポタ
つめたい!!
そまつなつくりなので屋根《やね》のすきまから夜《よる》の露《つゆ》が落《お》ちて私《わたし》の袖《そで》がぬれるのです
フッ…
鳥《とり》や動物《どうぶつ》から稲《いね》を守《まも》るためにはしかたないこと…
なんとせちがらい…！

春過《はるす》ぎて　夏来《なつき》にけらし　白妙《しろたえ》〔たへ〕の
衣干《ころもほ》すてふ（ちょう）　天《あま》の香具山《かぐやま》〈く〉

出典《しゅってん》 ▼6ページ
新古今和歌集《しんこきんわかしゅう》 175番《ばん》

決《き》まり字《じ》 ▼26ページ
④はる
②る
❶す

この歌《うた》の内容《ないよう》

春《はる》がすぎて、いつの間《ま》にか夏《なつ》がきていたんだね。夏《なつ》になると衣《ころも》を干《ほ》すという天《あま》の香具山《かぐやま》に、まっ白《しろ》な着物《きもの》が干《ほ》してある。

この歌《うた》の場面《ばめん》は……

藤原京《ふじわらきょう》から天《あま》の香具山《かぐやま》をながめて詠《よ》んだ歌《うた》。当時《とうじ》、人々《ひとびと》は夏《なつ》になると、衣《ころも》がえのために香具山《かぐやま》に着物《きもの》を干《ほ》した。神様《かみさま》の住《す》む山《やま》に白《しろ》い衣《ころも》がゆれる風景《ふうけい》を見《み》て、作者《さくしゃ》は「今年《ことし》も夏《なつ》がきたんだなあ」と感《かん》じている。山《やま》の緑《みどり》と衣《ころも》の白《しろ》がさわやかな印象《いんしょう》。

用語解説《ようごかいせつ》

＊白妙《しろたえ》の……「衣《ころも》」にかかる枕詞《まくらことば》 ▼9ページ。「まっ白《しろ》な衣《ころも》」のこと。

＊天《あま》の香具山《かぐやま》……歌枕《うたまくら》 ▼8・22ページ、奈良県橿原市《ならけんかしはらし》にあり、天《てん》からおりてきた山《やま》という伝説《でんせつ》がある。神《かみ》の山《やま》と信《しん》じられてきた。

政治《せいじ》にも歌《うた》にも優《すぐ》れた才女《さいじょ》

持統天皇《じとうてんのう》（645〜702年《ねん》）

第《だい》四十一代天皇《だいてんのう》。天智天皇《てんじてんのう》の娘《むすめ》で、天武天皇《てんむてんのう》の妻《つま》。壬申《じんしん》の乱《らん》に勝利《しょうり》した天《てん》武天皇《むてんのう》を支《ささ》えた。天武天皇《てんむてんのう》が亡《な》きあとは、みずからが天皇《てんのう》となる。藤原京《ふじわらきょう》をおいた。

関連人物《かんれんじんぶつ》

父《ちち》
天智天皇《てんじてんのう》 ▶40ページ

マンガで読《よ》む！
天智天皇《てんじてんのう》の第二皇女《だいにこうじょ》持統天皇《じとうてんのう》です
藤原京《ふじわらきょう》をおきました
藤原京《ふじわらきょう》は大和三山《やまとさんざん》という山《やま》に囲《かこ》まれており
そのうちの一つが天《あま》の香具山《かぐやま》で…
あら？
まぁ！
緑《みどり》でいっぱいの天《あま》の香具山《かぐやま》に白妙《しろたえ》の衣《ころも》がたくさん…！
もう夏《なつ》なのですねぇ

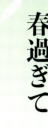

足曳《あしび》きの 山鳥《やまどり》の尾《お》の［を］ しだり尾《お》の［を］ なが〈か〉なが〈か〉し夜《よ》を ひとりかも寝《ね》む（ん）

出典《しゅってん》 ▼6ページ
拾遺和歌集《しゅういわかしゅう》 778番《ばん》

決《き》まり字《じ》 ▼26ページ
16‐あ
1‐し

この歌《うた》の内容《ないよう》

長《なが》くたれさがる山鳥《やまどり》▼21ページの尾《お》のように、どこまでも続《つづ》く長《なが》い夜《よる》を、私《わたし》は一人《ひとり》さびしくすごすのかな。

この歌《うた》の場面《ばめん》は……

秋《あき》の夜《よる》はただでさえ長《なが》いのに、一人《ひとり》ですごす夜《よる》はよけいに長《なが》く感《かん》じる。孤独《こどく》な夜《よる》をすごす作者《さくしゃ》の心細《こころぼそ》さを詠《よ》んだ歌《うた》。「足曳《あしび》きの～しだり尾《お》の」まで「の」を四回《かい》くり返《かえ》しているのは、リズムをよくするため。句《く》を長《なが》くつないで、夜《よる》の長《なが》さを表現《ひょうげん》するためでもある。

用語解説《ようごかいせつ》

＊足曳《あしび》きの……「山《やま》」にかかる枕詞《まくらことば》▼9ページ。
＊しだり尾《お》……長《なが》くたれさがった尾《お》。
＊山鳥《やまどり》……きじの仲間《なかま》。オスは尾《お》が長《なが》い。

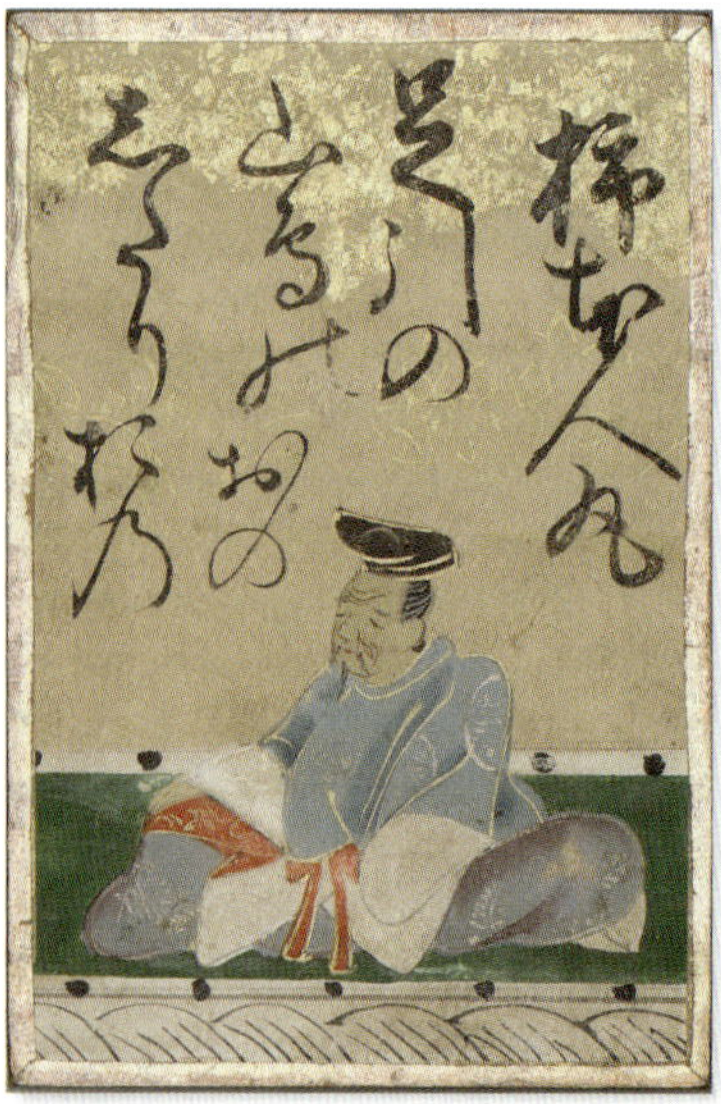

万葉《まんよう》を代表《だいひょう》する「歌聖《かせい》」

柿本人丸《かきのもとのひとまる》（柿本人麻呂《かきのもとのひとまろ》／人麿《ひとまろ》）（生没年不明《せいぼつねんふめい》）

持統天皇《じとうてんのう》▼41ページの時代《じだい》から、その孫《まご》の文武天皇《もんむてんのう》の時代《じだい》に活躍《かつやく》したといわれる役人《やくにん》。優《すぐ》れた和歌《わか》の才能《さいのう》から「歌聖《かせい》」▼15ページとよばれた歌人《かじん》。三十六歌仙《さんじゅうろっかせん》▼15ページの一人《ひとり》。

マンガで読《よ》む！

柿本人丸《かきのもとのひとまる》です
歌《うた》づくりが仕事《しごと》の役人《やくにん》で、歌《うた》のスタイルを決《き》めたりしました
歌聖《かせい》なんてよばれちゃって
ところで山鳥《やまどり》の尾《お》って長《なが》い…
えっ？
アタシ？
なが～
長《なが》いといえば…ワシの顔《かお》？じゃなくて！
でもなくてっ
長《なが》い…長《なが》い夜《よる》…
あっ
山鳥《やまどり》の尾《お》みたいにすごーく長《なが》い夜《よる》を一人《ひとり》で寝《ね》るのか…
さびしー
奥《おく》さんほしー

田子《たご》の浦《うら》に　打出《うちい》でてみれば　白《しろ》妙《たえ》［たへ］の
富《ふ》士《じ》〈し〉の高嶺《たかね》に　雪《ゆき》は降《ふ》りつつ

出典《しゅってん》 ▼6ページ
新古今和歌集《しんこきんわかしゅう》 675番《ばん》

決《き》まり字《じ》 ▼26ページ
⑥たご
❶たご

この歌《うた》の内容《ないよう》

田子《たご》の浦《うら》の海岸《かいがん》に出《で》て遠《とお》くをながめると、立派《りっぱ》な富士山《ふじさん》のてっぺんに、まっ白《しろ》な雪《ゆき》がしんしんとふり続《つづ》いているよ。

この歌《うた》の場面《ばめん》は……

神《かみ》が住《す》む山《やま》、富士山《ふじさん》を一目見《ひとめみ》たいとあこがれていた作者《さくしゃ》が、遠《とお》くに見《み》えた富士山《ふじさん》の美《うつく》しさをほめて詠《よ》んだ歌《うた》。田子《たご》の浦《うら》は富士山《ふじさん》をながめるのによい場所《ばしょ》だが、さすがに雪《ゆき》がふっている様子《ようす》までは見《み》えない。作者《さくしゃ》は想像《そうぞう》をふくらませて詠《よ》んだのだろう。

用語解説《ようごかいせつ》

＊田子《たご》の浦《うら》……歌枕《うたまくら》 ▼8・22ページ、駿河国《するがのくに》（今《いま》の静岡県《しずおかけん》）にある海岸《かいがん》。今《いま》の田子《たご》の浦《うら》は、当時《とうじ》とは場所《ばしょ》がちがうといわれている。

＊白妙《しろたえ》の……「富士《ふじ》」「雪《ゆき》」にかかる枕詞《まくらことば》 ▼9ページ。もとは、まっ白《しろ》な衣《ころも》のことであるが、まっ白《しろ》なものにつかわれるようになった。

自然《しぜん》を詠《よ》むのが得意《とくい》な歌人《かじん》

山辺赤人《やまべのあかひと》（山部赤人《やまべのあかひと》）
（生没年不明《せいぼつねんふめい》）

奈良時代初期《ならじだいしょき》の役人《やくにん》で歌人《かじん》。聖武天皇《しょうむてんのう》の時代《じだい》に活躍《かつやく》した。柿本人丸《かきのもとのひとまる》 ▼42ページ とともに「歌聖《かせい》」 ▼15ページ とよばれた。天皇《てんのう》の旅行《りょこう》についていくことも多《おお》く、旅《たび》のとちゅうで自然《しぜん》を見《み》て詠《よ》んだ歌《うた》が多《おお》い。三十六歌仙《さんじゅうろっかせん》 ▼15ページ の一人《ひとり》。

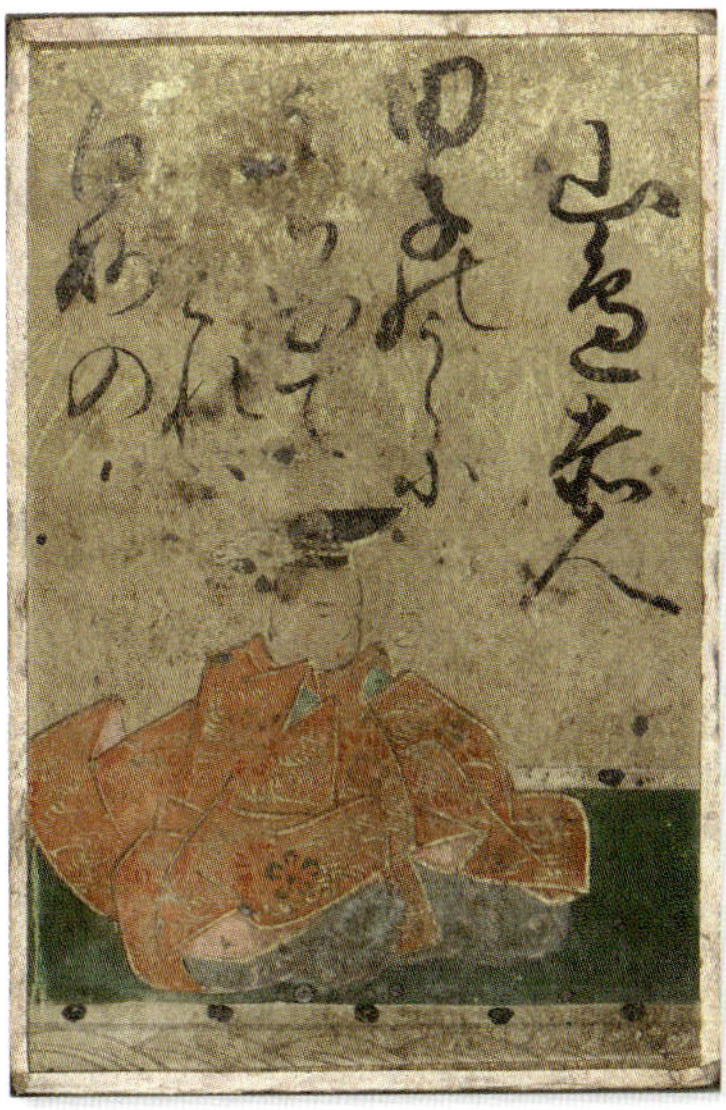

マンガで読《よ》む！
山辺赤人《やまべのあかひと》です
おもに自然《しぜん》の景色《けしき》を詠《よ》むのが好《す》きなんだ
冬《ふゆ》に田子《たご》の浦《うら》という場所《ばしょ》で富士山《ふじさん》を見《み》たことがありました
浜辺《はまべ》だー
さむいー
遠《とお》くにある富士山《ふじさん》に雪《ゆき》がふっているかは見《み》えないけれど…
あのとき私《わたし》の目《め》には雪《ゆき》がふっていると思《おも》えるぐらいすてきな景色《けしき》だったんだよ

奥山《おくやま》に　紅葉《もみじ》［もみぢ］踏《ふ》み分《わ》け　なく鹿《しか》の
声《こえ》［こゑ］聞《き》く時《とき》ぞ〈そ〉　秋《あき》は悲《かな》しき

出典《しゅってん》 ▼6ページ
古今和歌集《こきんわかしゅう》　215番《ばん》

決《き》まり字《じ》 ▼26ページ
7 - おく
1 - く

この歌《うた》の内容《ないよう》

ひっそりと静《しず》まり返《かえ》った山奥《やまおく》に、落《お》ち葉《ば》をふみ分《わ》けやってきた。鹿《しか》の鳴《な》き声《ごえ》を聞《き》くと、秋《あき》の悲《かな》しさがいっそう身《み》にしみるなあ。

この歌《うた》の場面《ばめん》は……

だれもいない山奥《やまおく》。足《あし》もとには紅葉《もみじ》▼21ページのじゅうたん。すると、どこからか「ピー」と鹿《しか》▼21ページの声《こえ》がする。オスの鹿《しか》がメスの鹿《しか》をよぶ声《こえ》だ。その声《こえ》を聞《き》いていると、こちらまで人恋《ひとこい》しくなってくる。作者《さくしゃ》の孤独《こどく》な気分《きぶん》を詠《よ》んだ歌《うた》。

用語解説《ようごかいせつ》

＊奥山《おくやま》……人気《ひとけ》のない山《やま》の奥深《おくふか》く。
＊踏《ふ》み分《わ》け……紅葉《もみじ》をふみ分《わ》けて山《やま》に入《はい》ってくるのが、人《ひと》か鹿《しか》か、二つの説《せつ》がある。

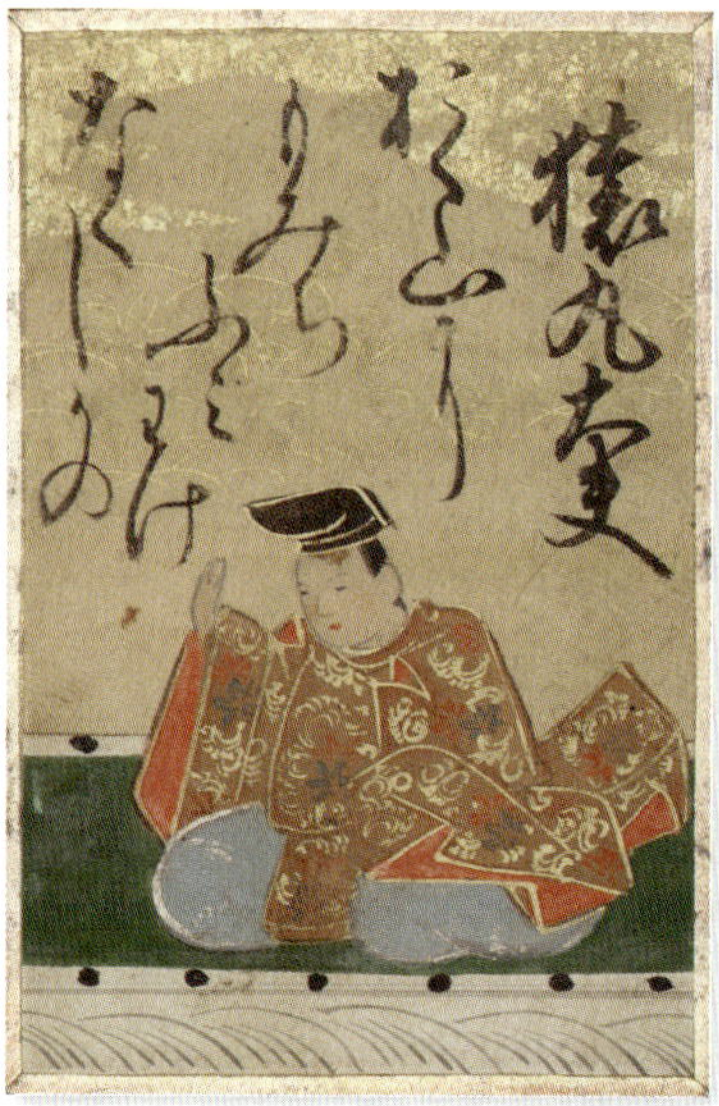

人生《じんせい》が謎《なぞ》の伝説的歌人《でんせつてきかじん》

猿丸大夫《さるまるたいふ》

（生没年不明《せいぼつねんふめい》）

三十六歌仙《さんじゅうろっかせん》▼15ページの一人《ひとり》だが、人物《じんぶつ》について何《なに》もわかっていない。本当《ほんとう》にいた人物《じんぶつ》なのかも不明《ふめい》。この歌《うた》も『古今和歌集《こきんわかしゅう》』では、「よみ人知《びとし》らず」となっていて、猿丸大夫《さるまるたいふ》の歌《うた》かは不明《ふめい》。

マンガで読《よ》む！

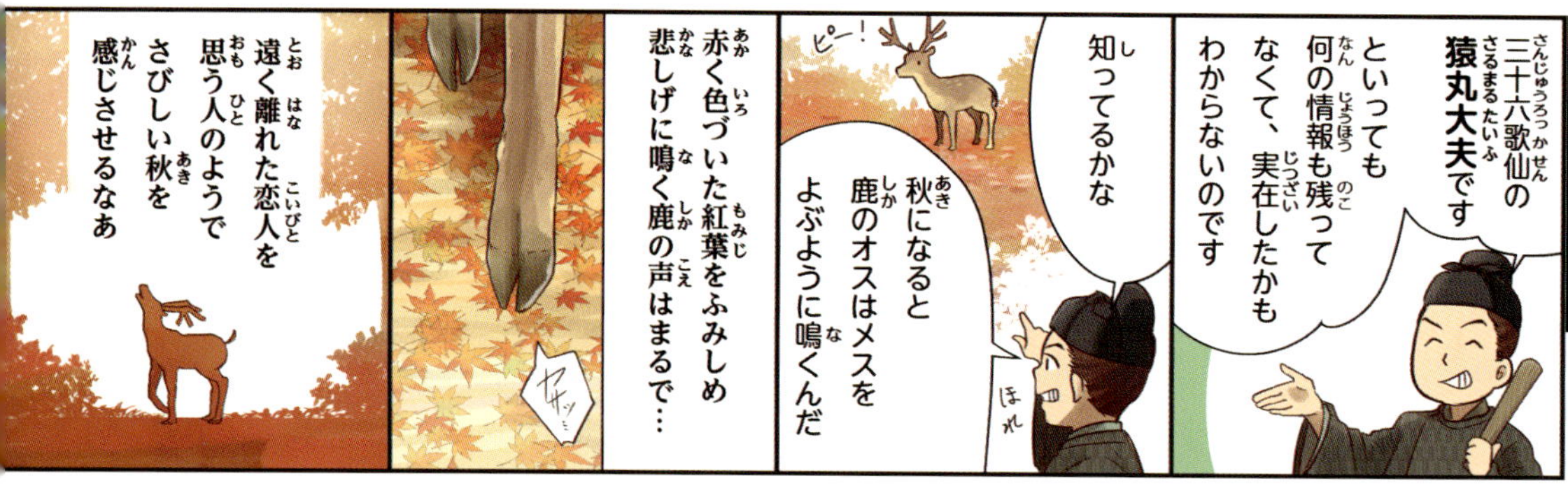
三十六歌仙《さんじゅうろっかせん》の猿丸大夫《さるまるたいふ》です
といっても何《なん》の情報《じょうほう》も残《のこ》ってなくて、実在《じつざい》したかもわからないのです
知《し》ってるかな
ほれ
秋《あき》になると鹿《しか》のオスはメスをよぶように鳴《な》くんだ
ピー！
赤《あか》く色《いろ》づいた紅葉《もみじ》をふみしめ悲《かな》しげに鳴《な》く鹿《しか》の声《こえ》はまるで…
遠《とお》く離《はな》れた恋人《こいびと》を思《おも》う人《ひと》のようでさびしい秋《あき》を感《かん》じさせるなあ

かささぎの　渡《わた》せる橋《はし》に　置《お》く霜《しも》の
白《しろ》きを見《み》れば〈は〉　夜《よ》ぞ〈そ〉更《ふ》けにける

出典《しゅってん》 ▼6ページ
新古今和歌集《しんこきんわかしゅう》 620番《ばん》

決《き》まり字《じ》 ▼26ページ
④-かさ
①-さ

この歌《うた》の内容《ないよう》

かささぎが羽《はね》を広《ひろ》げて天《あま》の川《がわ》にかけたという橋《はし》のように宮《きゅう》中《ちゅう》の階段《かいだん》にも霜《しも》がおりて白《しろ》く見《み》える。ああ、すっかり夜《よ》がふけたんだなあ。

この歌《うた》の場面《ばめん》は……

この歌《うた》は、中国《ちゅうごく》の七夕伝説《たなばたでんせつ》（七月《がつ》七日《か》の夜《よる》、織姫《おりひめ》と彦星《ひこぼし》が出会《であ》えるよう、かささぎ ▼21ページ が二人《ふたり》の間《あいだ》に橋《はし》をかける）をヒントにしている。「空《そら》にうかぶ天《あま》の川《がわ》を、霜《しも》にたとえた」とみるか、「霜《しも》で白《しろ》く染《そ》まっている宮中《きゅうちゅう》の階段《かいだん》を、天《あま》の川《がわ》にたとえた」とみるか、二つの説《せつ》がある。

用語解説《ようごかいせつ》

＊かささぎ……縁起《えんぎ》のよい鳥《とり》といわれている。カチカチと鳴《な》くのでかちがらすという別名《べつめい》がある。

＊置《お》く霜《しも》の……おりている霜《しも》の。霜《しも》がおりるのは冬《ふゆ》の深夜《しんや》から明《あ》け方《がた》の、一番冷《いちばんひ》える時間帯《じかんたい》。

『万葉集《まんようしゅう》』を編集《へんしゅう》した歌人《かじん》

中納言家持《ちゅうなごんやかもち》（718?〜785年《ねん》）

本名《ほんみょう》は大伴家持《おおとものやかもち》。政治家《せいじか》で歌人《かじん》の大伴旅人《おおとものたびと》の息子《むすこ》。天皇《てんのう》に気《き》に入《い》られ、『万葉集《まんようしゅう》』をつくる仕事《しごと》を任《まか》された。自身《じしん》の歌《うた》も多《おお》く選《えら》んでいる。三十六歌仙《さんじゅうろっかせん》 ▼15ページ の一人《ひとり》。

マンガで読《よ》む！
中納言家持《ちゅうなごんやかもち》です
本名《ほんみょう》は大伴家持《おおとものやかもち》といい『万葉集《まんようしゅう》』にはたくさんの歌《うた》をおさめていますよ
479首《しゅ》です。
この歌《うた》は冬《ふゆ》の夜《よる》、宮中《きゅうちゅう》の階段《かいだん》を見《み》て思《おも》いついた歌《うた》です
さむいなー…
ん?
← けいび中《ちゅう》
霜《しも》で白《しろ》く染《そ》められた宮中《きゅうちゅう》の階段《かいだん》はとても美《うつく》しく…
かささぎが翼《つばさ》を広《ひろ》げ天《あま》の川《がわ》に橋《はし》をかけた姿《すがた》と重《かさ》なったのです
← かささぎ
夜《よ》もふけたなあ…

天《あま》の原《はら》　ふりさけ見《み》れば　春日《かすが》なる
三笠《みかさ》の山《やま》に　出《い》で〈て〉し月《つき》かも

出典《しゅってん》 ▼6ページ
古今和歌集《こきんわかしゅう》406番《ばん》

決《き》まり字《じ》 ▼26ページ
16 あ
2 ま
1 の

この歌《うた》の内容《ないよう》

大空《おおぞら》をはるかに見上《みあ》げると、月《つき》が出《で》ている。これは、春日《かすが》にある三笠山《みかさやま》に出《で》ていた、あの月《つき》と同《おな》じなのか。

この歌《うた》の場面《ばめん》は……

遣唐留学生《けんとうりゅうがくせい》として中国《ちゅうごく》に渡《わた》って三十年《ねん》。ようやく日本《にほん》へ帰《かえ》ることを許《ゆる》された作者《さくしゃ》は、遠《とお》いふるさとの日本《にほん》で見《み》た月《つき》を思《おも》い出《だ》して、この歌《うた》を詠《よ》んだ。だが、帰《かえ》りの船《ふね》がこわれてしまい、二度《にど》と日本《にほん》に帰《かえ》ることができなかった。

用語解説《ようごかいせつ》

＊天《あま》の原《はら》……大空《おおぞら》。
＊ふりさけ見《み》れば……遠《とお》くはるかを見通《みとお》すこと。
＊春日《かすが》なる……「春日《かすが》」は歌枕《うたまくら》▼8・22ページ、今《いま》の奈良県《ならけん》にあった地名《ちめい》。「なる」は「にある」の意味《いみ》。
＊三笠《みかさ》の山《やま》……歌枕《うたまくら》、奈良県奈良市《ならけんならし》にある山《やま》。遣唐使《けんとうし》に命《めい》じられた者《もの》は、出発《しゅっぱつ》の前《まえ》に三笠山《みかさやま》のほこらに行《い》って、旅《たび》の無事《ぶじ》をいのった。

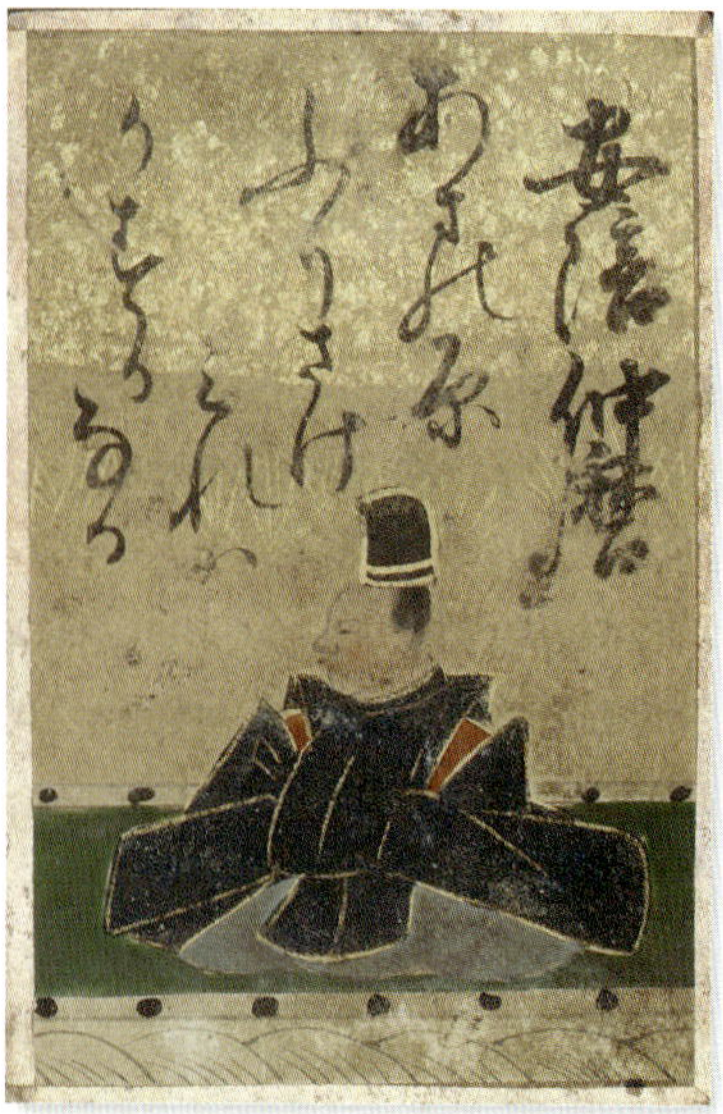

日本《にほん》に帰《かえ》れなかった留学生《りゅうがくせい》

阿倍仲麿《あべのなかまろ》（阿倍仲麻呂《あべのなかまろ》）（698～770年《ねん》）

唐《とう》（今《いま》の中国《ちゅうごく》）に渡《わた》り、玄宗皇帝《げんそうこうてい》に気《き》に入《い》られた。中国《ちゅうごく》での名前《なまえ》は、朝衡《ちょうこう》。中国《ちゅうごく》の有名《ゆうめい》な詩人《しじん》、李白《りはく》や王維《おうい》とも交流《こうりゅう》があった。

マンガで読《よ》む!

阿倍仲麿《あべのなかまろ》です
留学生《りゅうがくせい》として唐《とう》に行《い》き、そこで三十年《ねん》ほど仕《つか》えました
中国《ちゅうごく》では朝衡《ちょうこう》といわれているよ
帰《かえ》っていいよ
ホントですか!?
この歌《うた》は皇帝《こうてい》から帰国《きこく》を許《ゆる》されたときにふるさとを思《おも》って詠《よ》んだ歌《うた》です
結局《けっきょく》帰《かえ》れなかったけど…
大空《おおぞら》を見《み》れば月《つき》が出《で》ている
きれいだなぁ…
あれはふるさとの春日《かすが》の三笠山《みかさやま》に見《み》えている月《つき》と同《おな》じものなんだなぁ

わが庵《いお》は［いほ］ 都《みやこ》のたつみ しかぞ住《す》む 世《よ》をうぢ《（じ）》〈ち〉山《やま》と 人《ひと》はいふ《（う）》なり

出典《しゅってん》 ▼6ページ
古今和歌集《こきんわかしゅう》 983番《ばん》

決《き》まり字《じ》 ▼26ページ
⑦わ ②が ❶い

この歌《うた》の内容《ないよう》

私《わたし》の住《す》まいは都《みやこ》の東南《とうなん》にあって、こんなふうにゆったりとくらしている。なのに、人々《ひとびと》は、私《わたし》が世間《せけん》をきらって、にげるように宇治山《うじやま》に引《ひ》きこもったとうわさしているらしい。

この歌《うた》の場面《ばめん》は……

人里離《ひとざとはな》れた宇治山《うじやま》に住《す》む作者《さくしゃ》が、世間《せけん》の人々《ひとびと》が自分《じぶん》のうわさをしていると知《し》って詠《よ》んだ歌《うた》。世間《せけん》から誤解《ごかい》されても、作者《さくしゃ》は怒《おこ》るどころか、逆《ぎゃく》にユーモアたっぷりに笑《わら》いとばしている。

用語解説《ようごかいせつ》

＊たつみ……東南《とうなん》の方角《ほうがく》。
＊しかぞ……漢字《かんじ》で書《か》くと「然《しか》ぞ」で、「このように」の意味《いみ》。鹿《しか》▼21ページとの掛詞《かけことば》▼9ページ。
＊うぢ山《やま》……歌枕《うたまくら》▼8・22ページ、京都《きょうと》の宇治山《うじやま》。ゆううつな気分《きぶん》をあらわす「憂《う》し」との掛詞《かけことば》。

子《ね》
丑《うし》
艮《うしとら》(丑寅《うしとら》)
寅《とら》
卯《う》
辰《たつ》
巽《たつみ》(辰巳《たつみ》)
巳《み》
午《うま》
未《ひつじ》
坤《ひつじさる》(未申《ひつじさる》)
申《さる》
酉《とり》
戌《いぬ》
乾《いぬい》(戌亥《いぬい》)
亥《い》
北《きた》
東《ひがし》
南《みなみ》
西《にし》

宇治山《うじやま》にいたとされる僧侶《そうりょ》

喜撰法師《きせんほうし》（生没年不明《せいぼつねんふめい》）

六歌仙《ろっかせん》▼15ページの一人《ひとり》だが、くわしいことは不明《ふめい》。喜撰法師《きせんほうし》の歌《うた》はこの一首《いっしゅ》しかない。喜撰《きせん》は「紀仙《きせん》」で、『古今和歌集《こきんわかしゅう》』の撰者《せんじゃ》、紀貫之《きのつらゆき》▼74ページの一族《いちぞく》という説《せつ》もある。

マンガで読《よ》む！

喜撰法師《きせんほうし》です
宇治山《うじやま》で心静《こころしず》かにくらしています
世《よ》の人《ひと》は急《きゅう》に出家《しゅっけ》した私《わたし》のことをかんちがいしたのです
都《みやこ》
!?
ピュー
出家《しゅっけ》しよっと
宇治山《うじやま》
あの人《ひと》失恋《しつれん》のつらさで宇治山《うじやま》に隠《かく》れたらしいわよ
ヒソ
ヒソ
え—
結果《けっか》このようにうわさされた
まったく好《す》き勝手《かって》いいおって。私《わたし》の心《こころ》は穏《おだ》やかです
わがいほは～
みやこのたつみ
しかぞすむ～

花《はな》の色《いろ》は　移《うつ》りにけりな　いたづら（ず）に　我《わ》〈か〉が身《み》世《よ》にふる　ながめ〈か〉せしまに

出典《しゅってん》 ▼6ページ
古今和歌集《こきんわかしゅう》113番《ばん》

決《き》まり字《じ》 ▼26ページ
4 はなの
2 はなの
1 はなの

この歌《うた》の内容《ないよう》

桜《さくら》の花《はな》は、はかなくちってしまったわ。春《はる》の長雨《ながあめ》のせいで。そして、私《わたし》の美《うつく》しさもおとろえてしまった。こんなふうにもの思《おも》いしている間《あいだ》に。

この歌《うた》の場面《ばめん》は……

多《おお》くの男性《だんせい》から求愛《きゅうあい》されてきた作者《さくしゃ》。しとしとふり続《つづ》く雨《あめ》に打《う》たれて、色《いろ》あせてしまった桜《さくら》▼21ページを見《み》て、私《わたし》もときの流《なが》れには勝《か》てない……、と悲《かな》しんでいる。

用語解説《ようごかいせつ》

＊いたづらに……むだに。はかなく。
＊ふる……「（雨《あめ》が）ふる」と「経《へ》る（時間《じかん》がすぎる）」の掛詞《かけことば》▼9ページ。
＊ながめ……「ながめ（ぼんやり見《み》る）」と「長雨《ながあめ》」の掛詞《かけことば》。「ふる―ながめ」という縁語《えんご》▼9ページにもなっている。

小野小町

絶世《ぜっせい》の美人《びじん》といわれた歌人《かじん》

小野小町《おののこまち》（生没年不明《せいぼつねんふめい》）

恋《こい》の歌《うた》や女心《おんなごころ》を詠《よ》んだ歌《うた》が得意《とくい》。世界三大美人《せかいさんだいびじん》の一人《ひとり》に数《かぞ》えられ、六歌仙《ろっかせん》▼15ページ、三十六歌仙《さんじゅうろっかせん》▼15ページの両方《りょうほう》に選《えら》ばれているが、くわしいことは不明《ふめい》。

マンガで読《よ》む！
小野小町《おののこまち》です
世界三大美人《せかいさんだいびじん》の一人《ひとり》といわれています
あとはクレオパトラと楊貴妃《ようきひ》ね
美人《びじん》で知《し》られている私《わたし》だけれど
そんな私《わたし》も老《お》いには勝《か》てない
くっ!!
長雨《ながあめ》がふっている間《あいだ》に桜《さくら》が色《いろ》あせてゆくのと同《おな》じように…
もの思《おも》いにふける間《あいだ》に私《わたし》の美《うつく》しさもおとろえてゆくのね…

これやこの　行《ゆ》くも帰《かへ》るも　別《わか》れては　知《し》るも知《し》らぬも　逢坂《おうさか》の関《せき》

［かへ］［あふ］

出典《しゅってん》 ▼6ページ
後撰和歌集《ごせんわかしゅう》　1089番《ばん》

決《き》まり字《じ》 ▼26ページ
⑥－これ
❶－これ

この歌《うた》の内容《ないよう》

都《みやこ》から出《で》て行《い》く人《ひと》も、都《みやこ》へ帰《かえ》る人《ひと》もここで別《わか》れ、知《し》っている人《ひと》も知《し》らない人《ひと》もここで出会《であ》うという、これがあの逢坂《おうさか》の関《せき》か。

この歌《うた》の場面《ばめん》は……

逢坂《おうさか》の関《せき》を訪《おとず》れた作者《さくしゃ》が、あわただしく行《い》き交《か》う旅人《たびびと》たちに会《あ》って詠《よ》んだ歌《うた》。出会《であ》っては別《わか》れ、別《わか》れては出会《であ》う様子《ようす》に、人間《にんげん》の運命《うんめい》の不思議《ふしぎ》さや、ときとともに移《うつ》りかわっていく人生《じんせい》のはかなさを感《かん》じている。

用語解説《ようごかいせつ》

＊逢坂《おうさか》の関《せき》……歌枕《うたまくら》 ▼8・22ページ、今《いま》の京都府《きょうとふ》と滋賀県《しがけん》の間《あいだ》にあった関所《せきしょ》。関所《せきしょ》は、人《ひと》やものの行《い》き来《き》を取《と》りしまる検査所《けんさじょ》のこと。「逢坂《おうさか》」と「会《あ》う」が掛詞《かけことば》 ▼9ページ になっている。

和歌《わか》と琵琶《びわ》の名人《めいじん》

蝉丸《せみまる》（生没年不明《せいぼつねんふめい》）

平安時代初期《へいあんじだいしょき》に生《い》きていたとされる人物《じんぶつ》。目《め》が不自由《ふじゆう》で、楽器《がっき》の琵琶《びわ》の名手《めいしゅ》だったといわれている。くわしいことは不明《ふめい》。

蝉丸

マンガで読《よ》む！

蝉丸《せみまる》です
和歌《わか》と琵琶《びわ》の名手《めいしゅ》といわれとるがくわしいことはだれも知《し》らん！
あと目《め》が見《み》えん!!
ある日《ひ》、ワシはあわただしい関所《せきしょ》で往来《おうらい》する人々《ひとびと》に会《あ》った
ん？何《なん》じゃ？
そこでは都《みやこ》から出《で》ていく者《もの》も帰《かえ》ってくる者《もの》もいて
いってきます！
ただいまー
知《し》る人《ひと》も知《し》らぬ人《ひと》も行《い》き交《か》っておった
おー
またなー
おー
だれもが出会《であ》っては別《わか》れるその風景《ふうけい》を、ワシはまるで人生《じんせい》のようだと思《おも》ったのじゃ

わたの原《はら》　八十島《やそしま》かけて　漕《こ》ぎ出《い》でぬと
人《ひと》にはつげよ〈け〉　あまの釣舟《つりぶね》〈ふね〉

出典《しゅってん》 ▼6ページ
古今和歌集《こきんわかしゅう》 407番《ばん》

決《き》まり字《じ》 ▼26ページ
⑦-わたのはら
①-や

この歌の内容《うたのないよう》

私《わたし》の乗《の》った船《ふね》は、はるか海《うみ》の向《む》こうの島々《しまじま》をめざして出発《しゅっぱつ》したと、都《みやこ》にいる人《ひと》たちに告《つ》げておくれ。そこにいる釣舟《つりぶね》の漁師《りょうし》よ。

この歌《うた》の場面《ばめん》は……

遣唐使《けんとうし》として出発《しゅっぱつ》する直前《ちょくぜん》、船《ふね》がこわれていることを知《し》った作者《さくしゃ》は、仮病《けびょう》を使《つか》って船《ふね》に乗《の》らなかった。さらに遣唐使《けんとうし》を批判《ひはん》する漢詩《かんし》を詠《よ》んだことで、天皇《てんのう》の怒《いか》りをかい、今《いま》の島根県隠岐《しまねけんおき》の島《しま》に追放《ついほう》されてしまう。その船出《ふなで》のときに、まるで冒険《ぼうけん》に向《む》かうかのように詠《よ》んだ歌《うた》。

用語解説《ようごかいせつ》
＊わたの原《はら》……「わた」は海《うみ》のことで、「わたの原《はら》」は「はてしなく広《ひろ》がる海原《うなばら》」。
＊八十島《やそしま》……たくさんの島々《しまじま》。
＊あま……漁師《りょうし》。

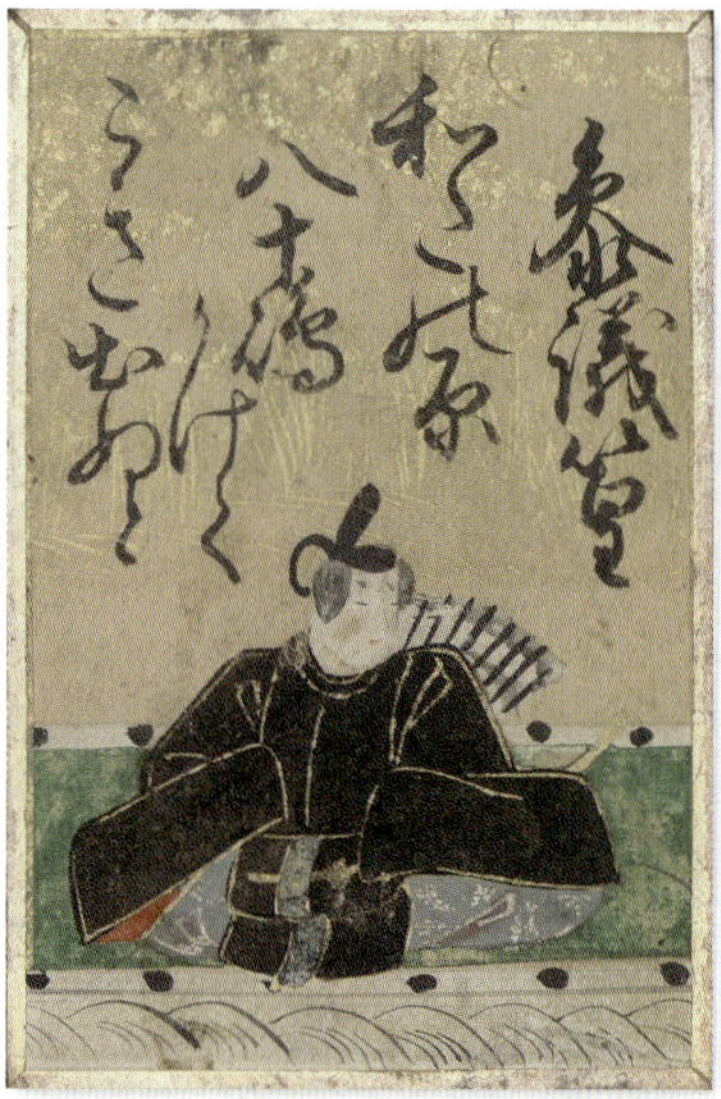

漢詩《かんし》と和歌《わか》に優《すぐ》れた学者《がくしゃ》
参議篁《さんぎたかむら》（802～852年《ねん》）

本名《ほんみょう》は小野篁《おののたかむら》。平安時代《へいあんじだい》に活躍《かつやく》した漢学者《かんがくしゃ》。遣唐使《けんとうし》に任命《にんめい》されるが、拒否《きょひ》したため、罰《ばつ》として隠岐島《おきのしま》に流《なが》された。一八八センチの大男《おおおとこ》だったといわれている。

マンガで読《よ》む！

天《あま》つ風《かぜ》 雲《くも》のかよひ（い）ぢ（じ） 吹《ふ》きとぢ（じ）よ 乙女《おとめ》［をとめ］の姿《すがた》〈すかた〉 しば〈は〉しとど〈と〉めむ（ん）

出典《しゅってん》 ▼6ページ
古今和歌集《こきんわかしゅう》
872番《ばん》

決《き》まり字《じ》 ▼26ページ
16 あ
2 ま
1 つ

この歌《うた》の内容《ないよう》

空《そら》をふく風《かぜ》よ、雲《くも》の中《なか》の通《とお》り道《みち》を閉《と》じておくれ。この美《うつく》しい天女《てんにょ》たちが天《てん》に帰《かえ》ってしまわないように。もう少《すこ》しその姿《すがた》を見《み》ていたいから。

この歌《うた》の場面《ばめん》は……

作者《さくしゃ》が出家前《しゅっけまえ》、仁明天皇《にんみょうてんのう》に仕《つか》えていた時代《じだい》に詠《よ》んだ歌《うた》。秋《あき》の収穫《しゅうかく》を祝《いわ》う宮中行事《きゅうちゅうぎょうじ》で、女性《じょせい》たちによる「五節《ごせち》の舞《まい》」が披露《ひろう》された。美《うつく》しく着飾《きかざ》り、舞《まい》をまう女性《じょせい》たちを見《み》た作者《さくしゃ》はその感動《かんどう》を歌《うた》にした。「天女《てんにょ》の帰《かえ》り道《みち》をふさいでおくれ」と、天《てん》に向《む》かってよびかけている。

用語解説《ようごかいせつ》

＊天《あま》つ風《かぜ》……空《そら》を ふく風《かぜ》。
＊乙女《おとめ》の姿《すがた》……舞《まい》をまう女性《じょせい》たちを、天女《てんにょ》に見立《みた》てた。
＊しばしとどめむ……天女《てんにょ》は地上《ちじょう》に舞《ま》いおりても、すぐに天《てん》に帰《かえ》ってしまうという伝説《でんせつ》がある。「もう少《すこ》しここにいて」と引《ひ》き止《と》める気持《きも》ち。

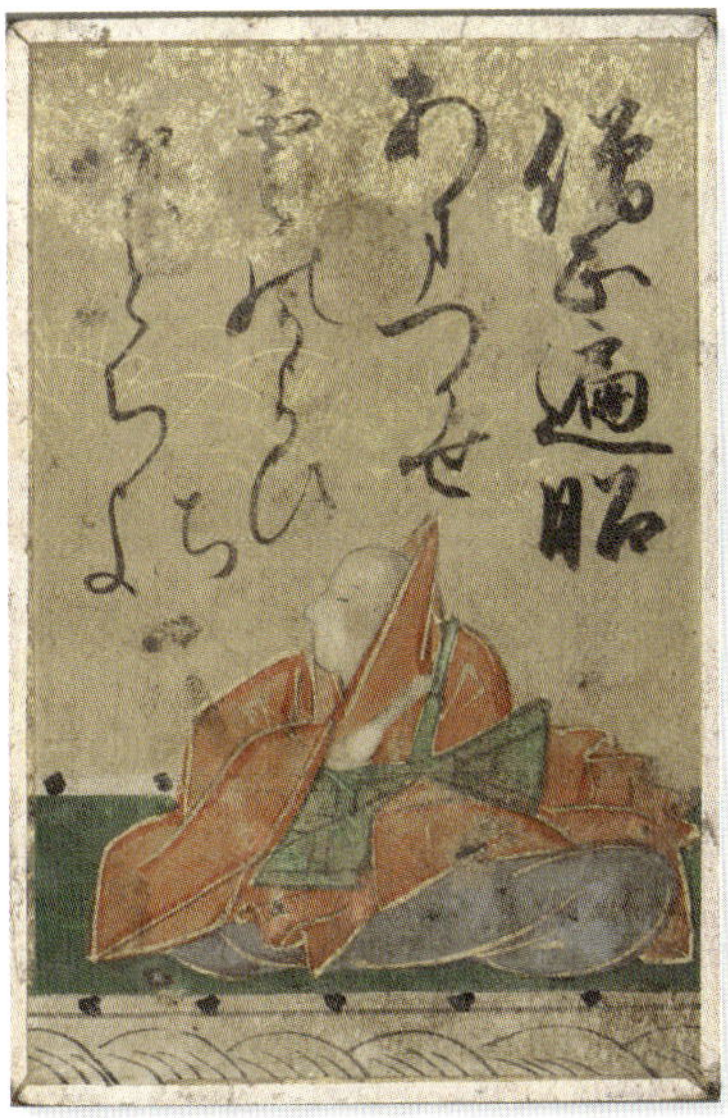

桓武天皇《かんむてんのう》の血《ち》を引《ひ》く貴族《きぞく》

僧正遍昭《そうじょうへんじょう》（816〜890年《ねん》）

出家《しゅっけ》する前《まえ》の名前《なまえ》は良岑宗貞《よしみねのむねさだ》。桓武《かんむ》天皇《てんのう》の孫《まご》。仁明天皇《にんみょうてんのう》に仕《つか》えた。天皇《てんのう》が亡《な》くなったのを悲《かな》しんで三十五歳《さい》で出家《しゅっけ》した。六歌仙《ろっかせん》▼15ページ、三十六歌仙《さんじゅうろっかせん》▼15ページの一人《ひとり》。

関連人物《かんれんじんぶつ》

息子《むすこ》
素性法師《そせいほうし》 ▶60ページ

マンガで読《よ》む！

僧正遍昭《そうじょうへんじょう》です
出家《しゅっけ》する前《まえ》の名《な》は良岑宗貞《よしみねのむねさだ》 仁明天皇《にんみょうてんのう》に仕《つか》えておった
35歳《さい》で出家《しゅっけ》し 75歳《さい》まで生《い》きた
五節《ごせち》の舞《まい》で舞姫《まいひめ》たちを見《み》たときのあの美《うつく》しさは今《いま》でも忘《わす》れられん…
ワシ↓
あれは冬《ふゆ》の日《ひ》のことじゃった
優雅《ゆうが》に踊《おど》る娘《むすめ》たちの姿《すがた》はまさしく天女《てんにょ》のよう…
ああ天《あま》つ風《かぜ》よ どうか天女《てんにょ》たちを空《そら》へ帰《かえ》すのをもう少《すこ》し遅《おく》らせてくれ～！
という歌《うた》です
ああ～～

筑波《つくば》ねの　峯《みね》より落《お》つる　みなの川《がわ》［がは］
恋《こい》［こひ］〈そ〉ぞつもりて　淵《ふち》となりぬる

出典《しゅってん》 ▼6ページ
後撰和歌集《ごせんわかしゅう》 776番《ばん》

決《き》まり字《じ》 ▼26ページ
② つ
① く

この歌《うた》の内容《ないよう》

筑波山《つくばさん》を流《なが》れ落《お》ちるみなの川《がわ》が、どんどん水《みず》かさを増《ま》して深《ふか》い淵《ふち》となるように、私《わたし》の恋心《こいごころ》もつもりつもって、今《いま》では淵《ふち》のように深《ふか》い恋《こい》になってしまった。

この歌《うた》の場面《ばめん》は……

「釣殿《つりどの》の皇女《みこ》（光孝天皇《こうこうてんのう》の娘《むすめ》）」に向《む》けて詠《よ》んだ、熱烈《ねつれつ》なラブレター。作者《さくしゃ》は天皇《てんのう》になったが、その期間《きかん》は短《みじか》く、その悲《かな》しみや行《い》き場《ば》のない気持《きも》ちが、激《はげ》しい恋心《こいごころ》になったのかもしれない。この恋《こい》は実《みの》って、二人《ふたり》はめでたく結婚《けっこん》した。

用語解説《ようごかいせつ》

＊筑波《つくば》ね……歌枕《うたまくら》 ▼8・22ページ、今《いま》の茨城県《いばらきけん》の筑波山《つくばさん》。男山《おとこやま》と女山《おんなやま》で成《な》る。

＊みなの川《がわ》……歌枕《うたまくら》、筑波山《つくばさん》のふもとに流《なが》れる川《かわ》。今《いま》の水無川《みなのがわ》で、男女川《みなのがわ》とも書《か》く。

十七歳《さい》で退位《たいい》した悲劇《ひげき》の天皇《てんのう》

陽成院《ようぜいいん》（868〜949年《ねん》）

第《だい》五十七代天皇《だいてんのう》。清和天皇《せいわてんのう》の息子《むすこ》。九歳《さい》で即位《そくい》したが十七歳《さい》で退位《たいい》させられる。その後《ご》、六十年以上《ねんいじょう》を上皇《じょうこう》としてすごした。晩年《ばんねん》は和歌《わか》にはげんだ。

関連人物《かんれんじんぶつ》

息子《むすこ》
元良親王《もとよししんのう》
▶59ページ

マンガで読《よ》む！

陽成院《ようぜいいん》です
九歳《さい》で天皇《てんのう》になりました！
てへっ
でも十七歳《さい》でやめさせられちゃって…
オレ思《おも》うんだけどさ…
たとえば筑波山《つくばさん》に川《かわ》があるじゃん？
それって水《みず》の一滴《いってき》が集《あつ》まってでっかくて深《ふか》い川《かわ》になるわけじゃん？
小さい恋
集《あつ》まる
でっかい！
恋
恋《こい》ってモンも同《おな》じじゃん？

陸奥《みちのく》の　しのぶもぢ（じ）ずり　誰《たれ》故《ゆえ》［ゆゑ］に
乱《みだ》〈みた〉れそめにし　我《われ》ならなくに

出典《しゅってん》 ▼6ページ
古今和歌集《こきんわかしゅう》
724番《ばん》

決《き》まり字《じ》 ▼26ページ
⑤―み
❶―ち

この歌《うた》の内容《ないよう》

陸奥《みちのく》の「信夫《しのぶ》もぢずり」（石《いし》に草木《くさき》の色《いろ》をつけて布《ぬの》にうつすことでつくる乱《みだ》れ模様《もよう》の布《ぬの》）のように、私《わたし》の心《こころ》は乱《みだ》れています。それはだれのせいでもない、全部《ぜんぶ》あなたへの恋《こい》のせいです。

この歌《うた》の場面《ばめん》は……

家柄《いえがら》もよく、色男《いろおとこ》で女性《じょせい》によくモテた作者《さくしゃ》。恋人《こいびと》を思《おも》って落《お》ち着《つ》かない気持《きも》ちを、信夫地方《しのぶちほう》（今《いま》の福島県《ふくしまけん》）の名産品《めいさんひん》「信夫《しのぶ》もぢずり」にたとえている。「信夫《しのぶ》」と「忍《しの》ぶ」、「染《そ》め」と「初《そ》め」の掛詞《かけことば》 ▼9ページ となり、恋《こい》のはじまりに詠《よ》んだ歌《うた》といわれている。

用語解説《ようごかいせつ》

＊しのぶもぢずり……しのぶぐさをこすりつけて染《そ》めた布《ぬの》。「しのぶ」は歌枕《うたまくら》 ▼8・22ページ、今《いま》の福島県信夫地方《ふくしまけんしのぶちほう》。

＊我《われ》ならなくに……私《わたし》のせいではないのに（＝あなたのせいよ）。

お金持《かねも》ちのプレイボーイ

河原左大臣《かわらのさだいじん》（822～895年《ねん》）

本名《ほんみょう》は源融《みなもとのとおる》。嵯峨天皇《さがてんのう》の息子《むすこ》。河原院《かわらのいん》という豪邸《ごうてい》に住《す》んでいたことから、この名《な》でよばれる。紫式部《むらさきしきぶ》の『源氏物語《げんじものがたり》』の主人公《しゅじんこう》である光源氏《ひかるげんじ》のモデルともいわれている。

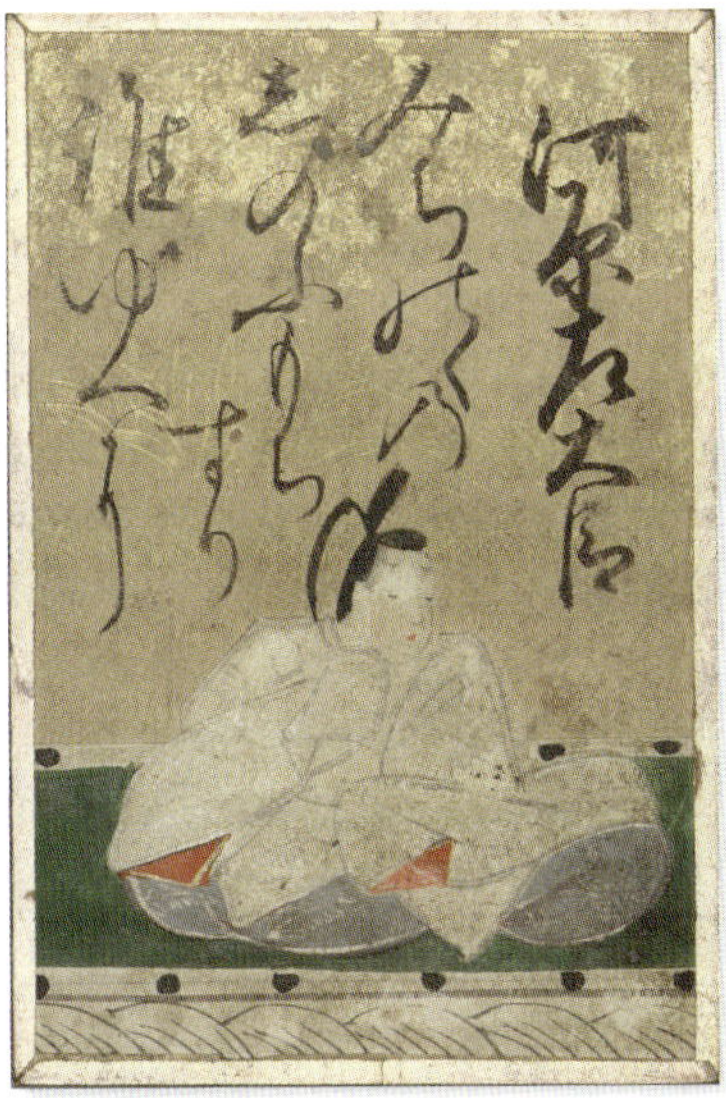

マンガで読《よ》む！

河原左大臣《かわらのさだいじん》です
ホントは源融《みなもとのとおる》っていうんだけど家《いえ》が大《おお》きすぎて住所《じゅうしょ》がよび名《な》になっちゃって
ふっ
ステキ
いつ見《み》てもイケメンよね～
あこがれちゃうわー
キャピキャピ
…
スルー
手紙《てがみ》カキカキ
私《わたし》の心《こころ》は東北《とうほく》の布《ぬの》の「信夫《しのぶ》もぢずり」みたいに乱《みだ》れているのです…
こんなの
しのぶもぢずり
あなたのせいですよ…

君《きみ》がため　春《はる》の野《の》に出《い》でて　若菜《わかな》つむ
わが〈か〉衣手《ころもで》〈て〉に　雪《ゆき》は降《ふ》りつつ

出典《しゅってん》 ▼6ページ
古今和歌集《こきんわかしゅう》 21番《ばん》

決《き》まり字《じ》 ▼26ページ
3-き
2-み
2-が
2-た
2-め
1-は

この歌《うた》の内容《ないよう》

あなたのために、早春《そうしゅん》の野原《のはら》に出《で》て若菜《わかな》をつんでいる。その私《わたし》の着物《きもの》の袖《そで》に、雪《ゆき》がちらちらふり続《つづ》いているよ。

この歌《うた》の場面《ばめん》は……

春《はる》の七草《ななくさ》をつんで食《た》べることで邪気《じゃき》をはらう風習《ふうしゅう》があり、この歌《うた》は、七草《ななくさ》を贈《おく》るときにそえられた。当時《とうじ》、春《はる》の七草《ななくさ》をつむのは女性《じょせい》の役目《やくめ》であり、作者《さくしゃ》は天皇《てんのう》でもあることから、作者《さくしゃ》がつんだのではないが、七草《ななくさ》を贈《おく》った相手《あいて》の長寿《ちょうじゅ》を願《ねが》って詠《よ》んでいる。

用語解説《ようごかいせつ》

＊若菜《わかな》……春《はる》の七草《ななくさ》。新春《しんしゅん》に食《た》べると病気《びょうき》にならないという。この風習《ふうしゅう》が今《いま》の「七草《ななくさ》がゆ」になった▼21ページ。
＊衣手《ころもで》……着物《きもの》の袖《そで》。

五十五歳《さい》で即位《そくい》した天皇《てんのう》

光孝天皇《こうこうてんのう》（830〜887年《ねん》）

第《だい》五十八代天皇《だいてんのう》。五十五歳《さい》のとき、陽成天皇《ようぜいてんのう》（陽成院《ようぜいいん》▼52ページ）の突然《とつぜん》の退位《たいい》により天皇《てんのう》になった。光孝天皇《こうこうてんのう》が即位《そくい》したおかげで、宇多天皇《うだてんのう》や醍醐天皇《だいごてんのう》につながった。

関連人物《かんれんじんぶつ》

孫《まご》 源宗于朝臣《みなもとのむねゆきあそん》 ▶67ページ
子孫《しそん》 平兼盛《たいらのかねもり》 ▶79ページ

マンガで読《よ》む！

光孝天皇《こうこうてんのう》です
第《だい》五十八代天皇《だいてんのう》で仁明天皇《にんみょうてんのう》の第《だい》三皇子《おうじ》です
ほんわ〜
昔《むかし》、新春《しんしゅん》に若菜《わかな》を食《た》べるとその年《とし》は元気《げんき》にすごせるという風習《ふうしゅう》がありました
七草《ななくさ》
長生《ながい》きしてください
そこでボクは若菜《わかな》をつんで親《した》しい人《ひと》に贈《おく》りその方《かた》の健康《けんこう》をいのったのです
ちらちらと雪《ゆき》がふる中《なか》あなたのために若菜《わかな》をつむよ
本当《ほんとう》はつんでないけどね

春《はる》
夏《なつ》
秋《あき》
冬《ふゆ》
恋《こい》
旅《たび》
別《わかれ》
雑《ぞう》

立別《たちわか》れ　いなばの山《やま》の　峰《みね》におふる（う）　まつとし聞《き》かば〈は〉　今帰《いまかえ》［かへ］り来《こ》む（ん）

出典《しゅってん》 ▼6ページ
古今和歌集《こきんわかしゅう》 365番《ばん》

決《き》まり字《じ》 ▼26ページ
⑥－たち
❶－ち

この歌《うた》の内容《ないよう》

今《いま》お別《わか》れして、因幡国《いなばのくに》へ旅立《たびだ》ちますが、その因幡《いなば》の山《やま》に生《は》える松《まつ》のように、あなたが私《わたし》を待《ま》っていると聞《き》いたなら、すぐにでも帰《かえ》ってきましょう。

この歌《うた》の場面《ばめん》は……

作者《さくしゃ》が地方役人《ちほうやくにん》として因幡国《いなばのくに》に向《む》かう場面《ばめん》で詠《よ》んだ歌《うた》。当《とう》時《じ》、地方役人《ちほうやくにん》になると四～五年《ねん》は帰《かえ》ってこられなかった。「因《いな》幡《ば》」と「往《い》なば（都《みやこ》を去《さ》ったならば）」、「松《まつ》」▼21ページと「待《ま》つ」を掛詞《かけことば》▼9ページにして、「私《わたし》が因幡《いなば》に行《い》っても、都《みやこ》で待《ま》っていて」と別《わか》れをおしんでいる。

用語解説《ようごかいせつ》

＊立別《たちわか》れ……別《わか》れて。「たち」には特《とく》に意味《いみ》はない。「いぬ」（因幡《いなば》）に続《つづ》くことが多《おお》い。

＊いなばの山《やま》……歌枕《うたまくら》▼8・22ページ、因幡《いなば》（今《いま》の鳥取県《とっとりけん》）と稲葉《いなば》（今《いま》の岐阜県《ぎふけん》）の二つの説《せつ》があるが、因幡《いなば》が有力《ゆうりょく》。

＊帰《かえ》り来《こ》む……「帰《かえ》る」と「来《く》る」、同《おな》じような言葉《ことば》を重《かさ》ねて強調《きょうちょう》している。

在原業平朝臣《ありわらのなりひらあそん》の母《はは》ちがいの兄《あに》

中納言行平《ちゅうなごんゆきひら》（818～893年《ねん》）

本名《ほんみょう》は在原行平《ありわらのゆきひら》。平城天皇《へいぜいてんのう》の孫《まご》。プレイボーイで有名《ゆうめい》な在原業平朝臣《ありわらのなりひらあそん》（在《あり》原業平《わらのなりひら》）の母《はは》ちがいの兄《あに》。八五五年《ねん》に因幡守《いなばのかみ》（今《いま》でいう鳥取県《とっとりけん》の役人《やくにん》のトップ）になる。

関連人物《かんれんじんぶつ》

弟《おとうと》 在原業平朝臣《ありわらのなりひらあそん》
▶56ページ

親戚《しんせき》 大江千里《おおえのちさと》
▶62ページ

マンガで読《よ》む！

中納言行平《ちゅうなごんゆきひら》です
本名《ほんみょう》は在原行平《ありわらのゆきひら》
平城天皇《へいぜいてんのう》の孫《まご》で
阿保親王《あぼしんのう》の子《こ》です
ドン
因幡国《いなばのくに》の国司《こくし》として
おもむく送別会《そうべつかい》で…
私《わたし》はこれから
因幡《いなば》へと
向《む》かうが…
因幡《いなば》の山《やま》には
たくさん松《まつ》が
生《は》えているようだ。
その松《まつ》のように
みんなが
待《ま》ってくれると
いうのなら…
すぐにでも都《みやこ》に
帰《かえ》ってこよう！
オオオオ!!
パチ
パチ
ハハハッ
※実際《じっさい》には
二年《ねん》ほど
帰《かえ》らなかった

春《はる》 夏《なつ》 秋《あき》 冬《ふゆ》 恋《こい》 旅《たび》 別《わかれ》 雑《ぞう》

ちはやぶる 神代《かみよ》も聞《き》かず 龍田川《たつたがわ》［がは］ から紅《くれない》に［くれなゐ］ 水《みず》くぐるとは［みづ〈つ〉］〈く〉

出典《しゅってん》 ▶6ページ
古今和歌集《こきんわかしゅう》 294番《ばん》

決《き》まり字《じ》 ▶26ページ
③ち ①は

この歌《うた》の内容《ないよう》

神々《かみがみ》の時代《じだい》にも、こんな光景《こうけい》は聞《き》いたことがない。龍田川《たつたがわ》の一面《いちめん》に紅葉《もみじ》がちって、真《ま》っ赤《か》な絞《しぼ》り染《ぞ》めの布《ぬの》のようにするとは。

この歌《うた》の場面《ばめん》は……

かつての恋人《こいびと》である二条后《にじょうのきさき》（高子《たかいこ》）から「屏風《びょうぶ》を彩《いろど》る歌《うた》を」と求《もと》められ、屏風《びょうぶ》にえがかれた龍田川《たつたがわ》の紅葉《もみじ》 ▶21ページ の絵《え》を見《み》て詠《よ》んだ歌《うた》。作者《さくしゃ》が昔《むかし》の恋《こい》を思《おも》い出《だ》して、熱《あつ》い気持《きも》ちを詠《よ》んだといわれている。龍田川《たつたがわ》は歌枕《うたまくら》 ▶8・22ページ で、奈良《なら》の紅葉《もみじ》の名所《めいしょ》。最後《さいご》の句《く》を「くくる」とすると、「水面《すいめん》がまっ赤《か》な絞《しぼ》り染《ぞ》めの布《ぬの》のようだ」となる。「くぐる」とすると、「川面《かわも》にびっしり紅葉《もみじ》がちった下《した》を水《みず》がくぐって流《なが》れる」となる。

用語解説《ようごかいせつ》

＊ちはやぶる……「神《かみ》」「宇治《うじ》」にかかる枕詞《まくらことば》 ▶9ページ。
＊神代《かみよ》……神々《かみがみ》がいた昔《むかし》。数々《かずかず》の不思議《ふしぎ》なことが起《お》こった時代《じだい》。
＊から紅《くれない》……濃《こ》くて深《ふか》い赤色《あかいろ》。

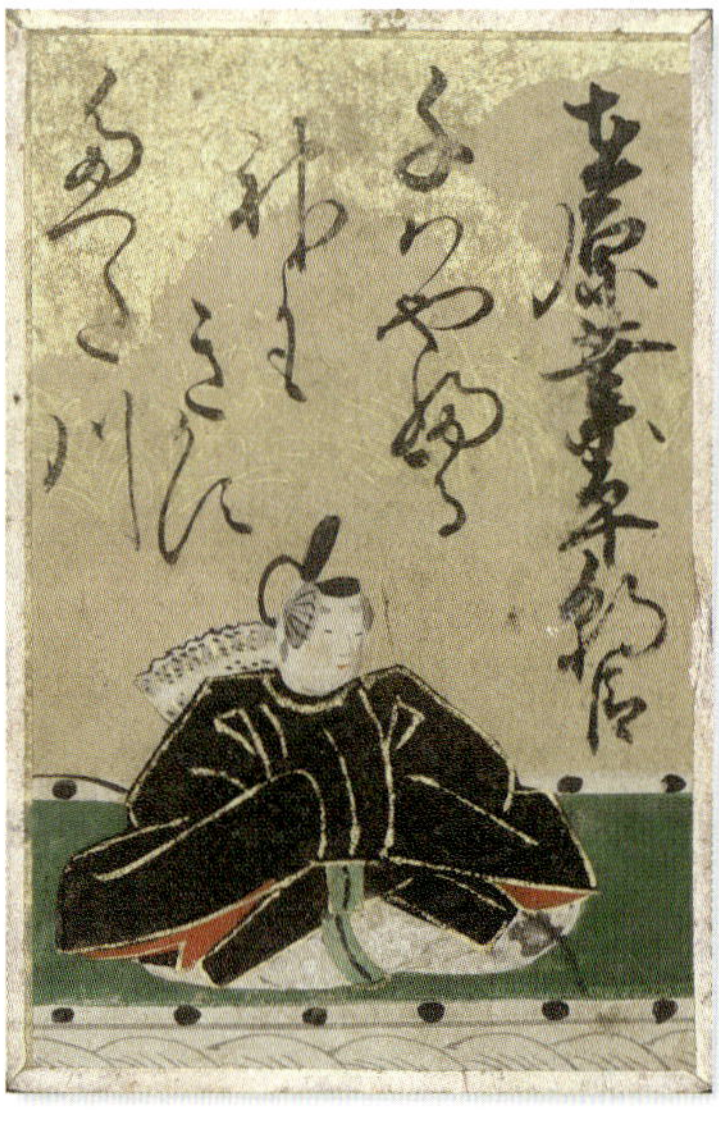

平安時代《へいあんじだい》きっての色男《いろおとこ》

在原業平朝臣《ありわらのなりひらあそん》（825〜880年《ねん》）

平城天皇《へいぜいてんのう》の孫《まご》。中納言行平《ちゅうなごんゆきひら》（在原行平《ありわらのゆきひら》）の弟《おとうと》。ハンサムで、恋《こい》のエピソードが多《おお》く残《のこ》っている。『伊勢物語《いせものがたり》』の主人公《しゅじんこう》という説《せつ》がある。六歌仙《ろっかせん》 ▶15ページ 、三十六歌仙《さんじゅうろっかせん》 ▶15ページ の一人《ひとり》。

関連人物《かんれんじんぶつ》

兄《あに》 中納言行平《ちゅうなごんゆきひら》 ▶55ページ
親戚《しんせき》 大江千里《おおえのちさと》 ▶62ページ

マンガで読《よ》む!
在原業平朝臣《ありわらのなりひらあそん》です
『伊勢物語《いせものがたり》』の主人公《しゅじんこう》だといわれているよ
すっごくモテたんだ♡
屏風歌《びょうぶうた》って知《し》ってる?
屏風絵《びょうぶえ》を見《み》て歌《うた》を詠《よ》むことだよ
歌《うた》そえて
昔《むかし》の恋人《こいびと》に紅葉《もみじ》が流《なが》れる川《かわ》の屏風絵《びょうぶえ》に歌《うた》をそえてほしいといわれてね
オレは川全体《かわぜんたい》を絞《しぼ》り染《ぞ》めにたとえたんだ
ピンッ!

住《すみ》の江《え》の　岸《きし》による浪《なみ》　よるさへ（え）や　夢《ゆめ》の通《かよ（い）》ひ路《じ》［ぢ〈ち〉］　人目《ひとめ》よくらむ（ん）

出典《しゅってん》 ▼6ページ
古今和歌集《こきんわかしゅう》 559番《ばん》

決《き》まり字《じ》 ▼26ページ
1 ―す

この歌《うた》の内容《ないよう》

住《すみ》の江《え》の海岸《かいがん》に打《う》ちよせる波《なみ》の、そのよるという言葉《ことば》ではないけれど、夜《よる》に見《み》る夢《ゆめ》の中《なか》でさえ、どうしてあなたは人目《ひとめ》を避《さ》けて、会《あ》いにきてくれないの。

この歌《うた》の場面《ばめん》は……

「人目《ひとめ》のある昼間《ひるま》に会《あ》えないのはともかく、せめて夢《ゆめ》の中《なか》くらいは出《で》てきてほしい」と願《ねが》う、せつない恋《こい》の歌《うた》。当時《とうじ》、夢《ゆめ》に好《す》きな人《ひと》があらわれると両想《りょうおも》いとされていた。「住《すみ》の江《え》の岸《きし》による浪《なみ》」が「よる」をみちびく序詞《じょことば》 ▼9ページ 。男性《だんせい》である作者《さくしゃ》が女《おんな》の立場《たちば》で詠《よ》んだとも、人目《ひとめ》が気《き》になってしまう作者自身《さくしゃじしん》を詠《よ》んだともとれる。

用語解説《ようごかいせつ》
＊住《すみ》の江《え》……歌枕《うたまくら》 ▼8・22ページ 、今《いま》の大阪市住吉区《おおさかしすみよしく》の海岸《かいがん》。
＊夢《ゆめ》の通《かよ》ひ路《じ》……夢《ゆめ》の中《なか》で愛《あい》する人《ひと》のもとへまっすぐ通《かよ》うこと。
＊よくらむ……「よく」は「避《よ》ける」の意味《いみ》。

書家《しょか》としても活躍《かつやく》した秀才《しゅうさい》

藤原敏行朝臣《ふじわらのとしゆきあそん》　（?～901?年《ねん》）

在原業平朝臣《ありわらのなりひらあそん》（在原業平《ありわらのなりひら》）の妻《つま》の妹《いもうと》と結婚《けっこん》した。字《じ》がうまく、『宇治拾遺物語《うじしゅういものがたり》』にもエピソードがある。京都《きょうと》の神護寺《じんごじ》の釣鐘《つりがね》に書《か》いた文字《もじ》が残《のこ》っている。三十六歌仙《さんじゅうろっかせん》 ▼15ページ の一人《ひとり》。

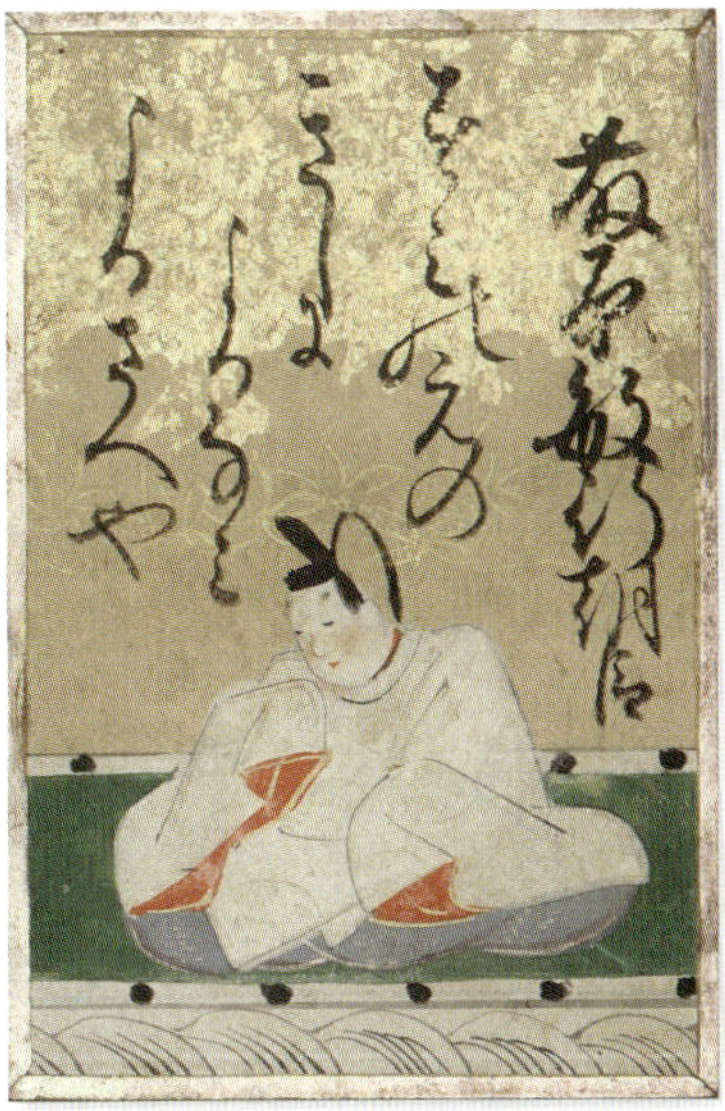

マンガで読《よ》む！

藤原敏行朝臣《ふじわらのとしゆきあそん》です
字《じ》には自信《じしん》アリ！
え～っと…そうだな
悲《かな》しい恋《こい》をしている女《おんな》になったつもりで歌《うた》をつくってみよう
フフフン
あなたをこんなに思《おも》ってるのにあなたはちっともこないのね～
ああ住《すみ》の江《え》の岸《きし》による波《なみ》～
昼間《ひるま》に私《わたし》をさけるばかりか夜《よる》の夢《ゆめ》にもあらわれないの～
ああ住《すみ》の江《え》の岸《きし》による波《なみ》～

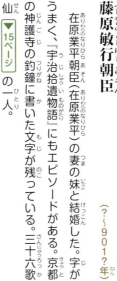

難波《なにわ》［は］潟《がた》 短《みじか》き葦《あし》の ふしのまも
あは（わ）で〈て〉この世《よ》を すぐ〈く〉してよとや

出典《しゅってん》 ▼6ページ
新古今和歌集《しんこきんわかしゅう》 1049番《ばん》

決《き》まり字《じ》 ▼26ページ
8-3-2-1 なにはが（わ）

この歌《うた》の内容《ないよう》

難波潟《なにわがた》にしげる葦《あし》の短《みじか》い節《ふし》と節《ふし》の間《あいだ》のように、わずかな間《あいだ》さえあなたに会《あ》えないで、このままこの世《よ》をすごせというの。そんなこと、とてもできないわ。

この歌《うた》の場面《ばめん》は……

この歌《うた》は、最初《さいしょ》の恋人《こいびと》の藤原仲平《ふじわらのなかひら》から、そっけない手紙《てがみ》をもらったときに返事《へんじ》として詠《よ》んだもの。相手《あいて》の心《こころ》がわりをうらめしく思《おも》って、「私《わたし》を放《ほお》っておくなんて」と責《せ》めている。美《うつく》しく、歌《うた》の才能《さいのう》にも優《すぐ》れていた作者《さくしゃ》は、多《おお》くの男性《だんせい》と恋《こい》をした。

用語解説《ようごかいせつ》

＊難波潟《なにわがた》……歌枕《うたまくら》 ▼8・22ページ、今《いま》の大阪湾《おおさかわん》の入江《いりえ》にある干潟《ひがた》。浅《あさ》い海《うみ》で、葦《あし》がたくさん生《は》えていた。

＊葦《あし》……水辺《みずべ》に生《は》えるいね科《か》の植物《しょくぶつ》。

＊ふしのま……節《ふし》と節《ふし》の間《あいだ》。ほんの短《みじか》い時間《じかん》のこと。

情熱的《じょうねつてき》で恋多《こいおお》き女性《じょせい》

伊勢《いせ》（872～938?年《ねん》）

宇多天皇《うだてんのう》の妻《つま》である中宮温子《ちゅうぐうおんし》に仕《つか》えた女房《にょうぼう》。多《おお》くの男性《だんせい》と恋《こい》をした。伊勢《いせ》の名《な》は、父《ちち》が伊勢守《いせのかみ》（今《いま》でいう三重県《みえけん》の役人《やくにん》のトップ）だったから。三十六歌仙《さんじゅうろっかせん》 ▼15ページ の一人《ひとり》。家集《かしゅう》に『伊勢集《いせしゅう》』がある。

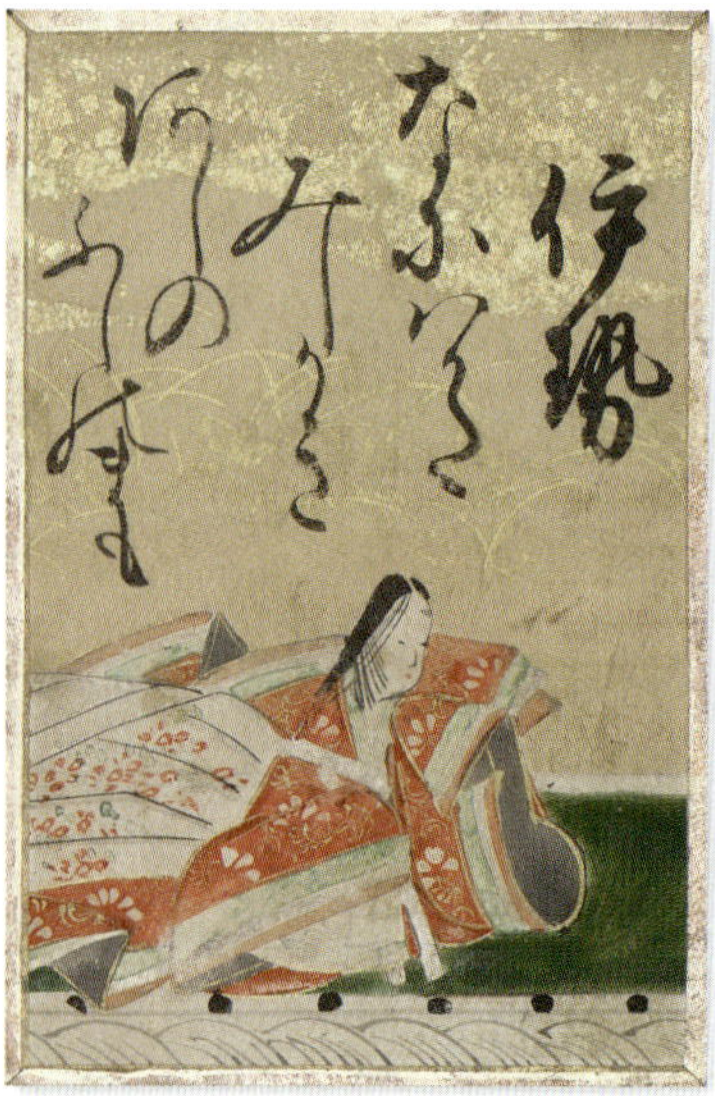

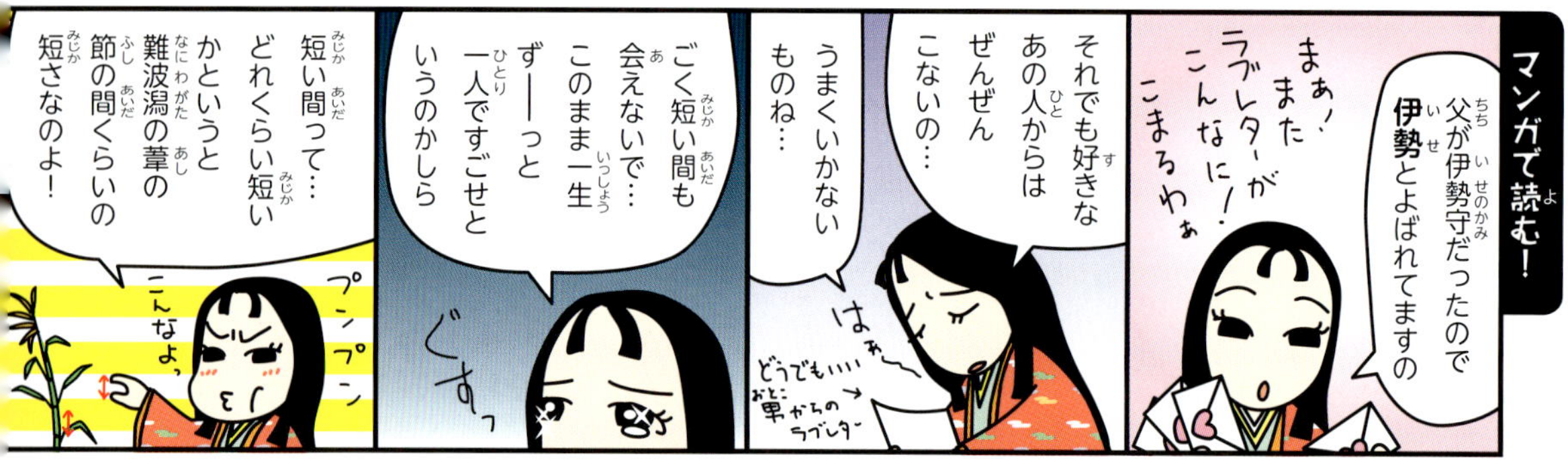
マンガで読《よ》む！
父《ちち》が伊勢守《いせのかみ》だったので伊勢《いせ》とよばれてますの
まぁ！ またラブレターがこんなに！ こまるわぁ
それでも好《す》きなあの人《ひと》からはぜんぜんこないの…
うまくいかないものね…
はぁ〜
どうでもいい 男《おとこ》からのラブレター
ごく短《みじか》い間《あいだ》も会《あ》えないで…このまま一生《いっしょう》ず――っと一人《ひとり》ですごせというのかしら
ぐすっ
短《みじか》い間《あいだ》って…どれくらい短《みじか》いかというと難波潟《なにわがた》の葦《あし》の節《ふし》の間《あいだ》くらいの短《みじか》さなのよ！
プンプン
こんなよっ

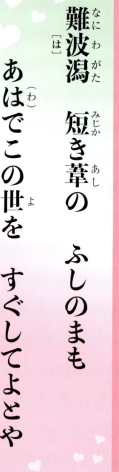

侘《わ》びぬれば 今《いま》はた同《おな》じ 難波《なにわ》［は］なる みをつくしても 逢《あ》は（わ）む（ん）とぞ〈そ〉思《おも》ふ（う）

出典《しゅってん》 ▼6ページ
後撰和歌集《ごせんわかしゅう》 960番《ばん》

決《き》まり字《じ》 ▼26ページ
⑦−わ
❶−び

この歌《うた》の内容《ないよう》

二人《ふたり》のうわさがたって、こんなになやんでいるのだから、今《いま》はもうどうなったっていい。いっそ難波《なにわ》の「みをつくし」ではないけれど、この身《み》を捨《す》ててもあなたに会《あ》いたい。

この歌《うた》の場面《ばめん》は……

宇多天皇《うだてんのう》の恋人《こいびと》である京極御息所《きょうごくみやすどころ》と恋仲《こいなか》になった作者《さくしゃ》。許《ゆる》されない恋《こい》がばれて引《ひ》きさかれてしまったが、作者《さくしゃ》の気持《きも》ちはおさえきれない。「彼女《かのじょ》に会《あ》えるなら死《し》んでもいい！」という激《はげ》しい気持《きも》ちを詠《よ》んだ歌《うた》。

用語解説《ようごかいせつ》

＊侘《わ》び……思《おも》いなやむ。
＊難波《なにわ》……歌枕《うたまくら》▼8・22ページ、今《いま》の大阪湾《おおさかわん》の入江《いりえ》。
＊みをつくし……「澪標《みおつくし》」と「身《み》をつくし」との掛詞《かけことば》▼9ページ。澪標《みおつくし》は難波《なにわ》の名物《めいぶつ》で、船《ふね》の水路《すいろ》をしめす目印《めじるし》の杭《くい》。

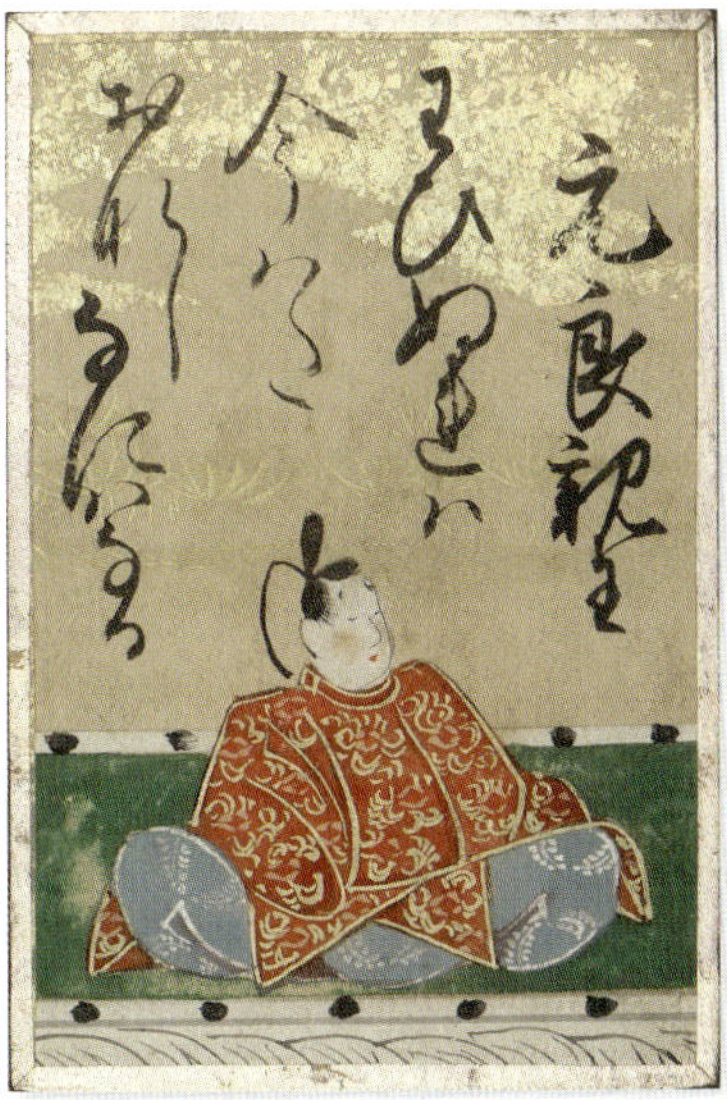

おしゃれで情熱的《じょうねつてき》なモテ男《おとこ》

元良親王《もとよししんのう》（890〜943年《ねん》）

陽成天皇《ようぜいてんのう》（陽成院《ようぜいいん》）の息子《むすこ》。恋多《こいおお》き貴公子《きこうし》で、三十人以上《にんいじょう》の女性《じょせい》と恋《こい》をしたという。『大和物語《やまとものがたり》』などに女性《じょせい》と贈《おく》り合《あ》った歌《うた》が多《おお》く残《のこ》っている。

関連人物《かんれんじんぶつ》

父《ちち》
陽成院《ようぜいいん》
▶52ページ

マンガで読《よ》む！

元良親王《もとよししんのう》です
ふっ
なんか人《ひと》から
プレイボーイとか
いわれちゃってます
なぜかな
でも苦《くる》しい恋《こい》をしてるんです…
どうしょう
実《じつ》はボクが愛《あい》する人《ひと》は天皇《てんのう》の恋人《こいびと》…
それがみんなにバレちゃって…
ヤバイよヤバイ
彼女《かのじょ》に手紙《てがみ》を書《か》こう…
会《あ》えないくらいならどうなってもいい！
みおつくしじゃないけど
※イメージ図です
命《いのち》がけでも会《あ》いたいよぉおお！

今来《いまこ》む《（ん）》と　いひ《（い）》しばかりに　長月《ながつき》の　有明《ありあけ》の月《つき》を　待《ま》ち出《い》で《〈て〉》つるかな

出典《しゅってん》 ▼6ページ
古今和歌集《こきんわかしゅう》 691番《ばん》

決《き》まり字《じ》 ▼26ページ
③いま
②いま
①こ

この歌《うた》の内容《ないよう》

「今《いま》すぐ行《い》くよ」とあなたがいうから、秋《あき》の夜長《よなが》を今《いま》か今《いま》かと待《ま》っていたのに。とうとう九月《がつ》の明《あ》け方《がた》の月《つき》が出《で》てしまったわ。

この歌《うた》の場面《ばめん》は……

歌合《うたあわせ》で、男性《だんせい》である作者《さくしゃ》が女性《じょせい》の立場《たちば》で詠《よ》んだ歌《うた》。約束《やくそく》しながらこなかった男《おとこ》へのうらみ言《ごと》を詠《よ》んでいる。当時《とうじ》の恋愛《れんあい》は、男性《だんせい》が女性《じょせい》の家《いえ》に通《かよ》っていくのがふつうだった。作者《さくしゃ》は男《おとこ》だが、女《おんな》の身《み》になって、恋人《こいびと》を待《ま》つつらさを詠《よ》んでいる。待《ま》っていた期間《きかん》は、一夜《いちや》だけとする説《せつ》と、数《すう》か月《げつ》とする説《せつ》がある。

用語解説《ようごかいせつ》

＊今来《いまこ》む……男《おとこ》が女《おんな》のもとに行《い》くこと。
＊長月《ながつき》……昔《むかし》の暦《こよみ》で九月《がつ》。
＊有明《ありあけ》の月《つき》……夜明《よあ》けの空《そら》に残《のこ》る月《つき》▼20ページ。

父《ちち》ゆずりの歌《うた》の才能《さいのう》

素性法師《そせいほうし》（生没年不明《せいぼつねんふめい》）

出家《しゅっけ》する前《まえ》の名前《なまえ》は良岑玄利《よしみねのはるとし》。僧正《そうじょう》遍昭《へんじょう》の息子《むすこ》。清和天皇《せいわてんのう》に仕《つか》えたあと、父《ちち》にいわれて出家《しゅっけ》した。若《わか》いときから歌《うた》の才能《さいのう》が認《みと》められていた。三十六歌仙《さんじゅうろっかせん》▼15ページの一人《ひとり》。

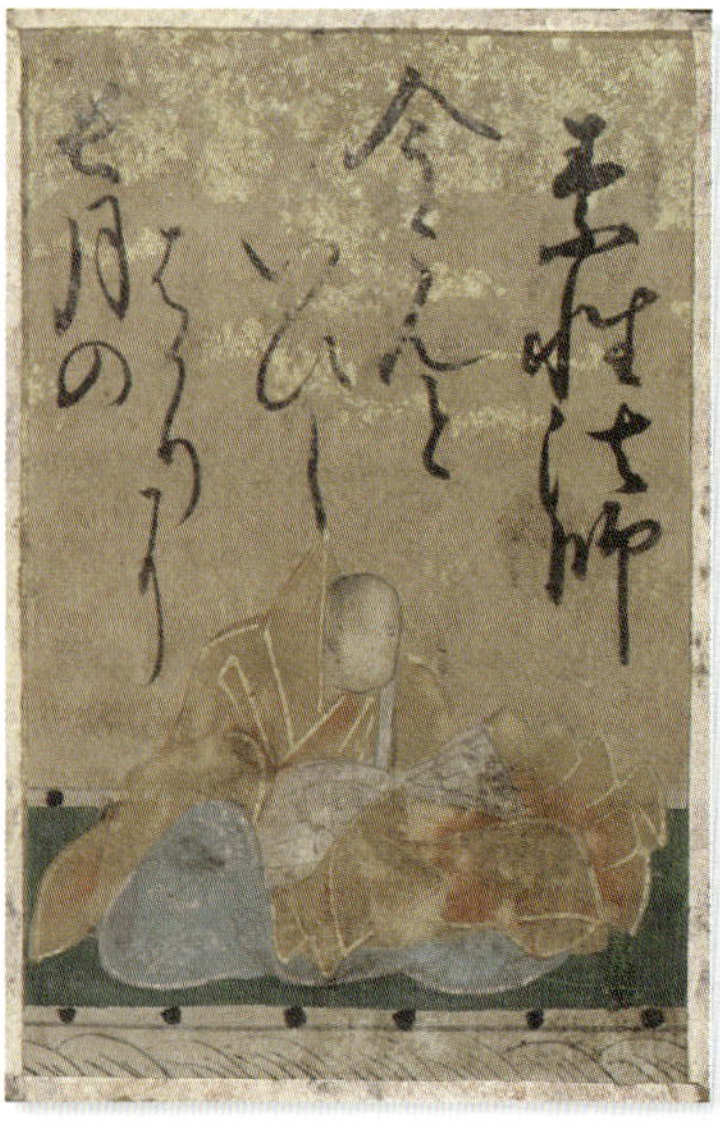

関連人物《かんれんじんぶつ》

父《ちち》
僧正遍昭《そうじょうへんじょう》
▶51ページ

マンガで読《よ》む！
素性法師《そせいほうし》です
見《み》てのとおり坊《ぼう》さんだけどゲームだから女《おんな》の気持《きも》ちで歌《うた》をつくるよ！
それがこちら
すぐ行《い》くからね！
うふふふっ
そわそわ
ウロウロ
まだかまだか
すぐくるっていうから待《ま》ってたのに！
ぶー
見《み》てよもう！夜明《よあ》けの月《つき》が出《で》てるじゃない！

吹《ふ》くからに　秋《あき》の草木《くさき》の　しをる（お）れば
むべ〈へ〉山風《やまかぜ》〈かせ〉を　嵐《あらし》といふ（う）らむ（ん）

出典《しゅってん》 ▼6ページ
古今和歌集《こきんわかしゅう》 249番《ばん》

決《き》まり字《じ》 ▼26ページ
1 ふ

この歌《うた》の内容《ないよう》

山風《やまかぜ》がビューとふくと、たちまち秋《あき》の草木《くさき》がしおれてしまう。だから、山《やま》から強《つよ》くふきおろす風《かぜ》を「嵐《あらし》」というのか。

この歌《うた》の場面《ばめん》は……

秋《あき》の草木《くさき》をしおれさせるほどの、秋《あき》の山風《やまかぜ》の荒々《あらあら》しさを詠《よ》んだ歌《うた》。「嵐《あらし》」という漢字《かんじ》を分解《ぶんかい》すると、「山《やま》」と「風《かぜ》」になる。そうした言葉《ことば》遊《あそ》びのおもしろさも詠《よ》んでいる。実《じつ》は、歌《うた》の作者《さくしゃ》は文屋康秀《ふんやのやすひで》でなく、息子《むすこ》の文屋朝康《ふんやのあさやす》 ▼76ページ だとする説《せつ》が有力《ゆうりょく》。

用語解説《ようごかいせつ》
＊からに……「～すると、すぐに」の意味《いみ》。
＊しをるれば……草木《くさき》が色《いろ》あせて、しおれること。
＊むべ……なるほど。いかにも。「うべ」と書《か》くこともある。

歌《うた》の才能《さいのう》が光《ひか》る

文屋康秀《ふんやのやすひで》
（生没年不明《せいぼつねんふめい》）

官位《かんい》は低《ひく》かったが、歌《うた》の才能《さいのう》は認《みと》められていた。地方《ちほう》に赴任《ふにん》する際《さい》、小野《おの》の小町《こまち》 ▼48ページ をさそい、ふられたといわれている。六歌仙《ろっかせん》 ▼15ページ、中古《ちゅうこ》三十六歌仙《さんじゅうろっかせん》 ▼15ページ の一人《ひとり》。

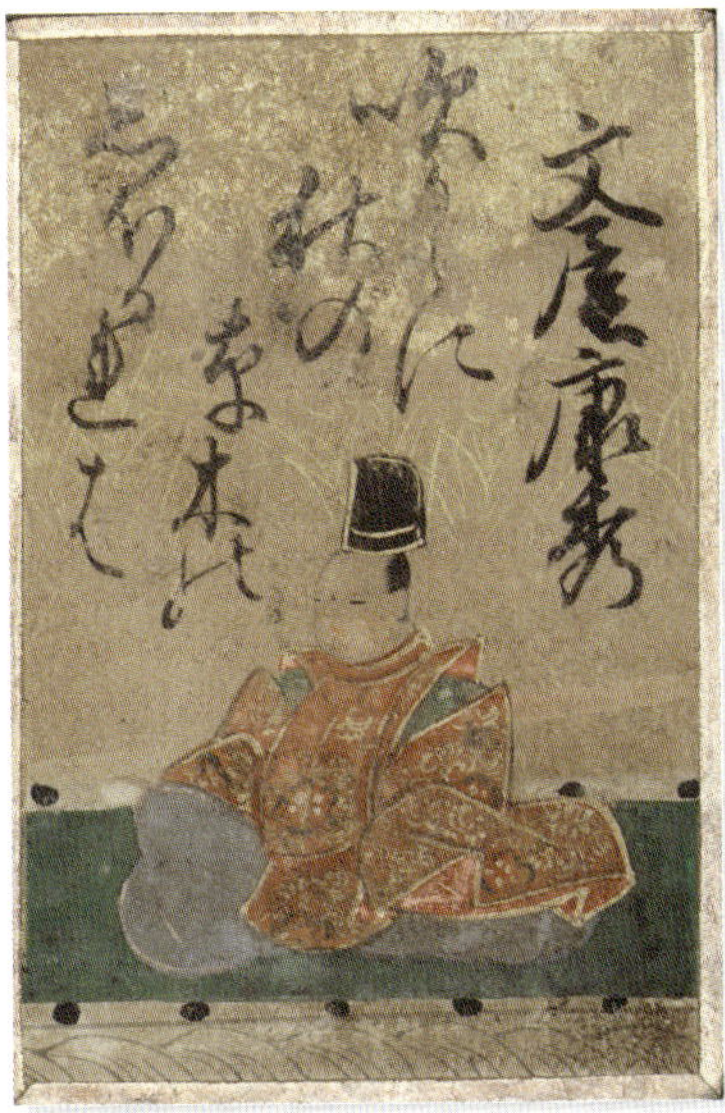

関連人物《かんれんじんぶつ》

息子《むすこ》
文屋朝康《ふんやのあさやす》
▶76ページ

マンガで読《よ》む！

文屋康秀《ふんやのやすひで》です
官位《かんい》は低《ひく》かったけど、歌《うた》が得意《とくい》だったんだ
小野小町殿《おののこまちどの》とも仲《なか》がよかったです。
実《じつ》は私《わたし》…
「嵐《あらし》」の謎《なぞ》を解《と》きあかしました…
山《やま》の風《かぜ》と書《か》いてなぜアラシ？
山+風
たしかに山《やま》からふく風《かぜ》は草木《くさき》を荒《あ》らしていきます…
ヒュ～
そう！山《やま》の風《かぜ》が荒《あ》らすから「嵐《あらし》」という名《な》なのです！
ピシャ
歌《うた》にせねばっ

月《つき》見《み》れば　千々《ちぢ》にものこそ　悲《かな》しけれ
わが〈か〉身《み》ひとつの　秋《あき》にはあらねど〈と〉

出典《しゅってん》 ▶6ページ
古今和歌集《こきんわかしゅう》193番《ばん》

決《き》まり字《じ》 ▶26ページ
①つ ②き

この歌《うた》の内容《ないよう》

月《つき》を見《み》ていると、いろいろ悲《かな》しくなってくる。私一人《わたしひとり》を悲《かな》しませるために秋《あき》がくるわけではないのだろうけれど。

この歌《うた》の場面《ばめん》は……

秋《あき》の月《つき》を見《み》て感《かん》じたもの悲《がな》しさを、中国《ちゅうごく》の詩人《しじん》である白居易《はくきょい》（白楽天《はくらくてん》）の『白氏文集《はくしもんじゅう》』にある詩《し》をもとに、和歌《わか》にアレンジして詠《よ》んだ歌《うた》。漢詩《かんし》にくわしかった作者《さくしゃ》ならではの作品《さくひん》といえる。この歌《うた》では「月《つき》」と「わが身《み》」、「千《せん》」と「一《いち》」が対句表現《ついくひょうげん》（対応《たいおう》する語句《ごく》を並《なら》べて、印象《いんしょう》を強《つよ》める表現《ひょうげん》）になっている。これも漢詩《かんし》でよく使《つか》われる技法《ぎほう》。

用語解説《ようごかいせつ》

＊千々《ちぢ》……さまざまに。

＊わが身《み》ひとつ……自分一人《じぶんひとり》だけの。「千々《ちぢ》に」と対比《たいひ》させるために、「ひとり」ではなく「一つ」とした。

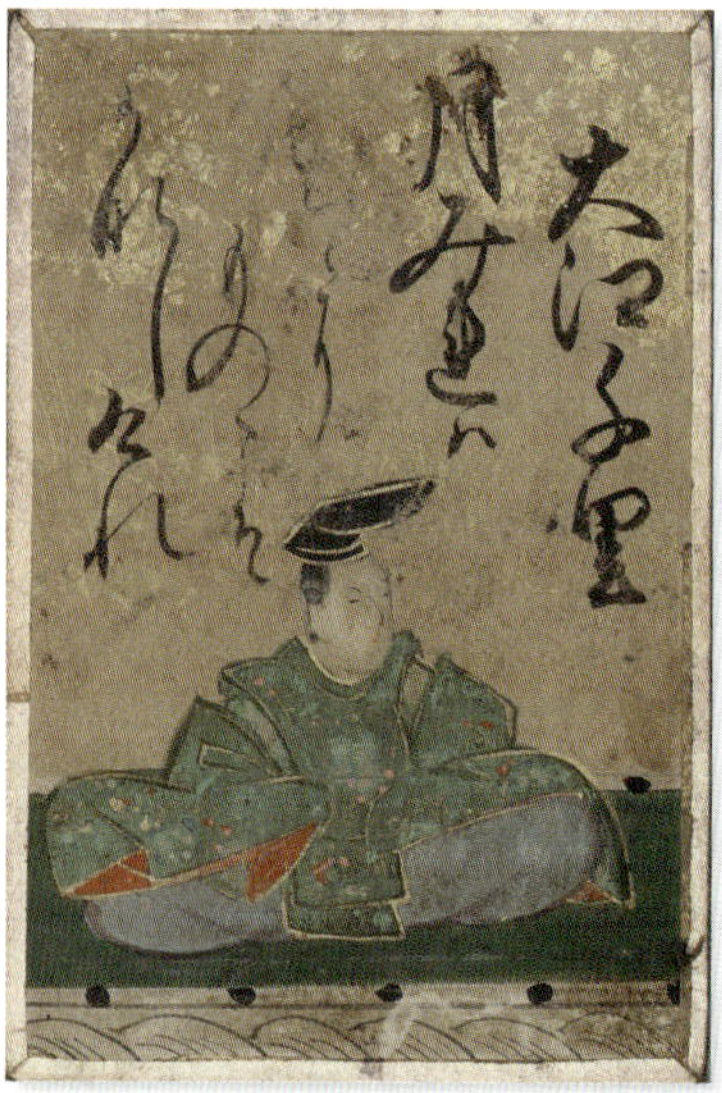

平安時代《へいあんじだい》に活躍《かつやく》した漢詩人《かんしじん》

大江千里《おおえのちさと》（生没年不明《せいぼつねんふめい》）

漢学者《かんがくしゃ》の大江音人《おおえのおとんど》の息子《むすこ》。中納言行平《ちゅうなごんゆきひら》（在原行平《ありわらのゆきひら》）と在原業平朝臣《ありわらのなりひらあそん》（在原業平《ありわらのなりひら》）のおい。知識《ちしき》が豊《ゆた》かだが、官位《かんい》は低《ひく》かった。歌人《かじん》としてより、漢詩人《かんしじん》として活躍《かつやく》した。

関連人物《かんれんじんぶつ》

叔父《おじ》 中納言行平《ちゅうなごんゆきひら》
▶55ページ

叔父《おじ》 在原業平朝臣《ありわらのなりひらあそん》
▶56ページ

マンガで読《よ》む！
大江千里《おおえのちさと》です
中国《ちゅうごく》の古典《こてん》にくわしく、優《すぐ》れた漢学者《かんがくしゃ》といわれておりました
漢詩《かんし》大好《だいす》き
この歌《うた》は中国《ちゅうごく》の詩人《しじん》の白楽天《はくらくてん》の漢詩《かんし》をもとに詠《よ》んだ歌《うた》です
もとになった白楽天《はくらくてん》の歌《うた》
燕子楼中《えんしろうちゅう》　霜月《しもつき》の夜《よる》、
秋来《あききた》りて只一人《ただひとり》の為《ため》に長《なが》し
草木枯《くさきか》れゆく
秋《あき》の月《つき》は
さまざまな思《おも》いに
心《こころ》が乱《みだ》され
さびしくなる
実《じつ》は私《わたし》たちが秋《あき》を悲《かな》しい季節《きせつ》と感《かん》じるのは中国《ちゅうごく》からきているのですよ

このたびは　幣《ぬさ》もとりあへ（え）ず　手向山《たむけやま》
紅葉《もみじ》［もみぢ〈ち〉］の錦《にしき》　神《かみ》のまにまに

出典《しゅってん》 ▼6ページ
古今和歌集《こきんわかしゅう》
420番《ばん》

決《き》まり字《じ》 ▼26ページ
⑥こ
①の

この歌《うた》の内容《ないよう》

急《きゅう》な旅《たび》なので、ささげる幣《ぬさ》の用意《ようい》もできませんでした。神《かみ》よ、幣《ぬさ》のかわりとして、この手向山《たむけやま》の美《うつく》しい紅葉《もみじ》を御心《おんこころ》のままにお受《う》け取《と》りください。

この歌《うた》の場面《ばめん》は……

この歌《うた》は八九八年《ねん》、宇多院《うだいん》が宮滝《みやたき》（今《いま》の奈良県吉野郡吉野町《ならけんよしのぐんよしのちょう》）へ行《い》くときに詠《よ》まれた。学者《がくしゃ》として天皇《てんのう》からも一目置《いちもくお》かれる存《そん》在《ざい》だった作者《さくしゃ》。色《いろ》とりどりの紅葉《もみじ》 ▼21ページ を幣《ぬさ》に見立《みた》てる機《き》転《てん》には、「さすが道真《みちざね》」と宇多院《うだいん》も感心《かんしん》したことだろう。

用語解説《ようごかいせつ》

＊幣《ぬさ》……色《いろ》とりどりの紙《かみ》や布《ぬの》を小《ち》さく切《き》ったもの。神様《かみさま》においのりするときにささげた。
＊手向山《たむけやま》……奈良《なら》の平城山周辺《ならやましゅうへん》。神様《かみさま》に供《そな》えものをする習《なら》わしがある。
＊まにまに……神様《かみさま》の思《おも》うとおりに。

学問《がくもん》の神様《かみさま》
菅家《かんけ》
（845〜903年《ねん》）

本名《ほんみょう》は菅原道真《すがわらのみちざね》。天皇《てんのう》に気《き》に入《い》られ右大臣《うだいじん》になるが、政治《せいじ》の争《あらそ》いによって福岡《ふくおか》の大宰府《だざいふ》へ追《お》いやられた。そのまま大宰府《だざいふ》で亡《な》くなり、その後《ご》、学問《がくもん》の神様《かみさま》（天神様《てんじんさま》）として信仰《しんこう》されるようになった。菅家《かんけ》は神格化《しんかくか》されたあとの敬称《けいしょう》。

菅家

マンガで読《よ》む！

菅家《かんけ》と
よばれている
菅原道真《すがわらのみちざね》です
学問《がくもん》の神様《かみさま》として
天神様《てんじんさま》とも
よばれています
梅《うめ》の花《はな》が好《す》き♡
ある日《ひ》のこと…
すぐに旅《たび》へ行《い》くぞ！
ダッ
え!?
今《いま》すぐですか!?
神様《かみさま》に幣《ぬさ》をささげよう
えっ　幣《ぬさ》!?
忘《わす》れたかも…
そうだ！
幣《ぬさ》のかわりに
手向山《たむけやま》の紅葉《もみじ》を
神様《かみさま》にささげましょう

春《はる》 夏《なつ》 秋《あき》 冬《ふゆ》 恋《こい》 旅《たび》 別《わかれ》 雑《ぞう》

名《な》にしおはば（わ） 逢坂山《おうさかやま》の［あふ］ さねかづら（ず）
人《ひと》に知《し》られで〈て〉 くるよしもがな〈か〉

出典《しゅってん》 ▶6ページ
後撰和歌集《ごせんわかしゅう》 700番《ばん》

決《き》まり字《じ》 ▶26ページ
⑧な ③に ①し

この歌《うた》の内容《ないよう》

恋《こい》しい人《ひと》に会《あ》っていっしょに夜《よる》をすごすという、逢坂山《おうさかやま》のさねかずらのように、こっそりあなたに会《あ》いに行《い》く方法《ほうほう》はないものかしら。

この歌《うた》の場面《ばめん》は……

恋人《こいびと》へ、さねかずらといっしょに贈《おく》った歌《うた》。「くる」は「来《く》る」と「繰《く》る」の掛詞《かけことば》▶9ページ。「来《く》る」は、ここでは「行《い》く」の意味《いみ》。「繰《く》る」は、さねかずらのつるを「たぐりよせる」の意味《いみ》。そんなふうに、人目《ひとめ》を忍《しの》んであなたに会《あ》いに行《い》きたいと情熱的《じょうねつてき》に詠《よ》んでいる。

用語解説《ようごかいせつ》

＊逢坂山《おうさかやま》……歌枕《うたまくら》▶8・22ページとしてよく詠《よ》まれる。今《いま》の滋賀《しが》県《けん》と京都府《きょうとふ》の境《さかい》にある山《やま》。「会《あ》う」をかけている。

＊さねかづら……赤《あか》い実《み》をつける、つる性《せい》の植物《しょくぶつ》。

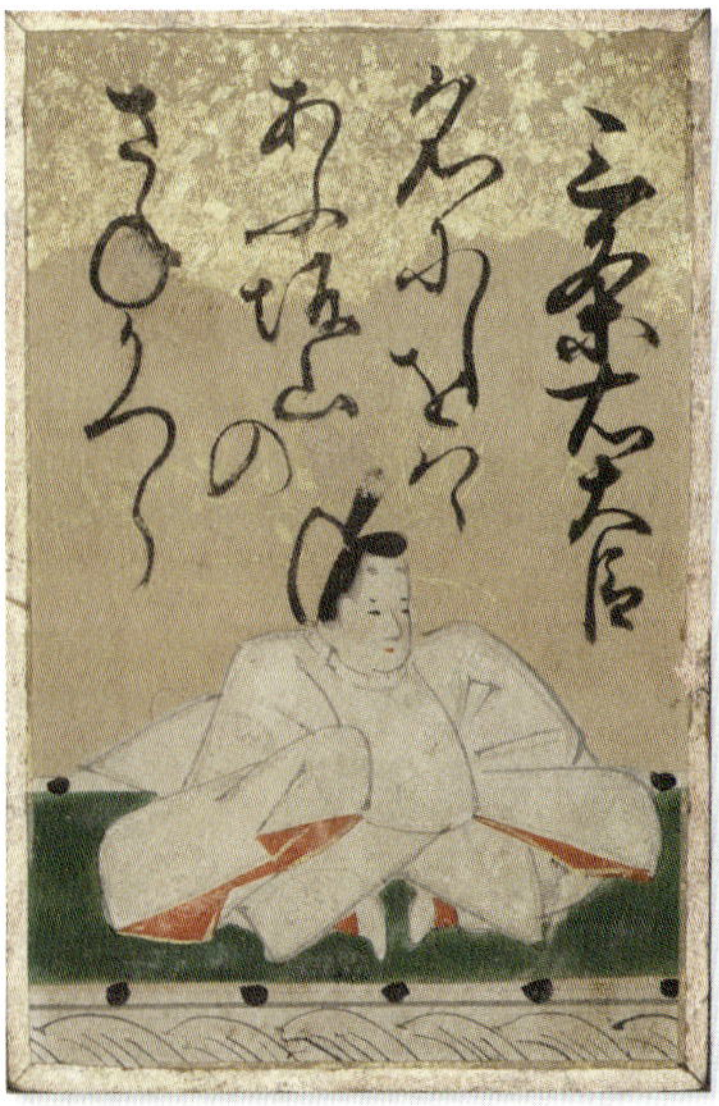

和歌《わか》の発展《はってん》に貢献《こうけん》した貴族《きぞく》

三条右大臣《さんじょうのうだいじん》（873～932年《ねん》）

本名《ほんみょう》は藤原定方《ふじわらのさだかた》。内大臣高藤《ないだいじんたかふじ》の息子《むすこ》。中納言朝忠《ちゅうなごんあさただ》の父《ちち》。京都《きょうと》の三条《さんじょう》に住《す》んだため、この名《な》でよばれた。和歌《わか》や管弦《かんげん》が上手《じょうず》で、和歌《わか》の発展《はってん》を支援《しえん》した。

関連人物《かんれんじんぶつ》

いとこ 中納言兼輔《ちゅうなごんかねすけ》 ▶66ページ

息子《むすこ》 中納言朝忠《ちゅうなごんあさただ》 ▶83ページ

マンガで読《よ》む！
三条右大臣《さんじょうのうだいじん》の藤原定方《ふじわらのさだかた》です
自分《じぶん》でいうのはアレだけど…教養《きょうよう》があって歌《うた》よし音楽《おんがく》よしの文化人《ぶんかじん》スターとかいう感《かん》じです
ほら逢坂山《おうさかやま》って「逢《あ》う」って字《じ》が入《はい》ってるでしょ? だから「デート」の暗号《あんごう》なんだよね
逢坂山
=♡
「かずら」ってつる草《くさ》のことね
つまり
デート山《やま》のつる草《くさ》をたぐりよせるみたいに…
さねかずら
会《あ》えたらいいのに!って歌《うた》
うまいことつくったっしょ
こんなかんじ

［を］小倉山《おぐらやま》 峰《みね》のもみぢ（じ）葉《ば》 心《こころ》あらば
今《いま》ひとたび〈ひ〉の みゆき待《ま》たなむ（ん）

出典《しゅってん》 ▼6ページ
拾遺和歌集《しゅういわかしゅう》 1128番《ばん》

決《き》まり字《じ》 ▼26ページ
⑦－を（お）
❶－ぐ

この歌《うた》の内容《ないよう》

小倉山《おぐらやま》の紅葉《もみじ》よ。もしお前《まえ》に心《こころ》があるならば、今度《こんど》また天皇《てんのう》がこられるまで、どうかちらずにそのままで待《ま》っていておくれ。

この歌《うた》の場面《ばめん》は……

宇多院《うだいん》が小倉山《おぐらやま》に出《で》かけたとき、紅葉《もみじ》▼21ページの美《うつく》しさに感動《かんどう》して「息子《むすこ》の醍醐天皇《だいごてんのう》にも見《み》せたい」といった。そばにいた作者《さくしゃ》がそれを聞《き》いて、「醍醐天皇《だいごてんのう》がこられるまで、紅葉《もみじ》よちるな」と詠《よ》んで贈《おく》った歌《うた》。この歌《うた》がきっかけになって、小倉《おぐら》山《やま》は紅葉《もみじ》の名所《めいしょ》となり、貴族《きぞく》の別荘《べっそう》が多《おお》くあった。

用語解説《ようごかいせつ》

＊小倉山《おぐらやま》……歌枕《うたまくら》▼8・22ページ、今《いま》の京都市右京区《きょうとしうきょうく》にある山《やま》。

＊心《こころ》あらば……「心《こころ》があるのならば」の意味《いみ》。紅葉《もみじ》を人《ひと》にたとえた擬人法《ぎじんほう》▼9ページ。

＊今《いま》ひとたびの……「もう一度《ど》の（行幸《ぎょうこう》を待《ま》っていてくれ）」の意味《いみ》。ここでは「きっと醍醐天皇《だいごてんのう》がこられるから」となる。

藤原氏《ふじわらし》の繁栄《はんえい》の中心人物《ちゅうしんじんぶつ》

貞信公《ていしんこう》（880～949年《ねん》）

本名《ほんみょう》は藤原忠平《ふじわらのただひら》。藤原基経《ふじわらのもとつね》の息子《むすこ》。兄《あに》の時平《ときひら》と仲平《なかひら》とともに「三平《さんぴら》」とよばれ、藤原氏全盛《ふじわらしぜんせい》の基礎《きそ》をつくった。貞信公《ていしんこう》は死後《しご》につけられた名前《なまえ》（おくり名《な》）。

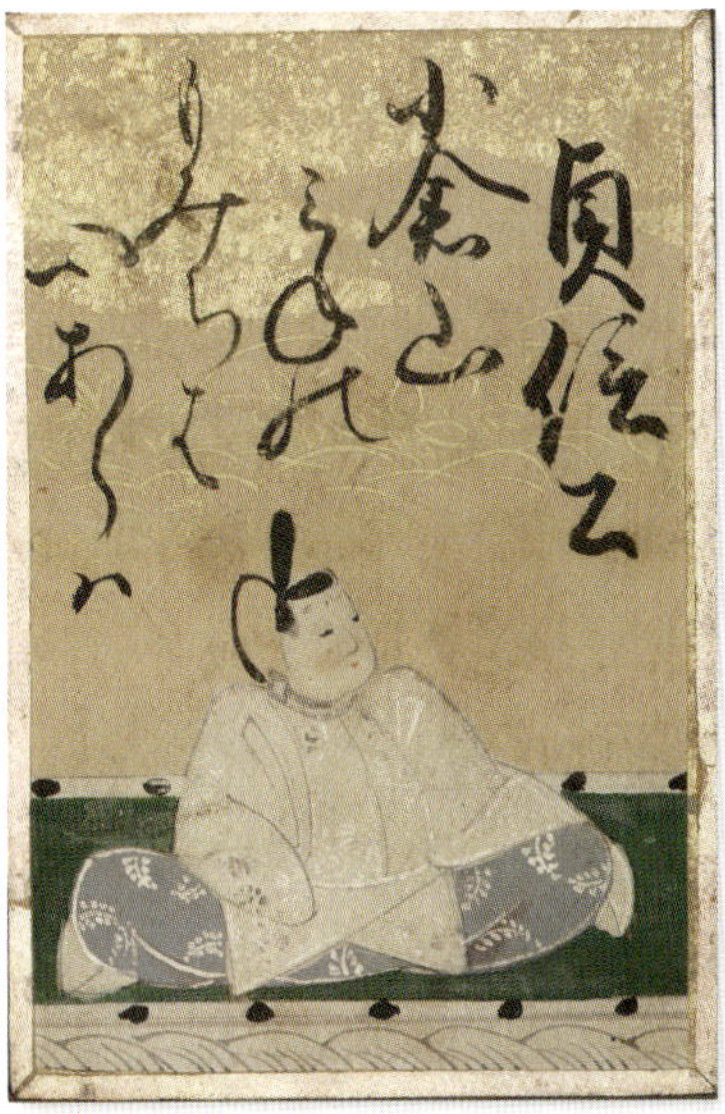

関連人物《かんれんじんぶつ》

孫《まご》
謙徳公《けんとくこう》
▶84ページ

マンガで読《よ》む！

貞信公《ていしんこう》です
本名《ほんみょう》は藤原忠平《ふじわらのただひら》 藤原氏全盛《ふじわらしぜんせい》のもとをつくりました
これは行幸《ぎょうこう》のとちゅう、紅葉《もみじ》を見《み》ていたとき…
息子《むすこ》にも見《み》せたいなこの景色《けしき》…
ハッ
聞《き》こえているか小倉山《おぐらやま》の紅葉《もみじ》よ！
そなたにもし心《こころ》があるのならば…
天皇《てんのう》がこられるまでちらないでおくれ～！
って紅葉《もみじ》によびかけた歌《うた》なんだ

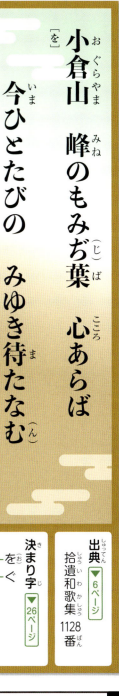

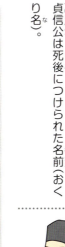

みかの原《はら》　わきて流《なが》るる　泉川《いずみがわ》［いづみがは］　いつみきとてか　恋《こい》［こひ］しかるらむ（ん）

出典《しゅってん》 ▼6ページ
新古今和歌集《しんこきんわかしゅう》　996番《ばん》

決《き》まり字《じ》 ▼26ページ
⑤みかの
②
①

この歌《うた》の内容《ないよう》

みかの原《はら》を分《わ》けるように流《なが》れる泉川《いずみがわ》。その「いつみ」川《がわ》の「いつ見《み》」た（いつ会《あ》った）というわけでもないのに、どうしてこんなにあなたが恋《こい》しいのだろう。

この歌《うた》の場面《ばめん》は……

実際《じっさい》にはまだ一度《いちど》も会《あ》ったことのない女性《じょせい》への恋心《こいごころ》を詠《よ》んだ歌《うた》。当時《とうじ》、女性《じょせい》は人前《ひとまえ》にめったに顔《かお》を出《だ》すことはなく、うわさだけで恋《こい》することもあった。上《かみ》の句《く》だけでは何《なに》を詠《よ》んだ歌《うた》かわからず、下《しも》の句《く》でようやく「まだ見《み》ぬ女性《じょせい》への恋心《こいごころ》」を詠《よ》んだものとわかる。古《ふる》くから「兼輔《かねすけ》の作《さく》」とされてきたが、本当《ほんとう》の作者《さくしゃ》は不明《ふめい》。

用語解説《ようごかいせつ》

＊みかの原《はら》……「泉川《いずみがわ》」とともに歌枕《うたまくら》 ▼8・22ページ。山城国《やましろのくに》（今《いま》の京都府木津川市《きょうとふきづがわし》）の木津川《きづがわ》の両岸《りょうぎし》に広《ひろ》がる野原《のはら》。

＊泉川《いずみがわ》……木津川《きづがわ》のこと。「泉川《いずみがわ》」までの上《かみ》の句《く》が、同音《どうおん》の「いつみ」をみちびく序詞《じょことば》 ▼9ページ になっている。

紫式部《むらさきしきぶ》の曾祖父《そうそふ》

中納言兼輔《ちゅうなごんかねすけ》

（877〜933年《ねん》）

本名《ほんみょう》は藤原兼輔《ふじわらのかねすけ》。藤原冬嗣《ふじわらのふゆつぐ》のひ孫《まご》で、紫式部《むらさきしきぶ》の曾祖父《そうそふ》。賀茂川《かもがわ》の堤《つつみ》に屋《や》敷《しき》があったため、「堤中納言《つつみちゅうなごん》」ともよばれた。紀貫之《きのつらゆき》 ▼74ページ や凡河内躬恒《おおしこうちのみつね》 ▼68ページ などと交流《こうりゅう》が深《ふか》かった。

関連人物《かんれんじんぶつ》

いとこ　三条右大臣《さんじょうのうだいじん》
▶64ページ

ひ孫《まご》　紫式部《むらさきしきぶ》
▶96ページ

マンガで読《よ》む！
中納言兼輔《ちゅうなごんかねすけ》です
文化《ぶんか》サロンの主《あるじ》みたいなことしてました
ひ孫《まご》は紫式部《むらさきしきぶ》です
才能《さいのう》が遺伝《いでん》したかな
だれがつくったかわからないのになんかワシってことになってる
なんでじゃろうな
うまいからかね
みかの原《はら》の泉川《いずみがわ》
泉川
いずみ…いつみ…いつ見《み》？
ダジャレやね
いつ見《み》たかっていうと実《じつ》は…
まったく見《み》たことない人《ひと》なんだけど…
恋《こい》しちゃったんだ…なんでだろうオレ

山里《やまざと》は　冬《ふゆ》ぞ寂《さび》しさ　まさりける
人目《ひとめ》も草《くさ》も　かれぬと思《おも》へ（え）ば〈は〉

出典《しゅってん》 ▼6ページ
古今和歌集《こきんわかしゅう》315番《ばん》

決《き》まり字《じ》 ▼26ページ
④や ②ま ①ざ

この歌《うた》の内容《ないよう》

山里《やまざと》はいつきてもさびしいけれど、冬《ふゆ》が一番《いちばん》さびしいなあ。人《ひと》が訪《たず》ねてくることもなく、草《くさ》も木《き》もすっかり枯《か》れてしまうと思《おも》うと。

この歌《うた》の場面《ばめん》は……

冬《ふゆ》の山里《やまざと》の風景《ふうけい》にさびしさを感《かん》じて詠《よ》んだ歌《うた》。秋《あき》のさびしさを詠《よ》んだ藤原興風《ふじわらのおきかぜ》 ▼73ページ の歌《うた》「秋来《あきく》れば虫《むし》とともになかれぬる人《ひと》も草葉《くさば》もかれぬと思《おも》へば」を本歌取《ほんかど》り ▼8ページ して、冬《ふゆ》の歌《うた》にした。山里《やまざと》は漢詩文《かんしぶん》で使《つか》われる言葉《ことば》。漢詩文《かんしぶん》の「山里《やまざと》」は、さびしいだけの場所《ばしょ》ではなく、心《こころ》が静《しず》まる美《うつく》しい里《さと》のイメージ。

用語解説《ようごかいせつ》

＊山里《やまざと》……漢詩文《かんしぶん》ではよく使《つか》われる語《ご》で、理想郷《りそうきょう》を意味《いみ》する。

＊思《おも》へば……下《しも》の句《く》が上《かみ》の句《く》の理由《りゆう》であることをあらわす、倒置法《とうちほう》 ▼9ページ。

出世《しゅっせ》はダメでも歌《うた》で開花《かいか》

源宗于朝臣《みなもとのむねゆきあそん》（？～939年《ねん》）

光孝天皇《こうこうてんのう》の孫《まご》、是忠親王《これただしんのう》の息子《むすこ》。八九四年《ねん》に皇族《こうぞく》を離《はな》れて、源姓《みなもとせい》を与《あた》えられた。官位《かんい》が低《ひく》くて悲《かな》しむ話《はなし》が『大和物語《やまとものがたり》』に残《のこ》っている。三十六歌仙《さんじゅうろっかせん》 ▼15ページ の一人《ひとり》。

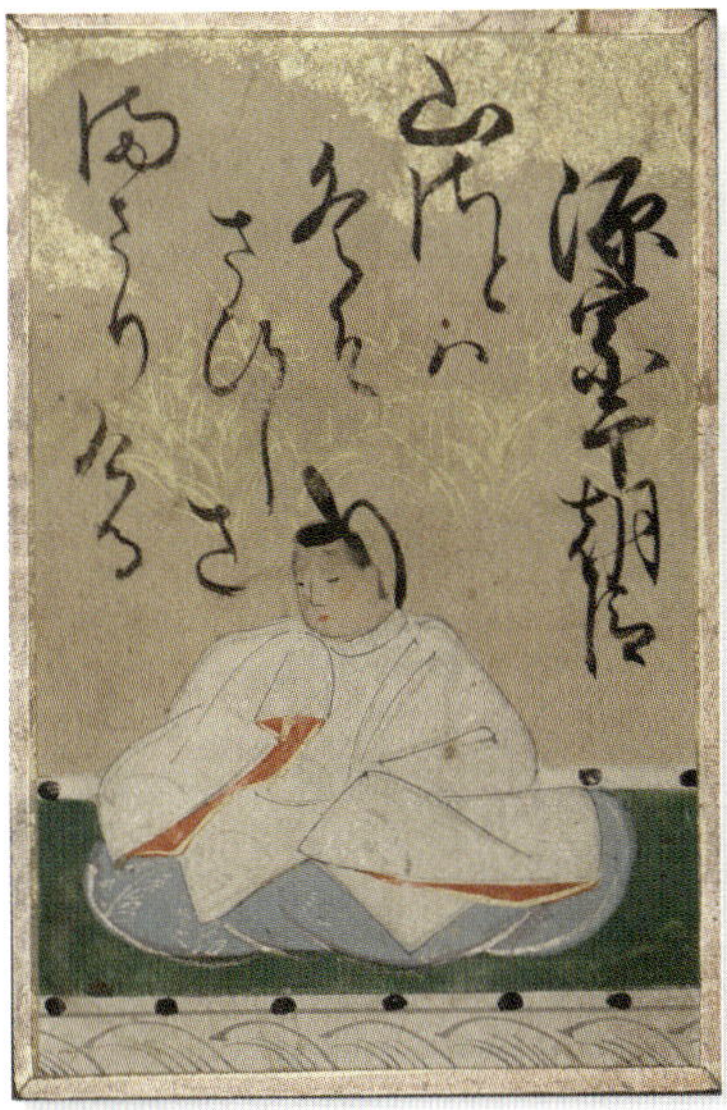

関連人物《かんれんじんぶつ》

祖父《そふ》
光孝天皇《こうこうてんのう》
▶54ページ

マンガで読む！

源宗于朝臣《みなもとのむねゆきあそん》です…
光孝天皇《こうこうてんのう》の孫《まご》で是忠親王《これただしんのう》の息子《むすこ》です…
あまり出世《しゅっせ》できませんでした
人里離《ひとざとはな》れた山里《やまざと》では冬《ふゆ》がよりさびしく感《かん》じられますよね…
ビュウ
ビュウ
ガタ ガタ
ズーン
だれもこないし草木《くさき》も枯《か》れちゃうし…
でも冬《ふゆ》の景色《けしき》もきれいだな

春《はる》 夏《なつ》 秋《あき》 冬《ふゆ》 恋《こい》 旅《たび》 別《わかれ》 雑《ぞう》

心《こころ》あてに　折《お》らばや折《お》らむ（ん）　初霜《はつしも》の　置《お》きまどはせ（わ）る　白菊《しらぎく》の花《はな》

［を］［を］〈と〉〈きく〉

出典《しゅってん》 ▼6ページ
古今和歌集《こきんわかしゅう》 277番《ばん》

決《き》まり字《じ》 ▼26ページ
⑥こ ②こ ②ろ ❶あ

この歌《うた》の内容《ないよう》

気《き》をつけて折《お》れば、折《お》れるだろうか。初霜《はつしも》でどこもまっ白《しろ》で、見分《みわ》けがつかなくなっている白菊《しらぎく》の花《はな》を。

この歌《うた》の場面《ばめん》は……

庭《にわ》が初霜《はつしも》でまっ白《しろ》になっている様子《ようす》をイメージして詠《よ》んだ歌《うた》。初霜《はつしも》の白《しろ》と、白菊《しらぎく》の白《しろ》。どこまでも白《しろ》く透《す》き通《とお》った世界《せかい》をえがいている。菊《きく》はもともと日本《にほん》にはなく、奈良時代《ならじだい》に唐《とう》から伝《つた》わった。作者《さくしゃ》は漢詩《かんし》の発想《はっそう》をかりて、この歌《うた》を詠《よ》んだ。

用語解説《ようごかいせつ》

＊心《こころ》あてに……ここでは「心《こころ》して」「慎重《しんちょう》に」という意味《いみ》。「あてずっぽうに」という意味《いみ》もある。

＊まどはせる……「まぎらわしくさせる」の意味《いみ》。霜《しも》と白菊《しらぎく》ともに白《しろ》色《いろ》で、どれが花《はな》か見分《みわ》けがつかなくなっている。

『古今和歌集《こきんわかしゅう》』の撰者《せんじゃ》の一人《ひとり》

凡《おおし》河《こ》内《うちの》躬恒《みつね》

（生没年不明《せいぼつねんふめい》）

紀貫之《きのつらゆき》 ▼74ページ らとともに『古今和歌集《こきんわかしゅう》』の撰者《せんじゃ》をつとめた。官位《かんい》は低《ひく》かったが、優《すぐ》れた歌《うた》の才能《さいのう》の持《も》ち主《ぬし》だった。三十六歌仙《さんじゅうろっかせん》 ▼15ページ の一人《ひとり》。

マンガで読《よ》む！

凡《おおし》河《こ》内《うちの》躬恒《みつね》です
下級役人《かきゅうやくにん》だが歌《うた》の才能《さいのう》には恵《めぐ》まれていたぞ
歌合《うたあわせ》などで活《かつ》やくしたんだ
昔《むかし》から菊《きく》は延命草《えんめいそう》とよばれていて縁起《えんぎ》のいい花《はな》なんだ
ある秋《あき》の早朝《そうちょう》に白菊《しらぎく》が咲《さ》いている庭《にわ》を見《み》たときのことだった
もう霜《しも》がおりる季節《きせつ》か…
…ん？
…どれが白菊《しらぎく》の花《はな》だ
あたり一面《いちめん》まっ白《しろ》で見分《みわ》けがつかないじゃないか
ガーン
まっしろ

有明《ありあけ》の　つれなく見《み》えし　別《わか》れより
暁《あかつき》〈は〉ばかり　憂《う》きものはなし

出典《しゅってん》 ▼6ページ
古今和歌集《こきんわかしゅう》 625番《ばん》

決《き》まり字《じ》 ▼26ページ
16-あり
2-りあ
1-あ

この歌《うた》の内容《ないよう》

有明《ありあけ》の月《つき》のように、あなたがそっけなく見《み》えたあの別《わか》れの日《ひ》から、夜明《よあ》けほどつらく感《かん》じるものはありません。

この歌《うた》の場面《ばめん》は……

夜明《よあ》け前《まえ》の時間帯《じかんたい》。帰《かえ》ろうとする男《おとこ》を引《ひ》き止《と》めもせず、そっけなく別《わか》れを告《つ》げる女《おんな》。空《そら》に残《のこ》る有明《ありあけ》の月《つき》 ▼20ページ を見《み》ていると、月《つき》さえつれなく見《み》えてくるという、男心《おとこごころ》を詠《よ》んだ歌《うた》。「つれなく見《み》えし」の主語《しゅご》は「人《ひと》(女《おんな》)」と「月《つき》」の二説《せつ》がある。

用語解説《ようごかいせつ》

＊有明《ありあけ》の……有明《ありあけ》の月《つき》のこと。夜《よ》ふけにあらわれ、明《あ》け方《がた》の空《そら》に残《のこ》る月《つき》。
＊暁《あかつき》……夜明《よあ》け前《まえ》のまだ暗《くら》い時間《じかん》。午前《ごぜん》三時《じ》から日《ひ》の出《で》まで。
＊憂《う》きものはなし……「つらいものはない」の意味《いみ》。「憂《う》き」は、ゆううつな気持《きも》ち。

身分《みぶん》は低《ひく》くても歌《うた》は一流《いちりゅう》

壬生忠岑《みぶのただみね》 (生没年不明《せいぼつねんふめい》)

官位《かんい》は低《ひく》かったが歌人《かじん》として活躍《かつやく》し『古今和歌集《こきんわかしゅう》』の撰者《せんじゃ》もつとめた。権中納言定家《ごんちゅうなごんていか》(藤原定家《ふじわらのていか》) ▼4・136ページ には『古今和歌集《こきんわかしゅう》』の中《なか》でもとくに優《すぐ》れた歌人《かじん》と評《ひょう》された。三十六歌仙《さんじゅうろっかせん》 ▼15ページ の一人《ひとり》。

関連人物《かんれんじんぶつ》

息子《むすこ》
壬生忠見《みぶのただみ》
▶80ページ

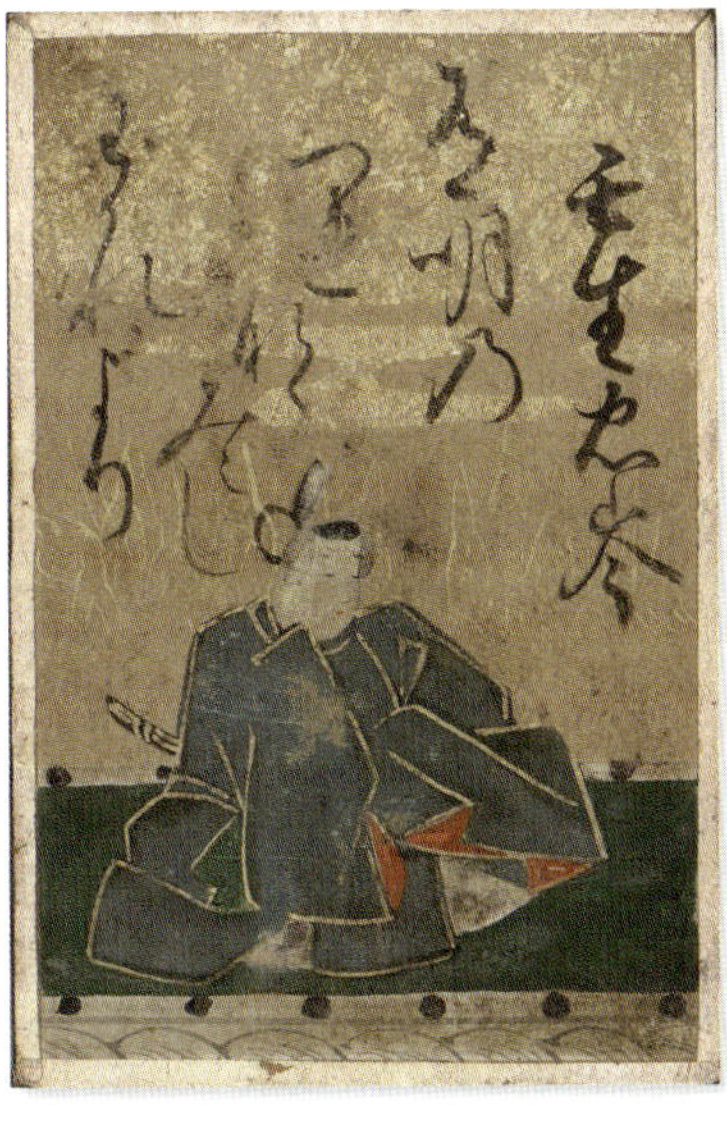

朝《あさ》ぼらけ　有明《ありあけ》の月《つき》と　見《み》るまでに　吉野《よしの》の里《さと》に　降《ふ》れる白雪《しらゆき》

出典《しゅってん》 ▼6ページ
古今和歌集《こきんわかしゅう》 332番《ばん》

決《き》まり字《じ》 ▼26ページ
16―あ
3―あさ
2―あさぼ
2―あさぼら
2―あさぼらけ
1―あ

この歌《うた》の内容《ないよう》

夜《よる》がほのぼのと明《あ》けるころ、有明《ありあけ》の月《つき》かと見《み》まちがえるほどに、吉野《よしの》の里《さと》に白雪《しらゆき》がふりつもっている。

この歌《うた》の場面《ばめん》は……

ふと目《め》を覚《さ》ますと、何《なに》やら外《そと》が明《あか》るい。外《そと》に出《で》てみると、里《さと》一面《いちめん》にうっすらと雪《ゆき》がつもっていた。まるで明《あ》け方《がた》の月《つき》の光《ひかり》のような雪《ゆき》の輝《かがや》きに感動《かんどう》して詠《よ》んだ歌《うた》。作者《さくしゃ》が大和国《やまとのくに》(今《いま》の奈良《なら》県《けん》)の地方役人《ちほうやくにん》として、吉野《よしの》を旅《たび》していたときに詠《よ》まれた。

用語解説《ようごかいせつ》

＊朝《あさ》ぼらけ……ほのぼのと夜《よ》が明《あ》ける時間帯《じかんたい》。
＊有明《ありあけ》の月《つき》……明《あ》け方《がた》の空《そら》に残《のこ》った月《つき》 ▼20ページ。
＊降《ふ》れる……ふりつもっている雪景色《ゆきげしき》。

歌《うた》が得意《とくい》で蹴鞠《けまり》の達人《たつじん》

坂上是則《さかのうえのこれのり》

(生没年不明《せいぼつねんふめい》)

平安時代初期《へいあんじだいしょき》の武人《ぶじん》、坂上田村麻呂《さかのうえのたむらまろ》の子孫《しそん》。官位《かんい》は低《ひく》かったが、歌《うた》の才能《さいのう》があり三十六歌仙《さんじゅうろっかせん》 ▼15ページ の一人《ひとり》に数《かぞ》えられる。貴族《きぞく》の間《あいだ》でおこなわれたまりをける遊《あそ》び蹴鞠《けまり》の名手《めいしゅ》でもあった。

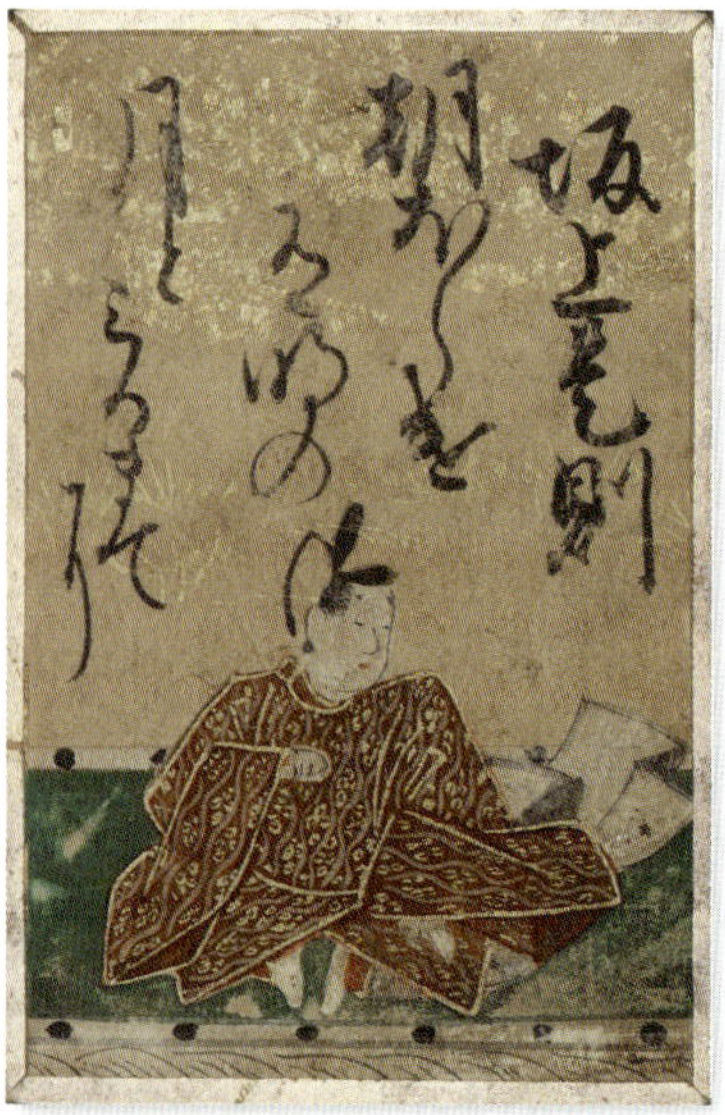
坂上是則
朝ぼらけ
ありあけの
月とみるまて
よしの

マンガで読《よ》む!
坂上是則《さかのうえのこれのり》です
蹴鞠《けまり》が得意《とくい》なんだ!
もちろん歌《うた》も得意《とくい》!!
ある冬《ふゆ》の日《ひ》吉野《よしの》の宿《やど》に泊《と》まったときのこと
なんだか明《あか》るいな
まだ夜明《よあ》けごろだよな
月明《つきあ》かりかと思《おも》ったら雪《ゆき》あかりだったか!
キラ
キラ
美《うつく》しい…すばらしい白雪《しらゆき》だ…

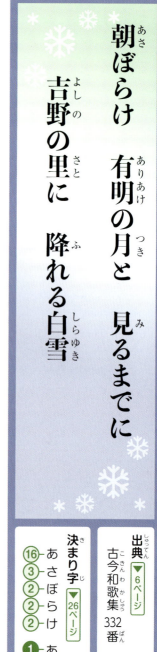

山《やま》がはに（わ）　風《かぜ》のかけたる　しがらみは
〈なか〉流《なが》れもあへ（え）ぬ　紅葉《もみじ》［もみぢ〈ち〉］なりけり

出典《しゅってん》 ▼6ページ
古今和歌集《こきんわかしゅう》303番《ばん》

決《き》まり字《じ》 ▼26ページ
④ や
② ま
① が

この歌《うた》の内容《ないよう》

山《やま》あいを流《なが》れる谷川《たにがわ》に、水《みず》を止《と》める柵《さく》があるのかと思《おも》ったら、よく見《み》ると流《なが》れきれないでたまった紅葉《もみじ》だったのですね。

この歌《うた》の場面《ばめん》は……

川《かわ》のそばを歩《ある》いていた作者《さくしゃ》は、とちゅうで川《かわ》の流《なが》れがゆっくりになっていることに気《き》づく。「この先《さき》に水《みず》を止《と》める柵《さく》でもあるのかな」と思《おも》っていると、それは風《かぜ》がちらせた紅葉《もみじ》▼21ページが集《あつ》まってできた自然《しぜん》の柵《さく》だった。そのおもしろさを、秋風《あきかぜ》のいたずらとして詠《よ》んでいる。

用語解説《ようごかいせつ》

＊山《やま》がは……山《やま》の中《なか》を流《なが》れる谷川《たにがわ》。「山《やま》かは」だと、山《やま》と川《かわ》。
＊しがらみ……川《かわ》の流《なが》れをせき止《と》めるためにつくられたしかけ。柵《さく》。
＊あへぬ……「～できない」の意味《いみ》。ここでは「流《なが》れようとしても流《なが》れきれない」となる。

中国《ちゅうごく》の歴史《れきし》を学《まな》んだ歌人《かじん》

春道列樹《はるみちのつらき》（？～920年《ねん》）

歌人《かじん》としてはあまり知《し》られていない。九一〇年《ねん》に、中国《ちゅうごく》の歴史学《れきしがく》を学《まな》ぶ文章生《もんじょうしょう》になる。九二〇年《ねん》に壱岐守《いきのかみ》（今《いま》の長崎県壱岐市《ながさきけんいきし》の役人《やくにん》のトップ）になるが、赴任前《ふにんまえ》に亡《な》くなった。

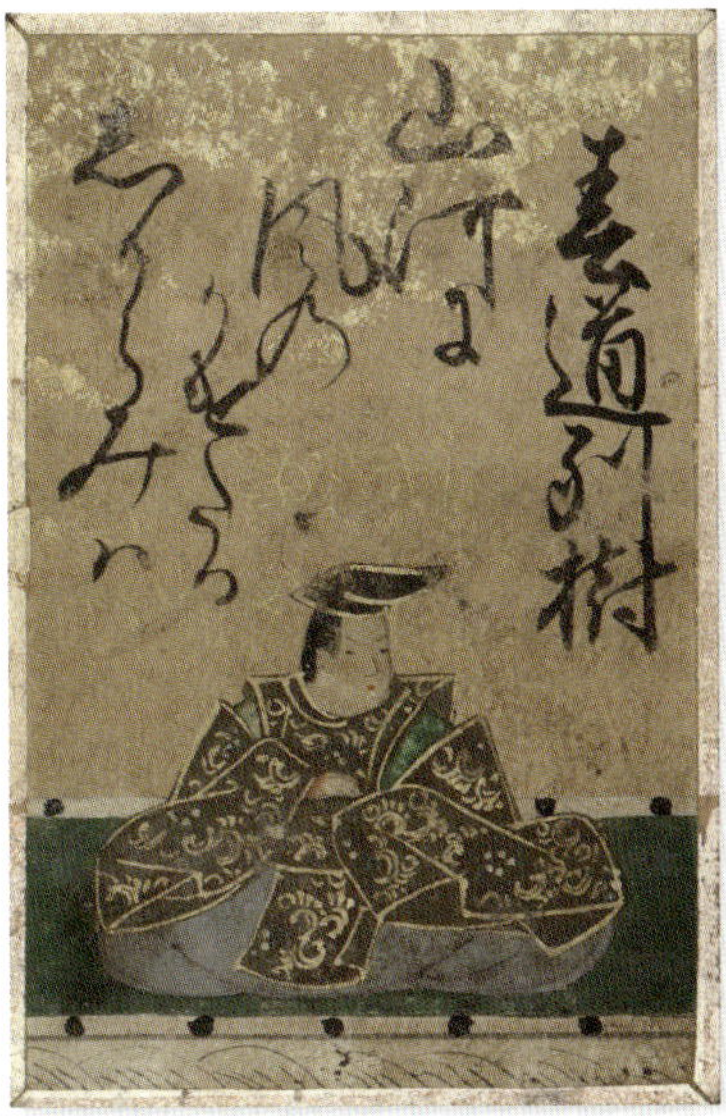

マンガで読《よ》む！
私《わたし》は 春道列樹《はるみちのつらき》
式部省《しきぶしょう》の試験《しけん》に合格《ごうかく》して文章生《もんじょうしょう》になりました
ある秋《あき》の日《ひ》
おや？ 紅葉《もみじ》が川《かわ》の中《なか》で石《いし》にひっかかってとどまっている
紅葉《もみじ》の柵《さく》とは風流《ふうりゅう》ですね
フー！
これはもしかして風《かぜ》がつくったのかもしれませんね
うんうん

久方《ひさかた》の　光《ひかり》のどけき　春《はる》の日《ひ》に
しづ(ず)ごころなく　花《はな》の散《ち》るらむ(ん)
〈つ〉〈こ〉

出典《しゅってん》 ▼6ページ
古今和歌集《こきんわかしゅう》 84番《ばん》

決《き》まり字《じ》 ▼26ページ
③ひ
①さ

この歌《うた》の内容《ないよう》

日《ひ》の光《ひかり》がこんなにものどかな春《はる》の日《ひ》に、どうして桜《さくら》の花《はな》だけがせわしなくちってしまうのだろうか。

この歌《うた》の場面《ばめん》は……

作者《さくしゃ》は舞《ま》いちる花《はな》びらの美《うつく》しさと、人生《じんせい》のはかなさを同時《どうじ》に感《かん》じている。なかなか出世《しゅっせ》できず年《とし》だけ重《かさ》ねていく自分自身《じぶんじしん》を、桜《さくら》▼21ページに重《かさ》ねていたのかもしれない。「久方《ひさかた》・光《ひかり》・春《はる》・日《ひ》・花《はな》」と「は行《ぎょう》」の言葉《ことば》を続《つづ》けることで、リズムがよく、やわらかな印象《いんしょう》にしている。

用語解説《ようごかいせつ》
＊光《ひかり》のどけき……春《はる》になって、のどかな日《ひ》がさしているようす。
＊しづこころなく…「静《しず》かな心《こころ》がなく」の意味《いみ》。桜《さくら》を人《ひと》にたとえた擬《ぎ》人法《じんほう》▼9ページ。

『古今和歌集《こきんわかしゅう》』を代表《だいひょう》する歌人《かじん》

紀友則《きのとものり》（生没年不明《せいぼつねんふめい》）

『古今和歌集《こきんわかしゅう》』の撰者《せんじゃ》だったが、完成《かんせい》前《まえ》に亡《な》くなった。四十歳《さい》すぎまで出世《しゅっせ》できない自分《じぶん》を、花《はな》の咲《さ》かない木《き》にたとえた歌《うた》も詠《よ》んでいる。三十六歌仙《さんじゅうろっかせん》▼15ページの一人《ひとり》。

関連人物《かんれんじんぶつ》

いとこ
紀貫之《きのつらゆき》
▶74ページ

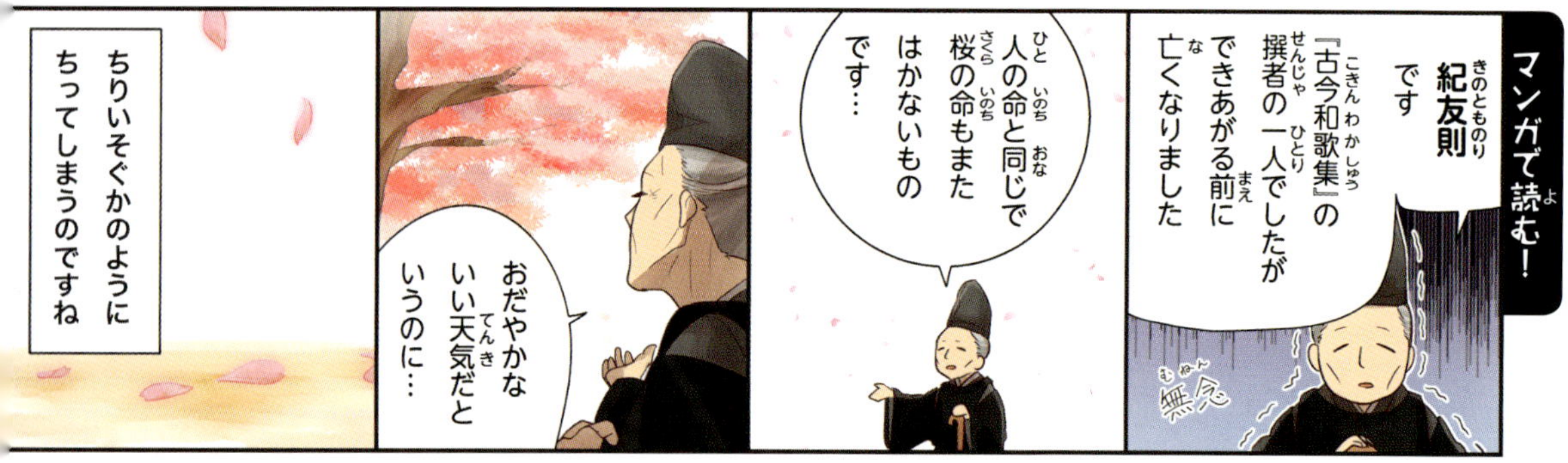
マンガで読《よ》む!
紀友則《きのとものり》です
『古今和歌集《こきんわかしゅう》』の撰者《せんじゃ》の一人《ひとり》でしたができあがる前《まえ》に亡《な》くなりました
無念《むねん》
人《ひと》の命《いのち》と同《おな》じで桜《さくら》の命《いのち》もまたはかないものです…
おだやかないい天気《てんき》だというのに…
ちりいそぐかのようにちってしまうのですね

春《はる》
夏《なつ》
秋《あき》
冬《ふゆ》
恋《こい》
旅《たび》
別《わかれ》
雑《ぞう》

春《はる》　夏《なつ》　秋《あき》　冬《ふゆ》　恋《こい》　旅《たび》　別《わかれ》　雑《ぞう》

誰《たれ》をかも　知《し》る人《ひと》にせむ（ん）　高砂《たかさご》の　松《まつ》も昔《むかし》の　友《とも》ならなくに

出典《しゅってん》 ▼6ページ
古今和歌集《こきんわかしゅう》909番《ばん》

決《き》まり字《じ》 ▼26ページ
⑥—たれ
①—れ

この歌《うた》の内容《ないよう》

年老《としお》いた私《わたし》は、だれを友《とも》にしたらよいのだろうか。長生《ながい》きで有名《ゆうめい》な高砂《たかさご》の松《まつ》も、昔《むかし》からの友《とも》ではないのだよ。

この歌《うた》の場面《ばめん》は……

昔《むかし》からの友人《ゆうじん》がみんな死《し》んでしまい、取《と》り残《のこ》されるさびしさを詠《よ》んだ歌《うた》。「高砂《たかさご》」は歌枕《うたまくら》▼8・22ページ、播磨国《はりまのくに》（今《いま》の兵庫県《ひょうごけん》）にある松《まつ》▼21ページの名所《めいしょ》で、ふつうは「長寿《ちょうじゅ》」や「めでたいこと」をあらわす。この歌《うた》では「孤独《こどく》」をあらわすために使《つか》われていることが新《あたら》しい。

用語解説《ようごかいせつ》
＊知《し》る人《ひと》……親《した》しい友人《ゆうじん》。

和歌《わか》や琴《こと》など多才《たさい》な人物《じんぶつ》

藤原興風《ふじわらのおきかぜ》（生没年不明《せいぼつねんふめい》）

日本最古《にほんさいこ》の歌学書《かがくしょ》『歌経標式《かきょうひょうしき》』の著者《ちょしゃ》である藤原浜成《ふじわらのはまなり》のひ孫《まご》で藤原道成《ふじわらのみちなり》の息子《むすこ》。『古今和歌集《こきんわかしゅう》』時代《じだい》の代表的《だいひょうてき》歌人《かじん》で、三十六歌仙《さんじゅうろっかせん》▼15ページの一人《ひとり》。家集《かしゅう》に『興風集《おきかぜしゅう》』がある。琴《こと》の名手《めいしゅ》でもあった。

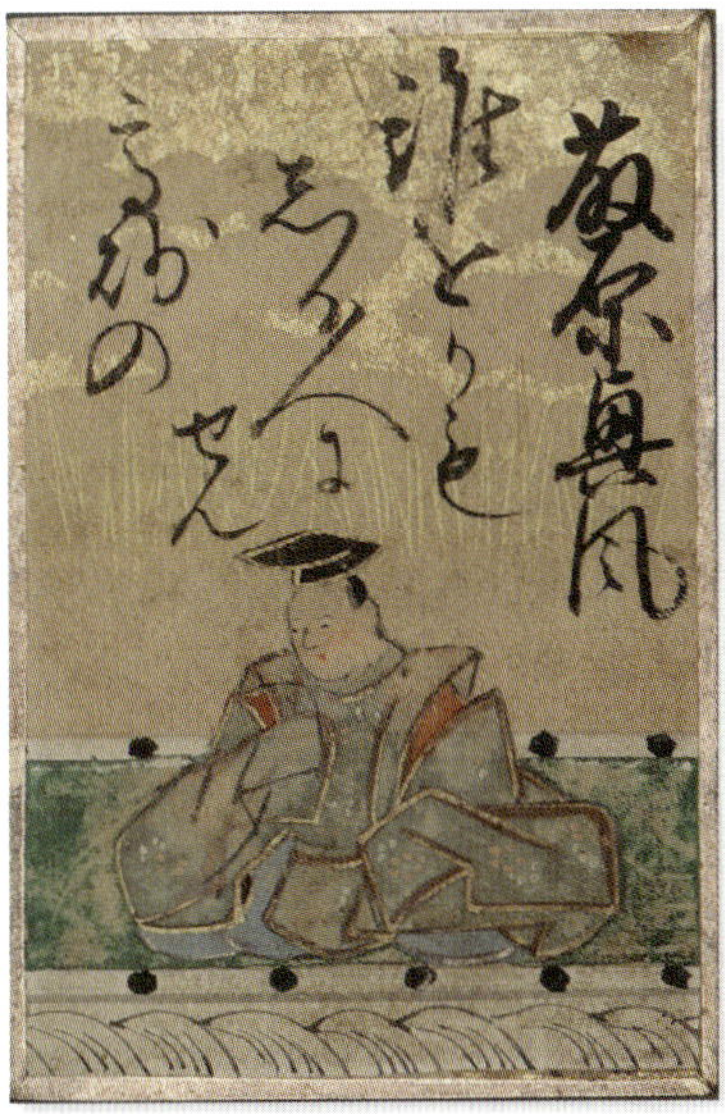

マンガで読む！

藤原興風《ふじわらのおきかぜ》です
私《わたし》の家集《かしゅう》『興風集《おきかぜしゅう》』があり歌人《かじん》として有名《ゆうめい》じゃ
琴《こと》の名手《めいしゅ》じゃ…
しかし…長生《ながい》きすればするほど親《した》しい友《とも》はみんな次々《つぎつぎ》と亡《な》くなっていく
お前《まえ》は昔《むかし》からいるが話《はな》し相手《あいて》にはならんなぁ…
話《はな》せません…
私《わたし》はこの気持《きも》ちをだれに語《かた》ればよいのだろう
ごめんね…
そうじゃ歌《うた》にしよう

人《ひと》はいさ　心《こころ》もしらず　ふるさとは　花《はな》ぞ〈そ〉昔《むかし》の　香《か》ににほ（お）ひ（い）ける

出典《しゅってん》 ▼6ページ
古今和歌集《こきんわかしゅう》　42番《ばん》

決《き》まり字《じ》 ▼26ページ
③ひ ②と ①は

この歌《うた》の内容《ないよう》

あなたの心《こころ》はかわったかもしれないけれど、ふるさとの奈良《なら》では梅《うめ》の花《はな》が昔《むかし》のままに香《かお》りをただよわせて咲《さ》いている。

この歌《うた》の場面《ばめん》は……

久《ひさ》しぶり会《あ》った知人《ちじん》から「ずいぶんごぶさただね」といわれた作者《さくしゃ》が、「人《ひと》の心《こころ》はかわりやすいというけれど、私《わたし》の気持《きも》ちはこの梅《うめ》▼21ページの花《はな》のようにかわらない」と詠《よ》んだ歌《うた》。これを受《う》けて、知人《ちじん》も「花《はな》が同《おな》じ心《こころ》で咲《さ》くならば、それを植《う》えた私《わたし》の心《こころ》も同《おな》じだ」と歌《うた》を返《かえ》した。

用語解説《ようごかいせつ》

＊人《ひと》はいさ……下《した》に「知《し》らず」で受《う》けて、「人《ひと》の心《こころ》はさあ、どうだろうか」の意味《いみ》になる。

＊ふるさと……なじみの土地《とち》。昔《むかし》の都《みやこ》をさす場合《ばあい》にも使《つか》われる。ここでは奈良《なら》をさす。

＊香《か》ににほひ……梅《うめ》の花《はな》が香《かお》っている様子《ようす》。「にほふ」だけなら、美《うつく》しく咲《さ》く様子《ようす》をあらわす。

文才《ぶんさい》あふれる当代一《とうだいいち》の歌人《かじん》

紀貫之《きのつらゆき》（868?～946?年《ねん》）

『古今和歌集《こきんわかしゅう》』の撰者《せんじゃ》の中心人物《ちゅうしんじんぶつ》で、はじまりの文《ぶん》である序文《じょぶん》を仮名文字《かなもじ》で書《か》いた。土佐守《とさのかみ》（今《いま》でいう高知県《こうちけん》の役人《やくにん》のトップ）となり、日本最古《にほんさいこ》の日記文学《にっきぶんがく》『土佐日記《とさにっき》』を記《しる》した。三十六歌仙《さんじゅうろっかせん》▼15ページの一人《ひとり》。

関連人物《かんれんじんぶつ》

いとこ
紀友則《きのとものり》 ▶72ページ

マンガで読《よ》む！
紀貫之《きのつらゆき》です
女《おんな》のふりして『土佐日記《とさにっき》』を書《か》きました
今《いま》の高知県《こうちけん》から京都《きょうと》に帰《かえ》るまでの日記《にっき》だよ
これはなじみの宿《やど》に久《ひさ》しぶりに泊《と》まったときのこと…
ずいぶんとごぶさたですね
…この宿《やど》も梅《うめ》の花《はな》のにおいもたしかに昔《むかし》からかわりません…
でも人《ひと》の心《こころ》までそうとは限《かぎ》らないみたいだ
こりゃ一本《いっぽん》とられた
これあげる
と相手《あいて》に送《おく》った歌《うた》なのです

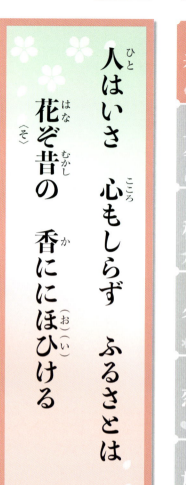

夏《なつ》の夜《よ》は　まだ宵《よい》［よひ］ながら　あけぬるを
雲《くも》のいづ（ず）〈つ〉こに　月宿《つきやど》〈やと〉るらむ（ん）

出典《しゅってん》 ▼6ページ
古今和歌集《こきんわかしゅう》166番《ばん》

決《き》まり字《じ》 ▼26ページ
8 - なつ
1 - つ

この歌《うた》の内容《ないよう》

夏《なつ》の夜《よる》はとても短《みじか》くて、まだ宵《よい》の口《くち》だと思《おも》っているうちに、もう翌日《よくじつ》になってしまった。あの月《つき》は雲《くも》のどこに宿《やど》るのだろうか。

この歌《うた》の場面《ばめん》は……

夏《なつ》は夜《よる》が短《みじか》いので、月《つき》がゆっくり西《にし》の空《そら》に行《い》く間《ま》もない。「西《にし》の空《そら》までたどり着《つ》けなかった月《つき》は、どこへ行《い》った？」と、作者《さくしゃ》は月《つき》を人《ひと》にたとえている（擬人法《ぎじんほう》 ▼9ページ）。月《つき》を詠《よ》んだ歌《うた》は秋《あき》が多《おお》いが、この歌《うた》は夏《なつ》。電気《でんき》のない昔《むかし》の人《ひと》は、現代人《げんだいじん》より夜《よる》の長《なが》さに敏感《びんかん》だったのだろう。

用語解説《ようごかいせつ》
＊宵《よい》……夜《よる》になって間《ま》もないころ。
＊あけぬる……夜《よる》が明《あ》けるの意味《いみ》ではなく、「午前三時《ごぜんじ》をすぎて、翌日《よくじつ》になる」の意味《いみ》。
＊いづこ……どこに。

清少納言《せいしょうなごん》の曽祖父《そうそふ》
清原深養父《きよはらのふかやぶ》
（生没年不明《せいぼつねんふめい》）

歌人《かじん》の清原元輔《きよはらのもとすけ》の祖父《そふ》で、『枕草子《まくらのそうし》』の作者《さくしゃ》である清少納言《せいしょうなごん》の曽祖父《そうそふ》。本人《ほんにん》も平安時代初期《へいあんじだいしょき》を代表《だいひょう》する歌人《かじん》で、紀貫之《きのつらゆき》 ▼74ページ らと親交《しんこう》が深《ふか》かった。琴《こと》の名手《めいしゅ》でもあった。

関連人物《かんれんじんぶつ》

孫《まご》 清原元輔《きよはらのもとすけ》 ▶81ページ

ひ孫《まご》 清少納言《せいしょうなごん》 ▶101ページ

マンガで読《よ》む！

清原深養父《きよはらのふかやぶ》です
清原元輔《きよはらのもとすけ》の祖父《そふ》で清少納言《せいしょうなごん》の曽祖父《そうそふ》にあたります
琴《こと》の名手《めいしゅ》でもあるんだ
夏《なつ》の夜《よる》はあっという間《ま》だ
楽《たの》しく話《はな》していたのに
もう日《ひ》がかわった!?
さっきまで月《つき》が見《み》えていたのに…
ねー
月《つき》はどこに隠《かく》れてしまったのだろう

白露《しらつゆ》に　風《かぜ》の吹《ふ》きしく　秋《あき》の野《の》は
つらぬきとめぬ　玉《たま》ぞ〈そ〉散《ち》りける

出典《しゅってん》
▼6ページ
後撰和歌集《ごせんわかしゅう》　308番《ばん》

決《き》まり字《じ》
▼26ページ
② しら
① ら

この歌《うた》の内容《ないよう》

葉《は》の上《うえ》におりた美《うつく》しい白露《しらつゆ》に、風《かぜ》がふきつける秋《あき》の野《の》。白露《しらつゆ》が風《かぜ》でちってゆく様子《ようす》は、まるで糸《いと》を通《とお》していない玉《たま》を、ぱあっとちらしたようだなあ。

この歌《うた》の場面《ばめん》は……

秋《あき》の早朝《そうちょう》、葉《は》っぱの上《うえ》でキラキラ輝《かがや》く露《つゆ》の玉《たま》を見《み》た作者《さくしゃ》。そのとき、さっと風《かぜ》がふき、あたりの露《つゆ》をちらしていった。まるで真珠《しんじゅ》が飛《と》びちるようで、作者《さくしゃ》は目《め》を見張《みは》っている。一方《いっぽう》で、露《つゆ》は「涙《なみだ》」をイメージさせる。悲《かな》しみの涙《なみだ》を流《なが》す歌《うた》としてとらえることもできる。

用語解説《ようごかいせつ》

＊白露《しらつゆ》……葉《は》っぱの上《うえ》に乗《の》った丸《まる》い露《つゆ》が、白《しろ》く光《ひか》るのをたとえた表現《ひょうげん》。
＊つらぬきとめぬ……糸《いと》を通《とお》して結《むす》んでいないこと。
＊玉《たま》……白露《しらつゆ》を宝石《ほうせき》の玉《たま》(真珠《しんじゅ》)に見立《みた》てている。

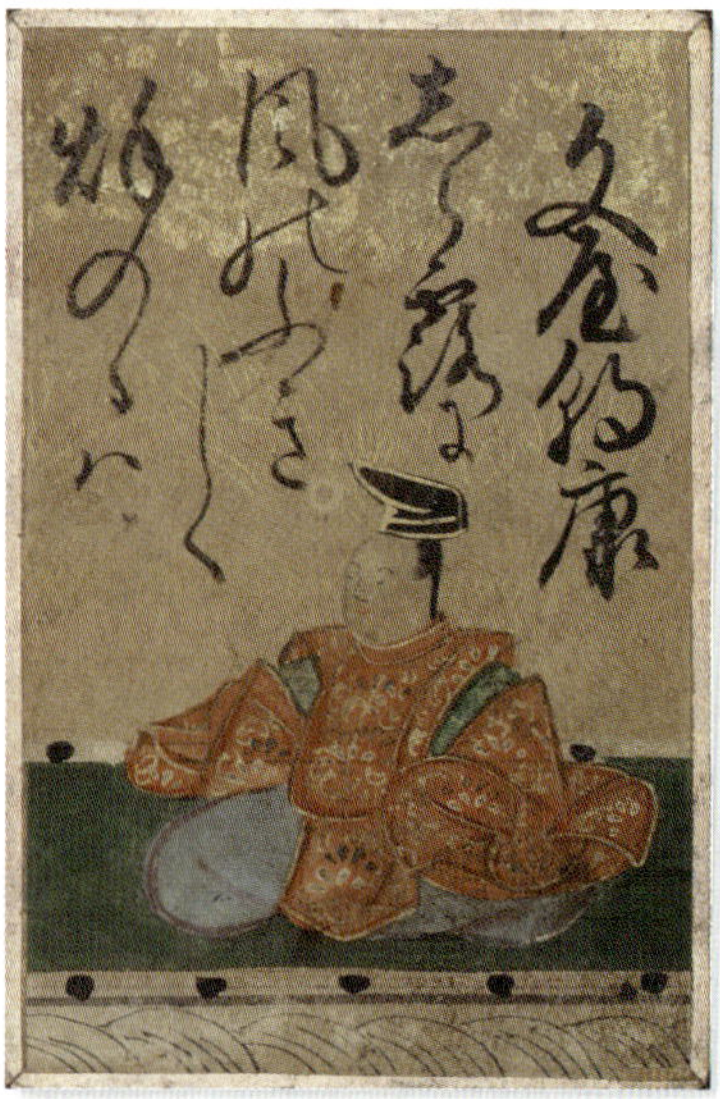

親子《おやこ》そろって和歌《わか》の才能《さいのう》がある

文屋朝康《ふんやのあさやす》（生没年不明《せいぼつねんふめい》）

文屋康秀《ふんやのやすひで》の息子《むすこ》。くわしい経歴《けいれき》は不《ふ》明《めい》だが、官位《かんい》には恵《めぐ》まれなかったらしい。多《おお》くの歌合《うたあわせ》に参加《さんか》するなど、歌人《かじん》としては認《みと》められていた。

関連人物《かんれんじんぶつ》

父《ちち》
文屋康秀《ふんやのやすひで》
▶61ページ

マンガで読《よ》む！

文屋朝康《ふんやのあさやす》です
文屋康秀《ふんやのやすひで》の子《こ》で多《おお》くの歌合《うたあわせ》に参加《さんか》しました
歌《うた》大好《だいす》き！
ある歌合《うたあわせ》で…
何《なに》を詠《よ》もうかな秋《あき》の野原《のはら》かぁ…
秋《あき》の野原《のはら》
草木《くさき》の白露《しらつゆ》は風《かぜ》によってふき飛《と》ばされキラキラと輝《かがや》く…
そうだ!!
まるで糸《いと》に通《とお》して結《むす》ばなかった玉《たま》がちっていくようだ

忘《わす》らるる　身《み》をば思《おも》はず(わ)　誓《ちか》ひて(い)し
人《ひと》の命《いのち》の　惜《お》しくもあるかな

[を]

出典《しゅってん》 ▼6ページ
拾遺和歌集《しゅういわかしゅう》 870番《ばん》

決《き》まり字《じ》 ▼26ページ
⑦ わ
② す
❶ ら

この歌《うた》の内容《ないよう》

あなたに忘《わす》れられるこの身《み》など、何《なん》とも思《おも》わない。ただ、私《わたし》との愛《あい》の約束《やくそく》をやぶったことで、神様《かみさま》のバチがあなたにあたってしまうことが心配《しんぱい》なの。

この歌《うた》の場面《ばめん》は……

愛《あい》をちかった男《おとこ》のうらぎりを詠《よ》んだ歌《うた》。作者《さくしゃ》は、神様《かみさま》が怒《おこ》って男《おとこ》の命《いのち》をうばってしまうだろうと心配《しんぱい》している。あるいは、自分《じぶん》を捨《す》てた男《おとこ》に「きっとバチがあたるわよ!」と意地悪《いじわる》くいっている歌《うた》かもしれない。男《おとこ》は、当時《とうじ》プレイボーイとして有名《ゆうめい》だった権中納言敦忠《ごんちゅうなごんあつただ》(藤原敦忠《ふじわらのあつただ》) ▼82ページ といわれている。

用語解説《ようごかいせつ》

*身《み》をば思《おも》はず……「身《み》」は自分自身《じぶんじしん》。「私《わたし》のことはどうでもいい」の意味《いみ》。

*誓《ちか》ひ……神《かみ》にちかうこと。ここでは、永遠《えいえん》の愛《あい》のちかい。

平安中期《へいあんちゅうき》の女流歌人《じょりゅうかじん》

右近《うこん》 (生没年不明《せいぼつねんふめい》)

醍醐天皇《だいごてんのう》の中宮穏子《ちゅうぐうおんし》に女房《にょうぼう》として仕《つか》えた。歌人《かじん》としては、村上天皇《むらかみてんのう》の時代《じだい》(九四六~九六七年《ねん》)に活躍《かつやく》した。右近《うこん》というよび名《な》は、父《ちち》の右近衛少将藤原季縄《うこんえのしょうしょうふじわらのすえただ》の役職《やくしょく》から。

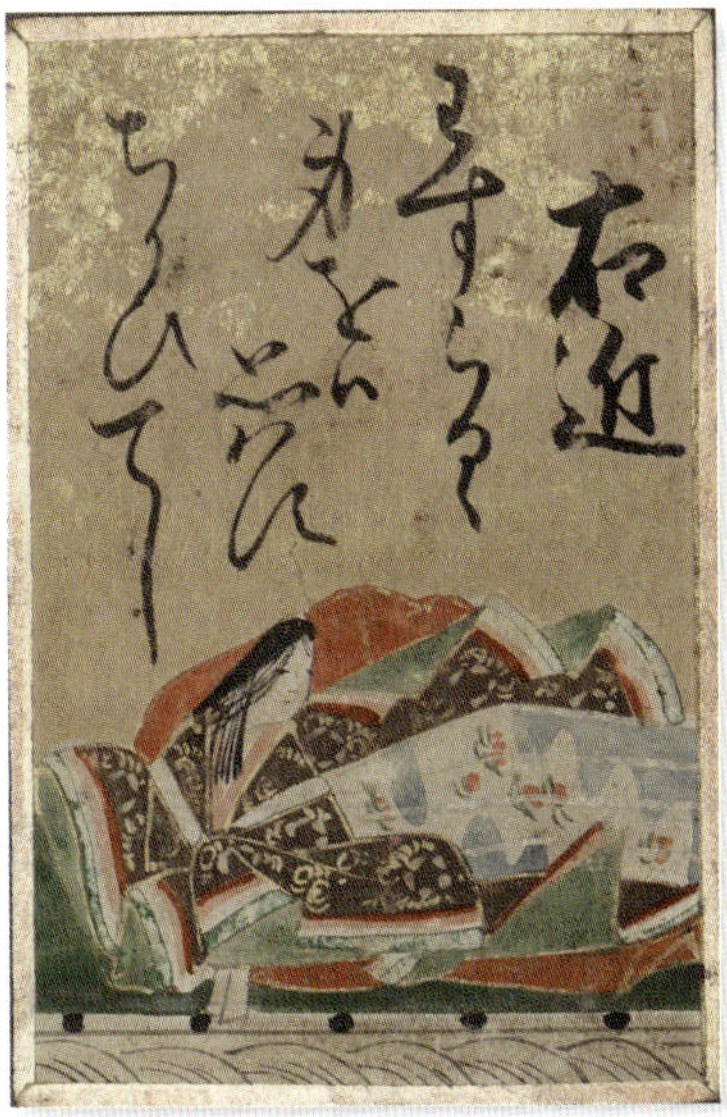
右近

マンガで読《よ》む!
右近《うこん》です
お父《とう》さまが右近衛少将《うこんえのしょうしょう》で私自身《わたくしじしん》は帝《みかど》のお后《きさき》に仕《つか》えてますの
恋人《こいびと》にふられたときの歌《うた》ですの
いっておきますけどいつもはこちらからふるほうが多《おお》いのよ
カキカキ
私《わたくし》があなたに忘《わす》れられることは別《べつ》にいいのです
でも、あなた…愛《あい》を神《かみ》にちかいましたよね?
いつかは終《お》わるものだし
神《かみ》へのちかいをやぶってただですむかしら…
くっくっく
天罰《てんばつ》で死《し》んじゃうかも~気《き》の毒《どく》~~~
かなしいわ

浅茅生《あさじう》[ぢ][ふ]の 小野《おの》[を]の篠原《しのはら》 しのぶれど あまりてなど〈と〉か 人《ひと》の恋《こい》[こひ]しき

出典《しゅってん》 ▼6ページ
後撰和歌集《ごせんわかしゅう》 577番《ばん》

決まり字《じ》 ▼26ページ
あさぢ《じ》
16 3 1

この歌《うた》の内容《ないよう》

浅茅《あさじ》(ちがややすすき)が生《は》えている小野《おの》の篠原《しのはら》の「しの」ではないが、耐《た》え忍《しの》んでも忍《しの》びきれないほどに、どうしてこんなにもあなたが恋《こい》しいのだろう。

この歌《うた》の場面《ばめん》は……

おさえても、あふれ出《で》てくる恋心《こいごころ》を詠《よ》んだ歌《うた》。『古今和歌集《こきんわかしゅう》』にあるよみ人知《びとし》らずの歌《うた》「浅茅生《あさじう》の小野《おの》の篠原《しのはら》しのぶとも人知《ひとし》るらめやいふ人《ひと》なしに」という歌《うた》をもとにしている。有名《ゆうめい》な歌《うた》の一部《いちぶ》をまねする本歌取《ほんかど》り ▼8ページ だという説《せつ》と、上《かみ》の句《く》がそっくりなので盗作《とうさく》だという説《せつ》がある。

用語解説《ようごかいせつ》

＊篠原《しのはら》……細《ほそ》く背《せ》の低《ひく》い篠竹《しのだけ》 ▼21ページ や浅茅《あさじ》が生《は》えた原《はら》っぱ。「浅茅生《あさじう》の小野《おの》の篠原《しのはら》」は「しの」をみちびく序詞《じょことば》 ▼9ページ。

＊しのぶ……耐《た》え忍《しの》ぶ、がまんすること。

＊あまりて……「あまる」は、気持《きも》ちが強《つよ》すぎて、あふれるの意味《いみ》。

遅咲《おそざ》きの歌人《かじん》

参議等《さんぎひとし》 (880〜951年《ねん》)

本名《ほんみょう》は源等《みなもとのひとし》。嵯峨天皇《さがてんのう》のひ孫《まご》。出世《しゅっせ》は遅《おそ》く、五十歳《さい》をすぎてから参議《さんぎ》になった。歌《うた》は『後撰和歌集《ごせんわかしゅう》』にある四首《しゅ》しか残《のこ》っていない。歌人《かじん》としての活躍《かつやく》は不明《ふめい》。

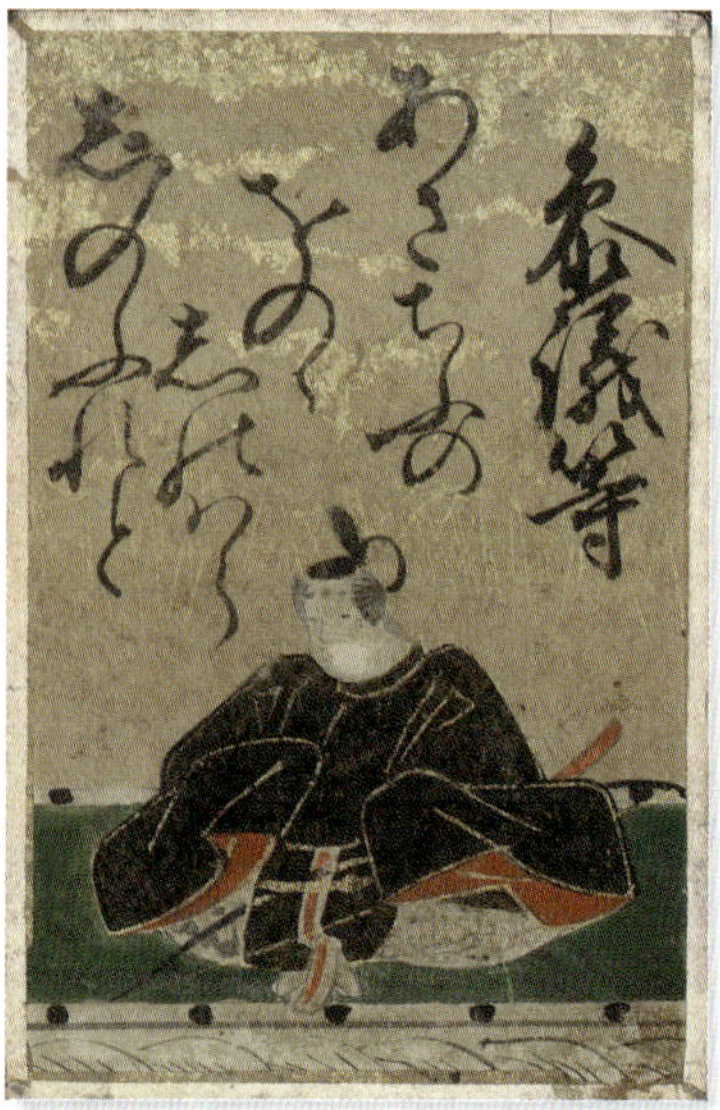

マンガで読《よ》む!

参議等《さんぎひとし》です
え〜っと… 天皇《てんのう》のひ孫《まご》ですが あんまりパッとしない経歴《けいれき》で… なんか地味《じみ》ですんません
ジミーってよんでね
歌《うた》もちょっと地味《じみ》かも…
小野《おの》の篠原《しのはら》って篠竹《しのだけ》の野原《のはら》ではじまるし…
オー OH! NO!
花《はな》とか咲《さ》いてないしっ
じ〜〜
篠原《しのはら》の「しの」と忍《しの》ぶの「しの」ってダジャレも地味《じみ》…
それでも忍《しの》んでも忍《しの》びきれない恋心《こいごころ》… なんでこんなに恋《こい》しいのか
これでも苦悩《くのう》している顔《かお》…

忍《しのぶ》れど　色《いろ》に出《い》でにけり　わが恋《こい》［こひ］は
ものや思《おも》ふ《（う）》と　人《ひと》の問《と》ふ《（う）》まで〈て〉

出典《しゅってん》 ▼6ページ
拾遺和歌集《しゅういわかしゅう》 622番《ばん》

決《き》まり字《じ》 ▼26ページ
②ーしの
①ーの

この歌《うた》の内容《ないよう》

だれにも知《し》られないようにと隠《かく》してきたのに、とうとうこらえきれず顔《かお》に出《で》てしまったみたい。「だれか気《き》になる人《ひと》がいるの?」と人《ひと》が聞《き》いてくるほどに。

この歌《うた》の場面《ばめん》は……

隠《かく》せば隠《かく》すほど表情《ひょうじょう》に出《で》てしまう、初恋《はつこい》の純粋《じゅんすい》さやかわいらしさを詠《よ》んだ歌《うた》。九六〇年《ねん》におこなわれた天徳内裏歌合《てんとくだいりうたあわせ》で、「恋《こい》」をテーマに詠《よ》まれた。次《つぎ》の壬生忠見《みぶのただみ》の歌《うた》▼80ページと競《きそ》って、こちらが勝《か》った。そのため、二首《しゅ》セットで鑑賞《かんしょう》されることが多《おお》い。

用語解説《ようごかいせつ》
＊忍《しのぶ》れど……人《ひと》に知《し》られないように隠《かく》してきたのに。
＊色《いろ》に出《い》で……顔色《かおいろ》に出《で》てしまうこと。
＊ものや思《おも》ふ……「恋《こい》になやんでいるのか」の意味《いみ》。

多《おお》くの歌合《うたあわせ》で活躍《かつやく》した歌人《かじん》

平兼盛《たいらのかねもり》（?～990年《ねん》）

光孝天皇《こうこうてんのう》▼54ページの子孫《しそん》。皇族《こうぞく》を離《はな》れて、平《たいら》の姓《せい》をもらう。駿河守《するがのかみ》（今《いま》でいう静岡県《しずおかけん》の役人《やくにん》のトップ）などをつとめた。家集《かしゅう》に『兼盛集《かねもりしゅう》』がある。三十六歌仙《さんじゅうろっかせん》▼15ページの一人《ひとり》。

関連人物《かんれんじんぶつ》
祖先《そせん》 光孝天皇《こうこうてんのう》 ▶54ページ
娘《むすめ》 赤染衛門《あかぞめえもん》 ▶98ページ

マンガで読《よ》む!
もとは天皇家《てんのうけ》だったけど今《いま》は平家《へいけ》です
平兼盛《たいらのかねもり》です
えっへん♪
和歌《わか》のコンクールで勝《か》った歌《うた》をどうぞ
だれにもいわず心《こころ》の中《なか》だけで
恋《こい》をしていたのに…
!
むふふっ
デレ〜
どうした! 彼女《かのじょ》のことでも考《かんが》えてるのかよっ?
バシッ
顔《かお》に出《で》てた…

恋《こい》すてふ〔こひ〕（ちょう）　わが名《な》はまだき　立《た》ちにけり　人《ひと》知《し》れず〈す〉こそ　思《おも》ひ（い）そめしか

出典《しゅってん》 ▼6ページ
拾遺和歌集《しゅういわかしゅう》 621番《ばん》

決《き》まり字《じ》 ▼26ページ
⑥ こ
❶ ひ（い）

この歌《うた》の内容《ないよう》

私《わたし》が恋《こい》をしたといううわさが、あっという間《ま》に広《ひろ》まってしまった。だれにも知《し》られないよう心《こころ》の中《なか》だけで、ひっそりとあの人《ひと》を思《おも》いはじめたのに。

この歌《うた》の場面《ばめん》は……

芽《め》ばえたばかりの恋《こい》のドキドキを、複雑《ふくざつ》な技法《ぎほう》を使《つか》わず、素《す》直《なお》に詠《よ》んでいる。平兼盛《たいらのかねもり》 ▼79ページ に天徳内裏歌合《てんとくだいりうたあわせ》では負《ま》けてしまったが、よくできた作品《さくひん》なので百人一首《ひゃくにんいっしゅ》に選《えら》ばれた。ちなみに、忠見《ただみ》はこの歌《うた》で負《ま》けたショックによって、病死《びょうし》したといわれている。

用語解説《ようごかいせつ》

＊てふ……「といふ」を短《みじか》くしたもの。
＊まだき……まだそんな時期《じき》ではないのに、早《はや》くもの意味《いみ》。
＊立《た》ちにけり……うわさがたってしまった。

平兼盛《たいらのかねもり》と歌合《うたあわせ》で対決《たいけつ》

壬生忠見《みぶのただみ》（生没年不明《せいぼつねんふめい》）

壬生忠岑《みぶのただみね》の息子《むすこ》。数多《かずおお》くの歌合《うたあわせ》に参《さん》加《か》したが、官位《かんい》は低《ひく》かった。とくに九五三年以降《ねんいこう》の歌合《うたあわせ》で活躍《かつやく》。平兼盛《たいらのかねもり》とはライバル。三十六歌仙《さんじゅうろっかせん》 ▼15ページ の一人《ひとり》。

壬生忠見
恋すてふ
わか名は
まだき
立ちにけり

関連人物《かんれんじんぶつ》

うた

父《ちち》
壬生忠岑《みぶのただみね》
▶69ページ

マンガで読《よ》む!
三十六歌仙《さんじゅうろっかせん》の一人《ひとり》なんだけど…
ライバルの兼盛《かねもり》に歌合《うたあわせ》で負《ま》けました。
そのときの歌《うた》です
壬生忠見《みぶのただみ》です
はぁ…
?
ザワザワ
…
…
ヒソヒソ
…
恋《こい》してるって
ホント?
恋《こい》らしい
へぇ
なの?
恋《こい》?
恋《こい》だって
もうバレてる!
うわさになってる!
まだ告白《こくはく》もしてないのに!
早《はや》くない?
ひどい、
わぁぁん

春《はる》 夏《なつ》 秋《あき》 冬《ふゆ》 恋《こい》 旅《たび》 別《わかれ》 雑《ぞう》

契《ちぎ》りきな　かたみに袖《そで》を　しぼりつつ　末《すえ》［すゑ］の松山《まつやま》　浪《なみ》こさじ〈し〉とは

出典《しゅってん》 ▼6ページ
後拾遺和歌集《ごしゅういわかしゅう》
770番《ばん》

決《き》まり字《じ》 ▼26ページ
③ち
②ぎ
②り
①き

この歌《うた》の内容《ないよう》

約束《やくそく》しましたよね。涙《なみだ》でぬれたおたがいの袖《そで》をしぼりながら。末《すえ》の松山《まつやま》を波《なみ》が越《こ》すことがないように、私《わたし》たち二人《ふたり》の愛《あい》も決《けっ》してかわらないと。

この歌《うた》の場面《ばめん》は……

心《こころ》がわりした女性《じょせい》を責《せ》める失恋《しつれん》の歌《うた》。「末《すえ》の松山《まつやま》」は歌枕《うたまくら》▼8・22ページ、宮城県《みやぎけん》の海岸《かいがん》で、絶対波《ぜったいなみ》が越《こ》えないという名所《めいしょ》。ありえないことに使《つか》われるが、実際《じっさい》には八六八年《ねん》の大津波《おおつなみ》で、末《すえ》の松山《まつやま》まで波《なみ》がきたことがある。つまり、「この世《よ》に絶対《ぜったい》はない」という意味《いみ》を連想《れんそう》させるねらいがある。

用語解説《ようごかいせつ》
＊契《ちぎ》りきな……約束《やくそく》しましたね。
＊かたみに……たがいに、かわるがわるに。

和歌《わか》や文才《ぶんさい》に優《すぐ》れた家系《かけい》

清原元輔《きよはらのもとすけ》（908～990年《ねん》）

清原深養父《きよはらのふかやぶ》の孫《まご》で、清少納言《せいしょうなごん》の父《ちち》。地方役人《ちほうやくにん》をいくつもつとめ、最後《さいご》は肥後《ひご》（今《いま》の熊本県《くまもとけん》）で亡《な》くなった。三十六歌仙《さんじゅうろっかせん》▼15ページの一人《ひとり》。

関連人物《かんれんじんぶつ》
祖父《そふ》 清原深養父《きよはらのふかやぶ》 ▶75ページ
娘《むすめ》 清少納言《せいしょうなごん》 ▶101ページ

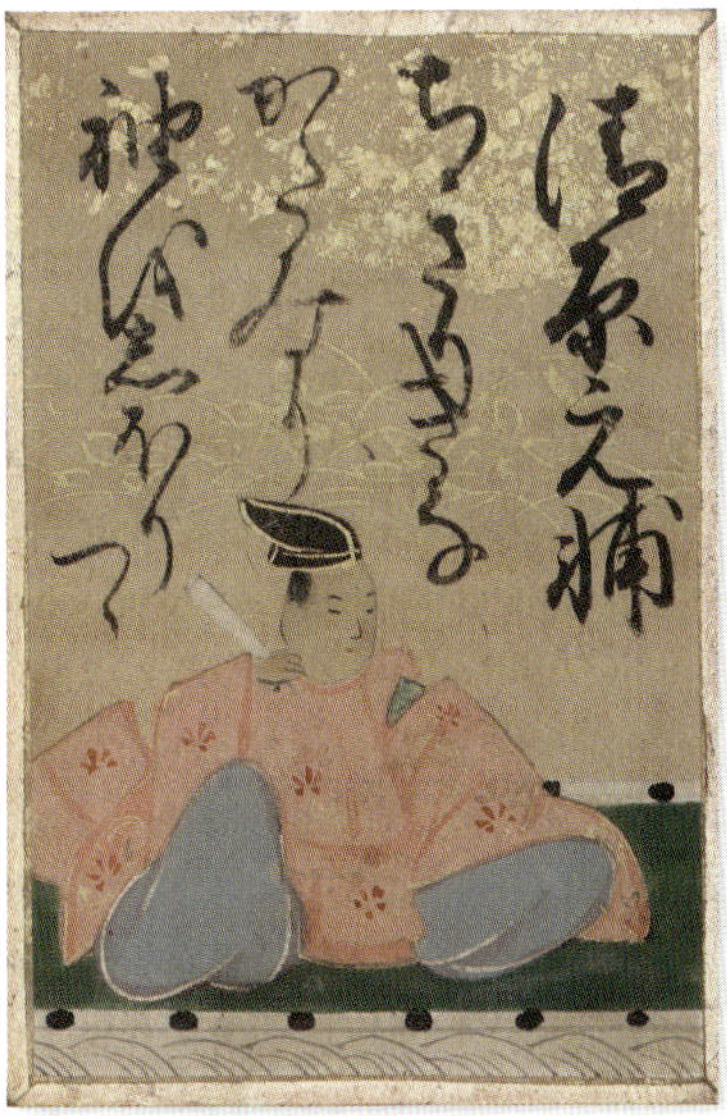
清原元輔
ちきりきなかたみに袖をしほりつゝ

マンガで読《よ》む!
三十六歌仙《さんじゅうろっかせん》に入《はい》ってます
『枕草子《まくらのそうし》』の作者《さくしゃ》 清少納言《せいしょうなごん》は私《わたし》の娘《むすめ》です
清原元輔《きよはらのもとすけ》です
では失恋《しつれん》の歌《うた》を
ザッパーン
どんな大《おお》きな波《なみ》も末《すえ》の松山《まつやま》は決《けっ》して越《こ》えられないし何《なに》があっても二人《ふたり》の愛《あい》は決《けっ》してかわらないわ!
…って涙《なみだ》ながらに約束《やくそく》したよね…
…ウソつき

逢《あ》ひ《(い)》見《み》ての　後《のち》の心《こころ》に　くらぶれば
昔《むかし》はものを　思《おも》は《(わ)》ざ《〈さ〉》りけり

出典《しゅってん》 ▼6ページ
拾遺和歌集《しゅういわかしゅう》 710番《ばん》

決《き》まり字《じ》 ▼26ページ
16－あ
1－ひ《(い)》

この歌《うた》の内容《ないよう》

あなたに会《あ》ってしまったあとの、この恋《こい》しい思《おも》いに比《くら》べれば、それまでの恋《こい》のなやみなんて大《たい》したことないものだったのだなあ。

この歌《うた》の場面《ばめん》は……

当時《とうじ》の男女《だんじょ》の習《なら》わしでは、男性《だんせい》が女性《じょせい》の家《いえ》を訪《たず》ね、一夜《いちや》をともにした。そして、初《はじ》めての夜《よる》をすごした翌朝《よくあさ》は、男性《だんせい》から女性《じょせい》に歌《うた》(後朝《きぬぎぬ》の歌《うた》)を贈《おく》った。この歌《うた》は、敦忠《あつただ》から恋人《こいびと》の女性《じょせい》に贈《おく》った後朝《きぬぎぬ》の歌《うた》。「結《むす》ばれてからのほうが、もっと恋《こい》しい」といっている。

用語解説《ようごかいせつ》
＊逢《あ》ひ見《み》ての……男女《だんじょ》が初《はじ》めて一夜《いちや》をともにすごすこと。
＊思《おも》はざりけり……「何《なに》も考《かん》えていないようなものだった」の意味《いみ》。

恋《こい》のうわさが絶《た》えない
権中納言敦忠《ごんちゅうなごんあつただ》
(906～943年《ねん》)

本名《ほんみょう》は藤原敦忠《ふじわらのあつただ》。藤原時平《ふじわらのときひら》の息子《むすこ》。母《はは》は色男《いろおとこ》の在原業平朝臣《ありわらのなりひらあそん》(在原業平《ありわらのなりひら》)の孫《まご》で、ひ孫《まご》の敦忠《あつただ》も恋《こい》のうわさが絶《た》えなかった。右近《うこん》▼77ページの恋人《こいびと》ともいわれている。三十六歌仙《さんじゅうろっかせん》▼15ページの一人《ひとり》。

関連人物《かんれんじんぶつ》
曽祖父《そうそふ》
在原業平朝臣《ありわらのなりひらあそん》
▶56ページ

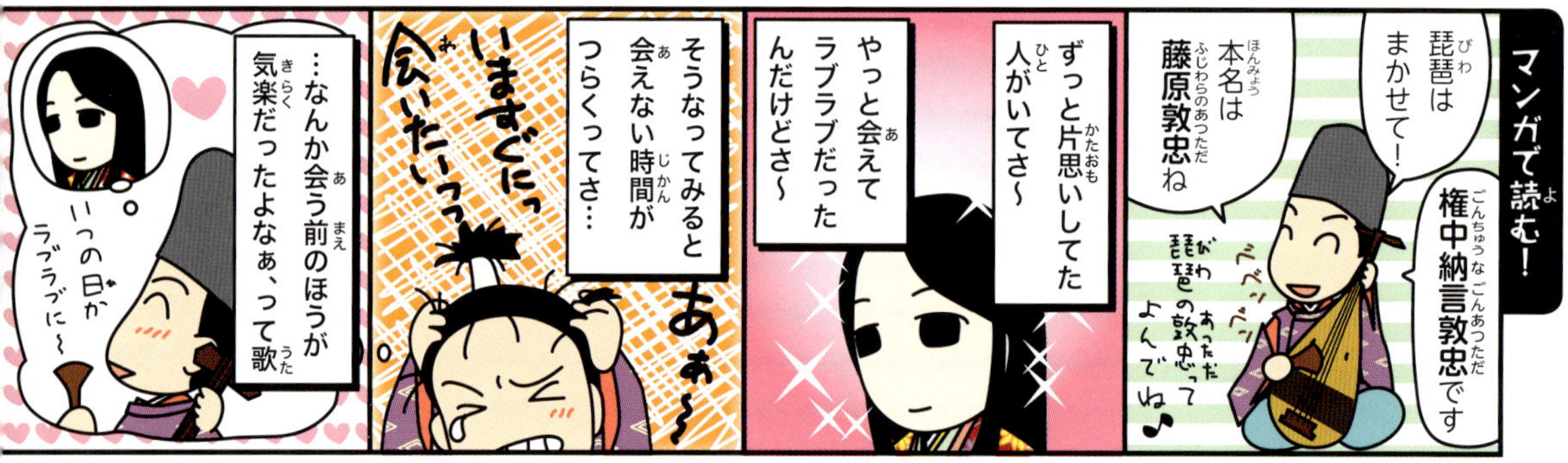
マンガで読《よ》む!
権中納言敦忠《ごんちゅうなごんあつただ》です
琵琶《びわ》はまかせて!
本名《ほんみょう》は藤原敦忠《ふじわらのあつただ》ね
琵琶《びわ》の敦忠《あつただ》ってよんでね♪
ベベン ベン
ずっと片思《かたおも》いしてた人《ひと》がいてさ～
やっと会《あ》えてラブラブだったんだけどさ～
そうなってみると会《あ》えない時間《じかん》がつらくってさ…
いますぐにっ会《あ》いたいっっ
あぁ～
…なんか会《あ》う前《まえ》のほうが気楽《きらく》だったよなぁ、って歌《うた》
いつの日かラブラブに～

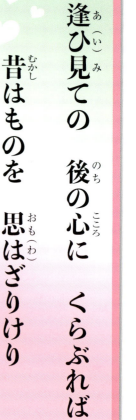

[あ]

逢《お》ふ《（お）》ことの　絶《た》えてしなくは　なかなかに
人《ひと》をも身《み》をも　恨《うら》みざ〈さ〉らまし

出典《しゅってん》 ▼6ページ
拾遺和歌集《しゅういわかしゅう》678番《ばん》

決《き》まり字《じ》 ▼26ページ
⑦あ ③ふ《（お）》 ①こ

この歌《うた》の内容《ないよう》

もし会《あ》うことがなかったら、こんなふうにあなたの冷《つめ》たさも、私《わたし》のつらさも、うらまずにすんだだろうに。

この歌《うた》の場面《ばめん》は……

「こんなに苦《くる》しいなら、いっそ出会《であ》わなければよかった」と、思《おも》いどおりにならない恋《こい》をうらむ歌《うた》。歌合《うたあわせ》で詠《よ》まれたもので、現実《げんじつ》ではなく、想像《そうぞう》をふくらませて詠《よ》んだ。初《はじ》めての夜《よる》をすごした翌朝《よくあさ》に贈《おく》る歌《うた》（後朝《きぬぎぬ》の歌《うた》）とする説《せつ》と、一度《いちど》会《あ》ったあと、事《じ》情《じょう》があって会《あ》えない恋《こい》の歌《うた》（逢不逢恋《あいてあわざるこい》）とする説《せつ》がある。

用語解説《ようごかいせつ》

＊なかなかに……かえって。逆《ぎゃく》に。
＊人《ひと》をも身《み》をも……相手《あいて》も自分自身《じぶんじしん》も。

歌《うた》も恋《こい》も上手《じょうず》な貴公子《きこうし》

中納言朝忠《ちゅうなごんあさただ》（910～966年《ねん》）

本名《ほんみょう》は藤原朝忠《ふじわらのあさただ》。三条右大臣《さんじょうのうだいじん》（藤原定方《ふじわらのさだかた》）の息子《むすこ》。右近《うこん》▼77ページとの恋《れん》愛《あい》でも有名《ゆうめい》。和歌《わか》と和楽器《わがっき》の笙《しょう》の名人《めいじん》だった。家集《かしゅう》『朝忠集《あさただしゅう》』がある。三十六《さんじゅうろっ》歌仙《かせん》▼15ページの一人《ひとり》。

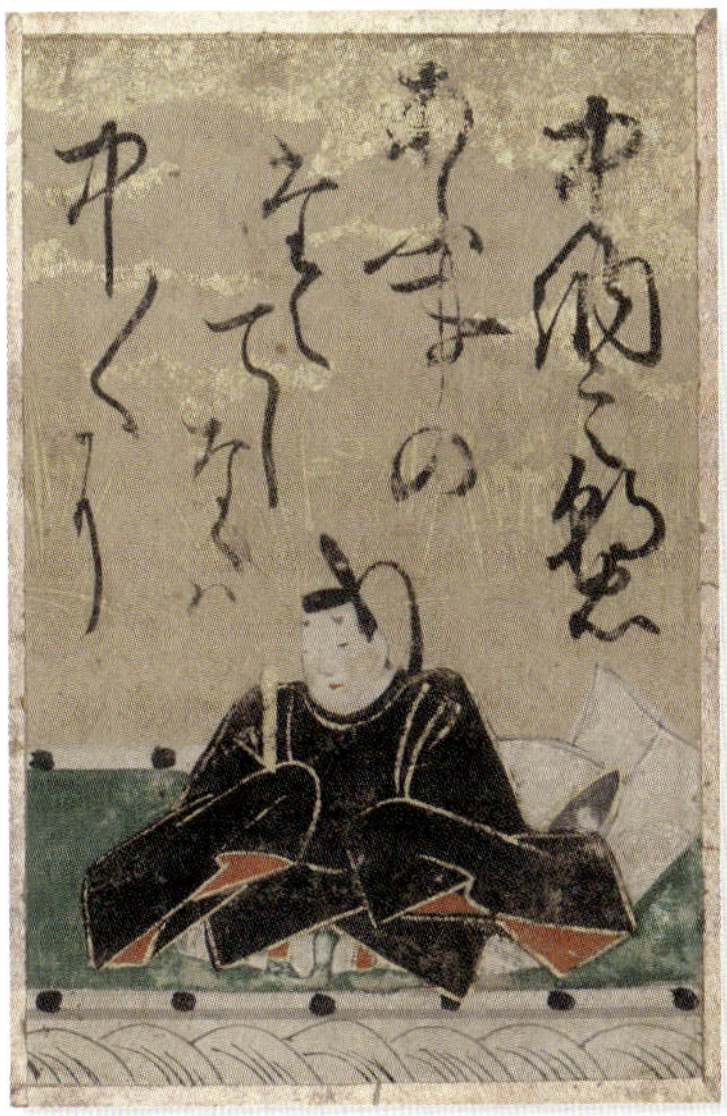

関連人物《かんれんじんぶつ》

父《ちち》
三条右大臣《さんじょうのうだいじん》 ▶64ページ

マンガで読《よ》む！
中納言朝忠《ちゅうなごんあさただ》です
和歌《わか》と楽器《がっき》がかなりイケてて女《おんな》の子《こ》にも人気《にんき》だったりしちゃってるヨ
笙《しょう》
ところでさ恋《こい》ってかけひきのゲームだよね
イケメンポーズ
あなたに冷《つめ》たくされるとツライ
あなたを好《す》きすぎてツライ…
あなたに出会《であ》わなければ
あなたを恋《こい》することも
あなたをうらむことも
なかったのに…
…なんて歌《うた》をもらったら女《おんな》の子《こ》たちも胸《むね》キュンだよね？
ズキューン
どうよ

哀《あわ》〔あは〕れとも　いふ《う》べき人《ひと》は　おもほ《お》えで　身《み》のいたづ《ず》〈つ〉らに　なりぬべ〈へ〉きかな

出典《しゅってん》 ▶6ページ
拾遺和歌集《しゅういわかしゅう》 950番《ばん》

決《き》まり字《じ》 ▶26ページ
16―あ
2―は〈わ〉
1―れ

この歌《うた》の内容《ないよう》

私《わたし》のことをかわいそうだと悲《かな》しんでくれそうな人《ひと》が思《おも》いつかない。きっと私《わたし》は一人《ひとり》で恋《こい》に苦《くる》しみ、死《し》んでいくのだ。

この歌《うた》の場面《ばめん》は……

女《おんな》に捨《す》てられた男《おとこ》の、孤独《こどく》な弱《よわ》い心《こころ》を歌《うた》ったもの。「さびしくて死《し》んでしまいそう」とうったえれば、女性《じょせい》がふり向《む》いてくれるかもしれないと考《かんが》えたのだろう。二句目《くめ》の「人《ひと》」は、広《ひろ》く世間《せけん》の人々《ひとびと》をさす。その裏《うら》で、自分《じぶん》に冷《つめ》たくする女性《じょせい》のこともさしている。

用語解説《ようごかいせつ》
＊おもほえで……思《おも》いあたらないので。思《おも》えないので。
＊いたづら……むだに、はかないの意味《いみ》。ここでは、「死《し》ぬこと」をさしている。
＊ぬべき……きっとそうなるにちがいない。

仕事《しごと》も趣味《しゅみ》もできる美男子《びだんし》

謙徳公《けんとくこう》（924～972年《ねん》）

本名《ほんみょう》は藤原伊尹《ふじわらのこれまさ》（「これただ」とも）。一条摂政《いちじょうせっしょう》と名《な》のることもある。貞信公《ていしんこう》の孫《まご》。藤原義孝《ふじわらのよしたか》の父《ちち》。政治家《せいじか》として優秀《ゆうしゅう》で、くわえてハンサム、和歌《わか》の名手《めいしゅ》としても有名《ゆうめい》。

関連人物《かんれんじんぶつ》

祖父《そふ》 貞信公《ていしんこう》
▶65ページ

息子《むすこ》 藤原義孝《ふじわらのよしたか》
▶89ページ

マンガで読《よ》む！
謙徳公《けんとくこう》…っていうのは死《し》んだあとについた名前《なまえ》でもとは藤原伊尹《ふじわらのこれまさ》です
摂政《せっしょう》にもなりました
自慢《じまん》じゃないけどモテモテ…
でもたまには…
うまくいかない恋《こい》もある…
ガーン
断《ことわ》りの手紙《てがみ》
…だけどだれも同情《どうじょう》してくれないんですよ～
オーマイガッ
…もう死《し》んじゃいそう！

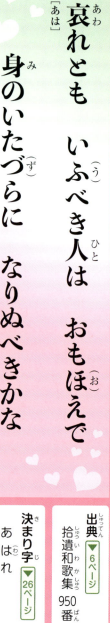

由良《ゆら》の門《と》を　わたる舟人《ふなびと》　かぢ（じ）を絶《た》え
行方《ゆくえ》〔へ〕も知《し》らぬ　恋《こい》〔こひ〕の道《みち》かな

出典《しゅってん》 ▼6ページ
新古今和歌集《しんこきんわかしゅう》1071番《ばん》

決《き》まり字《じ》 ▼26ページ
②ゆ
①ら

この歌《うた》の内容《ないよう》

由良《ゆら》の海峡《かいきょう》を渡《わた》っていく舟人《ふなびと》が、梶尾《かじお》が切《き》れてどうすればよいかわからなくなるように、私《わたし》の恋《こい》の行《ゆ》く末《すえ》もどうなるかわからないのだ。

この歌《うた》の場面《ばめん》は……

舟《ふね》をこぐ櫓《ろ》をつなぐひも（梶尾《かじお》）が切《き》れてコントロールがきかなくなった舟《ふね》は、ゆらゆらと頼《たよ》りない。そんなふうに私《わたし》の恋《こい》もどこへ流《なが》されていくのか。恋《こい》の不安《ふあん》を、波《なみ》にただよう舟《ふね》にたとえて詠《よ》んだ歌《うた》。「由良《ゆら》の門《と》を～かぢを絶《た》え」は序詞《じょことば》 ▼9ページで、自分《じぶん》の意思《いし》ではどうしようもない状況《じょうきょう》を印象《いんしょう》づけている。

用語解説《ようごかいせつ》

＊由良《ゆら》の門《と》……「由良《ゆら》」は歌枕《うたまくら》 ▼8・22ページ、丹後《たんご》（今《いま》の京都府《きょうとふ》）。または紀伊《きい》（今《いま》の和歌山県《わかやまけん》）とも。「門《と》」は流《なが》れの速《はや》い海峡《かいきょう》のこと。

＊かぢを絶《た》え……舟《ふね》をこぐ櫓《ろ》をつないでおくひも（梶緒《かじお》）が切《き》れて。

ちょっと風変《ふうが》わりな歌人《かじん》

曾禰好忠《そねのよしただ》

（生没年不明《せいぼつねんふめい》）

教養《きょうよう》はあるが、招《まね》かれていない宴会《えんかい》に行《い》って追《お》い返《かえ》されるなど、少《すこ》しかわった行動《こうどう》や性格《せいかく》の人《ひと》だったらしい。歌《うた》にも新《あたら》しいテーマや古《ふる》い言葉《ことば》を取《と》り入《い》れた。

八《や》重《え》[へ]葎《むぐら》 しげれる宿《やど》の さびしきに 人《ひと》こそ見《み》えね 秋《あき》は来《き》にけり

出典《しゅってん》 ▼6ページ
拾遺和歌集《しゅういわかしゅう》 140番《ばん》

決《き》まり字《じ》 ▼26ページ
4 や
1 へ（え）

この歌《うた》の内容《ないよう》

つる草《くさ》がびっしりと生《は》えたこの家《いえ》はさびしいので、だれも訪《たず》ねてこないけれど、秋《あき》だけはいつものようにやってきたのだなぁ。

この歌《うた》の場面《ばめん》は……

河原左大臣《かわらのさだいじん》▼53ページが建《た》てた立派《りっぱ》な家《いえ》も、今《いま》は荒《あ》れ放題《ほうだい》。そんな家《いえ》にも、秋《あき》だけは礼儀正《れいぎただ》しくやってくる。「ときとともにかわってしまうもの」と「かわらないもの」が対照的《たいしょうてき》。「葎《むぐら》の宿《やど》」には「男《おとこ》がこない女《おんな》の家《いえ》」の意味《いみ》もある。恋人《こいびと》を待《ま》つ女性《じょせい》の歌《うた》として読《よ》むと、印象《いんしょう》がかわる。

用語解説《ようごかいせつ》
＊八重葎《やへむぐら》……「むぐら」はつる草《くさ》の総称《そうしょう》。「八重《やへ》」はたくさん重《かさ》なること。
＊人《ひと》こそ見《み》えね……だれの姿《すがた》も見《み》えないけれど。

河原院《かわらのいん》に集《つど》う歌人《かじん》

恵慶法師《えぎょうほうし》
（生没年不明《せいぼつねんふめい》）

播磨国《はりまのくに》（今《いま》の兵庫県《ひょうごけん》）の国分寺《こくぶんじ》の講師《こうじ》だった。河原左《かわらのさ》大臣《だいじん》▼53ページのもとに集《あつ》まった歌人《かじん》の一人《ひとり》。平兼《たいらのかね》盛《もり》▼79ページ、源重之《みなもとのしげゆき》▼87ページなどの一流《いちりゅう》歌人《かじん》と交流《こうりゅう》があった。

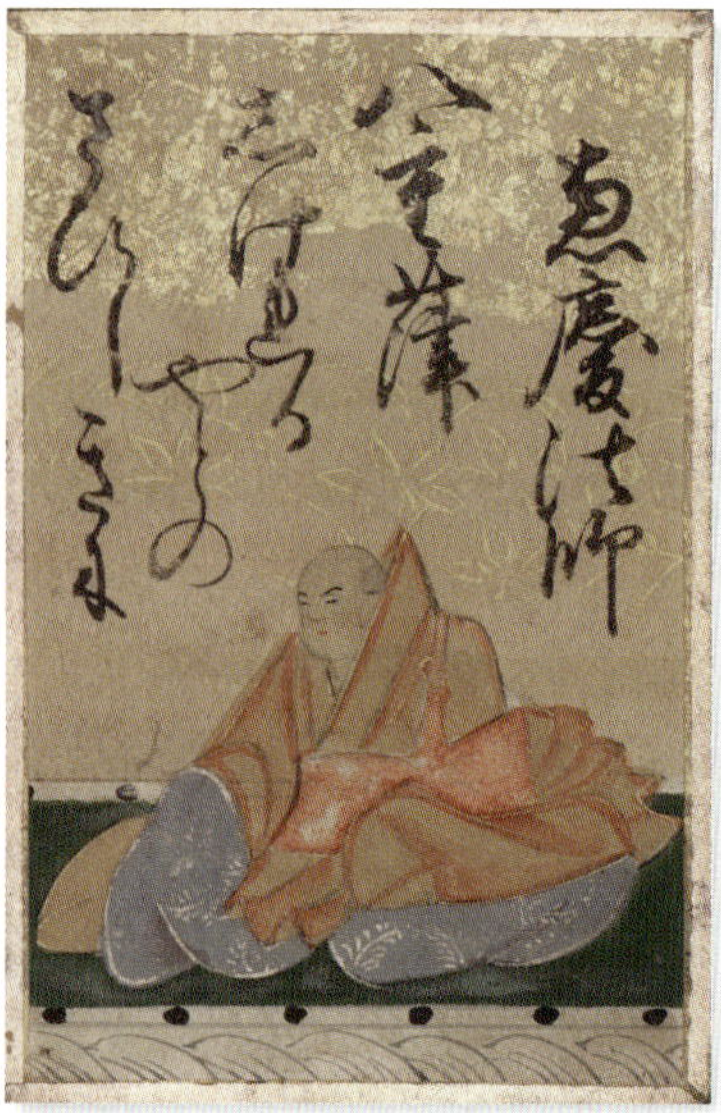

マンガで読《よ》む！
恵慶法師《えぎょうほうし》です
僧侶《そうりょ》です
平兼盛《たいらのかねもり》や源重之《みなもとのしげゆき》と仲《なか》よしなんですよ
これは河原院《かわらのいん》の友人《ゆうじん》の家《いえ》へ行《い》ったときのこと
和歌《わか》を詠《よ》みましょう
いいですね
安法法師《あんぽうほうし》
昔《むかし》はきらびやかだった河原院《かわらのいん》もすっかり葎《むぐら》が生《お》い茂《しげ》っていました
荒《あ》れて古《ふる》くなったこの家《いえ》に人《ひと》はこなくなったけど秋《あき》だけは毎年《まいとし》くるようです
ここもさみしくなりましたね…
じゃな…

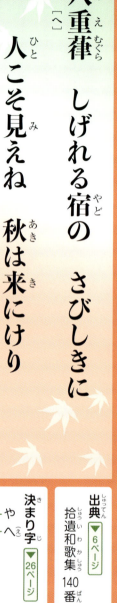

風《かぜ》をいたみ 岩《いわ》［いは］うつ浪《なみ》の おのれのみ くだけて〈た〉ものを 思《おも（う）》ふ頃《ころ》かな

出典《しゅってん》 ▼6ページ
詞花和歌集《しかわかしゅう》 211番《ばん》

決《き》まり字《じ》 ▼26ページ
④―か
②―ぜ
①―を

この歌《うた》の内容《ないよう》

風《かぜ》が激《はげ》しく、岩《いわ》にあたってくだけちる波《なみ》のように、あなたの冷《つめ》たさに私《わたし》の心《こころ》も粉々《こなごな》になるくらい思《おも》いなやんでいる今日《きょう》このごろです。

この歌《うた》の場面《ばめん》は……

岩《いわ》にあたってくだけるしかない波《なみ》と、冷《つめ》たい女性《じょせい》の態度《たいど》にくじけそうになる自分《じぶん》を重《かさ》ねている。最初《さいしょ》からかなうはずのない身分《みぶん》ちがいの片思《かたおも》いだったかもしれない。「いたみ」「なみ」「おのれのみ」と、「み」の音《おと》をくり返《かえ》していて、声《こえ》に出《だ》して読《よ》むと調子《ちょうし》がよい。

用語解説《ようごかいせつ》
＊風《かぜ》をいたみ……風《かぜ》が激《はげ》しいので。
＊思《おも》ふ頃《ころ》……思《おも》いなやむこのごろの意味《いみ》。百人一首《ひゃくにんいっしゅ》には「ものを思《おも》ふ」歌《うた》が多《おお》い。

旅《たび》の歌《うた》を多《おお》く詠《よ》んだ歌人《かじん》
源《みなもとの》重之《しげゆき》 （?～1000?年《ねん》）

清和天皇《せいわてんのう》のひ孫《まご》。地方役人《ちほうやくにん》をつとめ、旅《たび》の歌《うた》を多《おお》く残《のこ》した。平兼盛《たいらのかねもり》▼79ページ、恵慶法師《えぎょうほうし》▼86ページ、藤原実方朝臣《ふじわらのさねかたあそん》▼90ページらと交流《こうりゅう》があった。家集《かしゅう》に『重之集《しげゆきしゅう》』がある。六十歳《さい》ごろ陸奥国《むつのくに》（今《いま》の青森県《あおもりけん》）で亡《な》くなったか。三十六歌仙《さんじゅうろっかせん》▼15ページの一人《ひとり》。

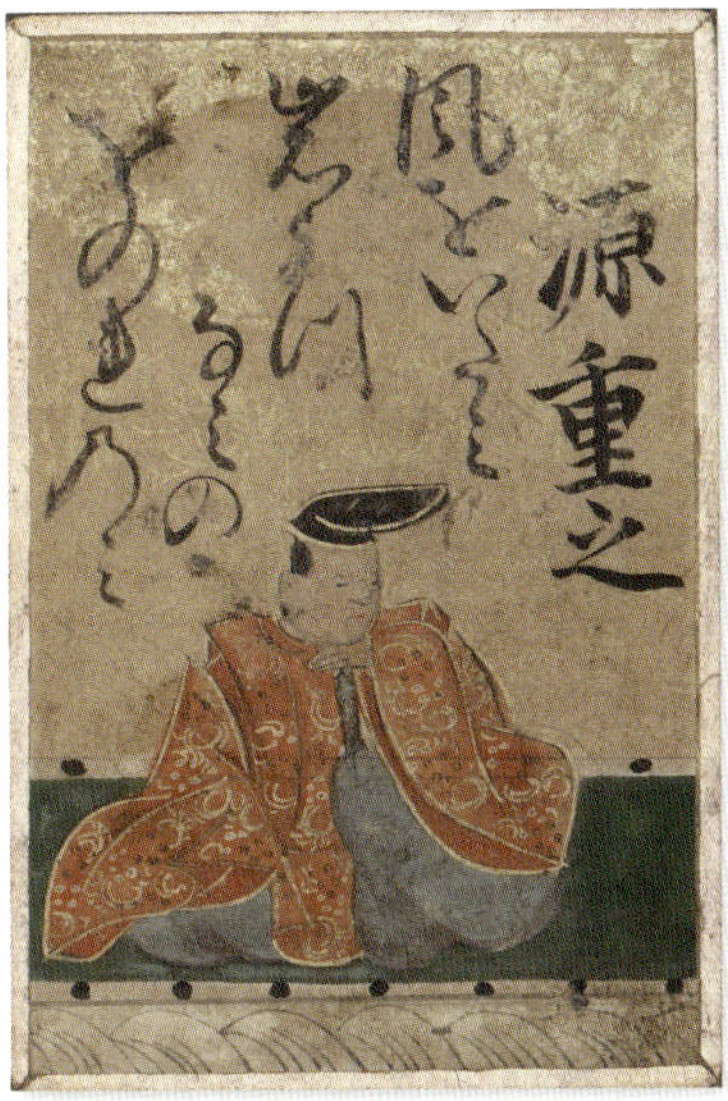
源重之

マンガで読《よ》む！

田舎《いなか》の役人《やくにん》で旅《たび》をして歌《うた》をたくさんつくりました
源重之《みなもとのしげゆき》です
でもこれは恋《こい》の歌《うた》です
恋《こい》をするなら岩《いわ》にぶつかる波《なみ》のように…
ザッパーン
あたってくだけろっ
ドドド
ドドド
!
バーン
エエーッ
そんな〜，
ヒョイ

御垣守《みかきもり》 衛《え》〔ゑ〕士《じ》のたく火《ひ》の 夜《よる》はもえ 昼《ひる》は消《き》えつつ ものをこそ思《おも》へ（え）

出典《しゅってん》 ▼6ページ
詞花和歌集《しかわかしゅう》 225番《ばん》

決《き》まり字《じ》 ▼26ページ
⑤み ②か ①き

伊勢神宮《いせじんぐう》で一番偉《いちばんえら》い神官《しんかん》

大中臣能宣朝臣《おおなかとみのよしのぶあそん》（921～991年《ねん》）

伊勢神宮《いせじんぐう》の祭主《さいしゅ》（最高責任者《さいこうせきにんしゃ》）。伊勢大輔《いせのたいふ》の祖父《そふ》。有名《ゆうめい》な歌人《かじん》で、『万葉集《まんようしゅう》』の訓読《くんどく》や『後撰和歌集《ごせんわかしゅう》』の制作《せいさく》にかかわった。三十六歌仙《さんじゅうろっかせん》の一人《ひとり》。▼15ページ

関連人物《かんれんじんぶつ》
孫《まご》 伊勢大輔《いせのたいふ》 ▶100ページ

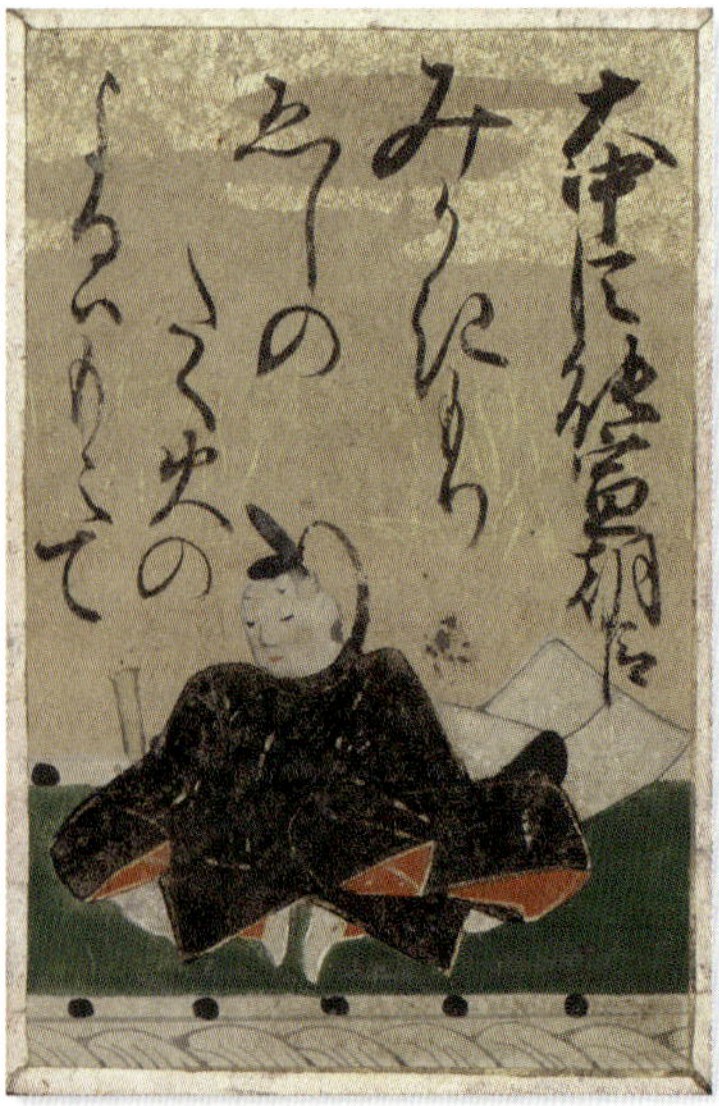

この歌《うた》の内容《ないよう》

宮中《きゅうちゅう》の門番《もんばん》がたくかがり火《び》が、夜《よる》は燃《も》えて昼《ひる》になると消《き》えているように、私《わたし》の恋心《こいごころ》も、夜《よる》はやけどするほど熱《あつ》く、昼《ひる》は魂《たましい》が消《き》えそうなほど気持《きも》ちがしずむ。

この歌《うた》の場面《ばめん》は……

朝《あさ》も夜《よる》も一日中《にちじゅう》、恋《こい》しい人《ひと》を思《おも》う気持《きも》ちを詠《よ》んだ歌《うた》。恋人《こいびと》に会《あ》える夜《よる》は燃《も》え上《あ》がり、会《あ》えない昼間《ひるま》は気持《きも》ちがしずむ、その浮《う》きしずみする心《こころ》を、宮中《きゅうちゅう》の警護《けいご》をする衛士《えじ》のたく火《ひ》にたとえた。「夜《よる》」と「昼《ひる》」、「燃《も》え」と「消《き》え」と対応《たいおう》する語句《ごく》を並《なら》べて印象《いんしょう》を強《つよ》める対句表現《ついくひょうげん》をもちいている。本当《ほんとう》は別《べつ》の人《ひと》が詠《よ》んだ歌《うた》だが、作者《さくしゃ》の作《さく》とまちがって伝《つた》わったらしい。

用語解説《ようごかいせつ》

＊御垣守《みかきもり》……宮中《きゅうちゅう》の門《もん》を守《まも》る警備員《けいびいん》。
＊衛士《えじ》……地方《ちほう》から集《あつ》められた兵士《へいし》で、宮中《きゅうちゅう》の夜《よる》の見張《みは》りをする。

マンガで読《よ》む！
大中臣能宣朝臣《おおなかとみのよしのぶあそん》です
先祖代々《せんぞだいだい》伊勢神宮《いせじんぐう》の神官《しんかん》だけど恋《こい》の歌《うた》も詠《よ》むよ
なんか恋《こい》ってさ
ゴォォォォ
夜《よる》は燃《も》えて
昼《ひる》は消《き》えちゃう
まっしろな灰《はい》
門番《もんばん》のかがり火《び》みたいなもんだと思《おも》うんだ
コレ
うんうん

君《きみ》がため　惜《お》しからざりし［を］　命《いのち》さへ（え）
長《なが》く〈なか〉もが〈か〉なと　思《おも》ひ（い）けるかな

出典《しゅってん》 ▼6ページ
後拾遺和歌集《ごしゅういわかしゅう》 669番《ばん》

決《き》まり字《じ》 ▼26ページ
③きみがため
②
②
②
②
①を《お》

この歌《うた》の内容《ないよう》

あなたに会《あ》うためなら捨《す》ててもおしくないと思《おも》っていた命《いのち》。でも、あなたに会《あ》った今《いま》では、長生《ながい》きしたいと思《おも》うようになってしまった。

この歌《うた》の場面《ばめん》は……

恋人《こいびと》へ贈《おく》った歌《うた》。作者《さくしゃ》の一族《いちぞく》は、政治《せいじ》の権力争《けんりょくあらそ》いで父《ちち》の藤原《ふじわらの》伊尹《これまさ》（謙徳公《けんとくこう》）と藤原朝成《ふじわらのあさひら》が対立《たいりつ》して伊尹《これまさ》が勝《か》ち、それをうらんだ朝成《あさひら》ののろいで短命《たんめい》だとうわさされていた。それで、作者《さくしゃ》も短《たん》命《めい》を覚悟《かくご》していた。しかし、恋人《こいびと》と出会《であ》い、長生《ながい》きしたくなった、と詠《よ》んでいる。

用語解説《ようごかいせつ》
＊君《きみ》がため……あなたに会《あ》うためなら。「君《きみ》」は、恋人《こいびと》や夫《おっと》、妻《つま》など愛《あい》する人《ひと》をさす言葉《ことば》。
＊もがな……「～であってほしい」という願《ねが》いをあらわす。

若《わか》くして死《し》んだ悲運《ひうん》の貴族《きぞく》

藤原義孝《ふじわらのよしたか》（954～974年《ねん》）

謙徳公《けんとくこう》の息子《むすこ》で、藤原行成《ふじわらのゆきなり》の父《ちち》。美《び》男子《だんし》で有名《ゆうめい》だったが、二十一歳《さい》で天然《てんねん》痘《とう》で亡《な》くなる。熱心《ねっしん》な仏教《ぶっきょう》の信者《しんじゃ》だったといわれている。中古三十六歌仙《ちゅうこさんじゅうろっかせん》▼15ページの一人《ひとり》。

関連人物《かんれんじんぶつ》

曽祖父《そうそふ》 貞信公《ていしんこう》
▶65ページ

父《ちち》 謙徳公《けんとくこう》
▶84ページ

マンガで読《よ》む！

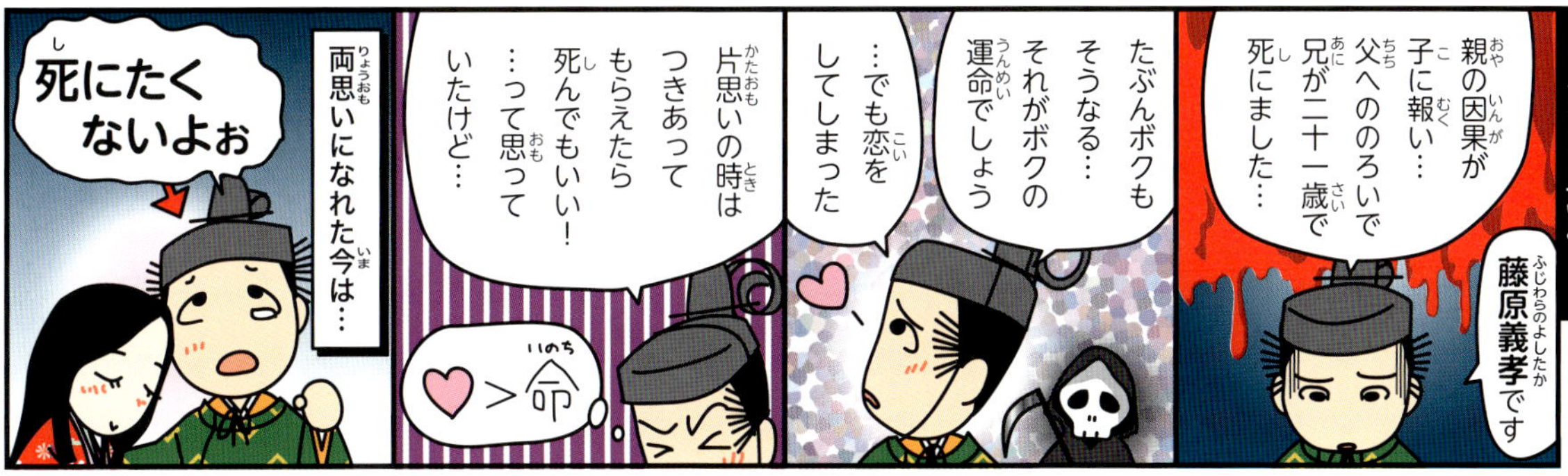
藤原義孝《ふじわらのよしたか》です
親《おや》の因果《いんが》が子《こ》に報《むく》い…父《ちち》へののろいで兄《あに》が二十一歳《さい》で死《し》にました…
たぶんボクもそうなる…それがボクの運命《うんめい》でしょう
…でも恋《こい》をしてしまった
片思《かたおも》いの時《とき》はつきあってもらえたら死《し》んでもいい！…って思《おも》っていたけど…
♡＞命《いのち》
両思《りょうおも》いになれた今《いま》は…
死《し》にたくないよぉ

春《はる》
夏《なつ》
秋《あき》
冬《ふゆ》
恋《こい》
旅《たび》
別《わかれ》
雑《ぞう》

かくとだに　えやはいぶきの　さしも草《ぐさ》
さしも知《し》らじ〈し〉な　燃《も》ゆる思《おも》ひ（い）を

出典《しゅってん》 ▼6ページ
後拾遺和歌集《ごしゅういわかしゅう》
612番《ばん》

決《き》まり字《じ》 ▼26ページ
④かく
①

この歌《うた》の内容《ないよう》

「これほどまでにあなたが好《す》きです」とだけでも伝《つた》えたいのに伝《つた》えられない。あなたは知《し》らないでしょうね、伊吹山《いぶきやま》のさしも草《ぐさ》（もぐさのお灸《きゅう》）のように燃《も》えあがる私《わたし》の思《おも》いを。

この歌《うた》の場面《ばめん》は……

初恋《はつこい》のあふれる思《おも》いをさしも草《ぐさ》にたとえて詠《よ》んだ歌《うた》。「さしも草《ぐさ》でつくったもぐさの炎《ほのお》のように、私《わたし》の心《こころ》は熱《あつ》く燃《も》えています」「この気持《きも》ちを伝《つた》えられたらいいのに」と歌《うた》っている。現代《げんだい》の感覚《かんかく》ではもぐさはあまりロマンチックではないが、昔《むかし》の人《ひと》は恋《こい》の表現《ひょうげん》として受《う》け入《い》れていた。

用語解説《ようごかいせつ》

＊かくとだに～さしも草《ぐさ》……「さしも」をみちびく序詞《じょことば》 ▼9ページ。

＊えやはいぶき……いうことができようか、いやできない。「いう」と「伊吹山《いぶきやま》」の掛詞《かけことば》 ▼9ページ。「伊吹山《いぶきやま》」は歌枕《うたまくら》 ▼8・22ページ、今《いま》の滋賀県《しがけん》と岐阜県《ぎふけん》にまたがる山《やま》。

＊さしも草《ぐさ》……よもぎのこと。お灸《きゅう》のときに使《つか》う「もぐさ」の原料《げんりょう》。

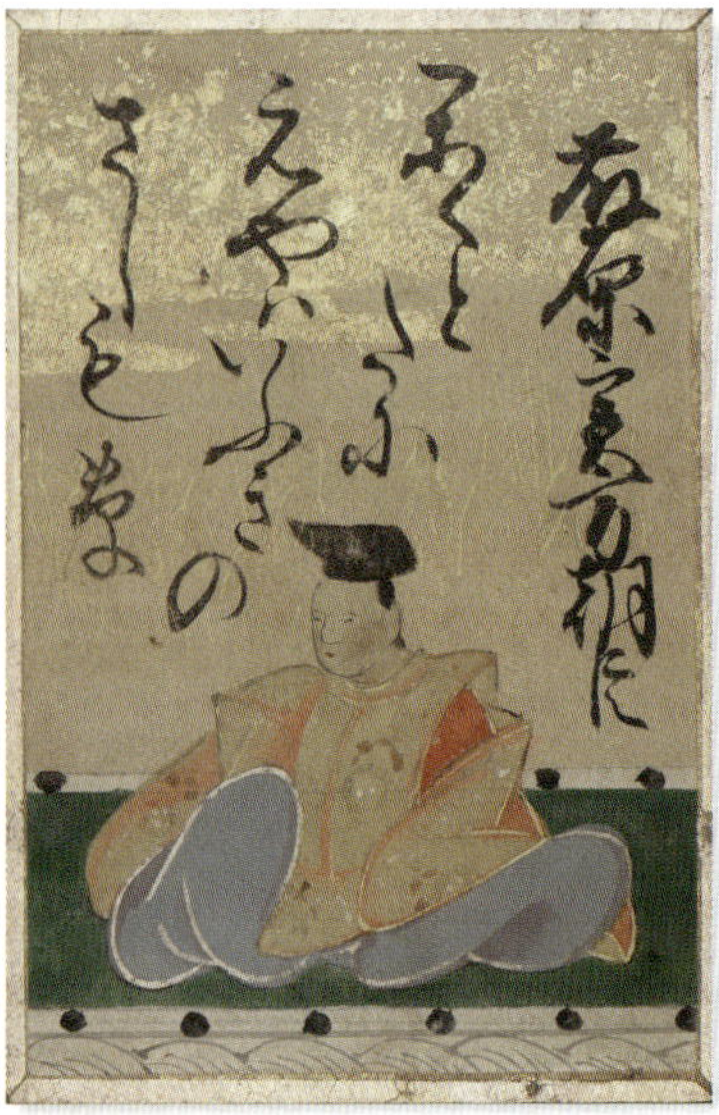

光源氏《ひかるげんじ》のモデル？

藤原実方朝臣《ふじわらのさねかたあそん》（？～998年《ねん》）

貞信公《ていしんこう》のひ孫《まご》。恋多《こいおお》き男性《だんせい》で光源氏《ひかるげんじ》のモデルとする説《せつ》も。政治的《せいじてき》な争《あらそ》いに負《ま》けて東北《とうほく》に飛《と》ばされ、そこで亡《な》くなった。中古三十六歌仙《ちゅうこさんじゅうろっかせん》 ▼15ページの一人《ひとり》。

関連人物《かんれんじんぶつ》

曽祖父《そうそふ》
貞信公《ていしんこう》
▶65ページ

マンガで読《よ》む！
藤原実方朝臣《ふじわらのさねかたあそん》です
天皇《てんのう》の前《まえ》で藤原行成《ふじわらのゆきなり》とケンカして左遷《させん》されました
てへ
ボクがあなたに燃《も》えるような恋《こい》をしてることをあなたは知《し》らない（ボクがいってないからだけど）
しらん顔《かお》
燃《も》えるような熱《あつ》い熱《あつ》い恋《こい》…
熱《あつ》い…熱《あつ》い…
お灸《きゅう》みたいに燃《も》えてる…熱《あつ》い…恋《こい》…
みたいじゃねーじゃんマジじゃん
あぢぢぢっ

明《あ》けぬれば 暮《く》るるものとは 知《し》りながら なほ《（お）》恨《うら》めしき 朝《あさ》ぼ《〈ほ〉》らけかな

出典《しゅってん》 ▼6ページ
後拾遺和歌集《ごしゅういわかしゅう》 672番《ばん》

決《き》まり字《じ》 ▼26ページ
⑯あ
①け

この歌《うた》の内容《ないよう》

夜《よ》は明《あ》けても、またくれるとは知《し》っていますが、やはりあなたと別《わか》れなくてはならないこの夜明《よあ》けの時間《じかん》はうらめしいことです。

この歌《うた》の場面《ばめん》は……

一夜《いちや》をすごした女《おんな》のもとから帰《かえ》る、男《おとこ》の気持《きも》ちを詠《よ》んだ歌《うた》。初《はじ》めての夜《よる》をすごした翌朝《よくあさ》に男性《だんせい》から女性《じょせい》に贈《おく》る後朝《きぬぎぬ》の歌《うた》といわれている。『後拾遺和歌集《ごしゅういわかしゅう》』では、この歌《うた》の前《まえ》に「女《おんな》のもとより雪《ゆき》ふり侍《はべ》りける日《ひ》 帰《かえ》りてつかはしける」という詞書《ことばがき》があり、雪《ゆき》のふる朝《あさ》だったことがわかる。

用語解説《ようごかいせつ》
＊明《あ》けぬれば……夜《よ》が明《あ》けてしまうと。
＊なほ……それでもやはり。
＊朝《あさ》ぼらけ……ほのぼのと夜《よ》が明《あ》けるころ。

若《わか》くして亡《な》くなった歌《うた》の天才《てんさい》

藤原道信朝臣《ふじわらのみちのぶあそん》（972～994年《ねん》）

藤原為光《ふじわらのためみつ》の息子《むすこ》。和歌《わか》の才能《さいのう》があり、『大鏡《おおかがみ》』という平安後期《へいあんこうき》の歴史物語《れきしものがたり》では「いみじき和歌《わか》の上手《じょうず》（とんでもない和歌《わか》の名人《めいじん》）」と評価《ひょうか》されている。二十三歳《さい》の若《わか》さで亡《な》くなった。

関連人物《かんれんじんぶつ》

祖父《そふ》
謙徳公《けんとくこう》
▶84ページ

マンガで読《よ》む！

藤原道信朝臣《ふじわらのみちのぶあそん》です
和歌《わか》の才能《さいのう》があったのに若《わか》いうちに死《し》んじゃったの
たった23歳《さい》よ
グスン
まだ生《い》きてるときにつくった(あたり前《まえ》か)歌《うた》ね！
…あぁもう外《そと》が明《あか》るい…
デートしてたらもう帰《かえ》る時間《じかん》！
朝《あさ》になればお別《わか》れだけどときがたてばまた夜《よる》がくるさ…わかってる…わかってるんだ…
じゃあね
バイバイ
チュン
チュン
わかっちゃいるけどうらめしい～～～

嘆《なげ》きつつ　独《ひと》りぬる夜《よ》の　明《あ》くるまは　いかに久《ひさ》しき　ものとかは（わ）知《し》る

出典《しゅってん》 ▼6ページ
拾遺和歌集《しゅういわかしゅう》 912番《ばん》

決《き》まり字《じ》 ▼26ページ
8 な 2 げ 1 き

この歌《うた》の内容《ないよう》

あなたがこないのを嘆《なげ》きながら、一人《ひとり》で夜《よ》を明《あ》かす時間《じかん》がどんなに長《なが》いか、「早《はや》く門《もん》を開《あ》けろ」というあなたには、わからないでしょうね。

この歌《うた》の場面《ばめん》は……

ほかの女性《じょせい》のところへばかり行《い》っていた夫《おっと》が、久《ひさ》しぶりに作者《さくしゃ》のもとにやってきた。だが、作者《さくしゃ》は素直《すなお》に門《もん》を開《あ》ける気《き》になれなかった。すると、夫《おっと》は「待《ま》ちくたびれた」といって、別《べつ》の女性《じょせい》のところへ行《い》ってしまったという。そこで、この歌《うた》が詠《よ》まれた。

用語解説《ようごかいせつ》
＊嘆《なげ》きつつ……「つつ」は何度《なんど》もくり返《かえ》す意味《いみ》。嘆《なげ》き続《つづ》けながら。
＊独《ひと》りぬる夜《よ》……一人《ひとり》で寝《ね》る夜《よる》。
＊明《あ》くるまは……「明《あ》くる」は「明《あ》ける（夜《よる》が明《あ》けるまでの間《あいだ》）」と「開《あ》ける（門《もん》を開《あ》ける間《あいだ》）」の掛詞《かけことば》 ▼9ページ。

『蜻蛉日記《かげろうにっき》』の作者《さくしゃ》
右大将道綱母《うだいしょうみちつなのはは》（936?～995年《ねん》）

藤原兼家《ふじわらのかねいえ》の妻《つま》で、道綱《みちつな》の母《はは》。夫《おっと》に愛《あい》されない妻《つま》の苦《くる》しみを書《か》いた『蜻蛉日記《かげろうにっき》』で有名《ゆうめい》。本朝三美人《ほんちょうさんびじん》の一人《ひとり》ともいわれる。中古三十六歌仙《ちゅうこさんじゅうろっかせん》 ▼15ページ の一人《ひとり》。

マンガで読《よ》む！
右大将道綱母《うだいしょうみちつなのはは》です
道綱《みちつな》ママとかいわれてるけど『蜻蛉日記《かげろうにっき》』の作者《さくしゃ》なんですのよ
それはともかく！夫《おっと》が！　浮気《うわき》で！ぜんっぜん家《いえ》に！帰《かえ》ってこないの！
プンプン
だからイヤミの気持《きも》ちをこめた歌《うた》をつくってかれた菊《きく》の花《はな》をそえて送《おく》ってやったわ！
しなー
それがコレ！
あなたがこないことを悲《かな》しく思《おも》いながら一人《ひとり》っきりですごす夜《よる》がどれほど長《なが》いか…わかる？　ねぇわかる？
なみだのあと

忘《わす》れじの　行末《ゆくすえ》［すゑ］までは　かたければ
今日《きょう》［けふ］を限《かぎ》〈かき〉りの　命《いのち》ともが〈か〉な

出典《しゅってん》 ▼6ページ
新古今和歌集《しんこきんわかしゅう》 1149番《ばん》

決《き》まり字《じ》 ▼26ページ
⑦-わ
②-す
❶-れ

この歌《うた》の内容《ないよう》

忘《わす》れはしないとあなたはいうけれど、いつまで続《つづ》くかはわからないから、幸《しあわ》せな気持《きも》ちのまま、今日限《きょうかぎ》りの命《いのち》であってほしいと願《ねが》ってしまう。

この歌《うた》の場面《ばめん》は……

あとから別《わか》れの悲《かな》しさを味《あじ》わうくらいなら、幸《しあわ》せの絶頂《ぜっちょう》で死《し》んでしまいたいという女心《おんなごころ》を詠《よ》んだ歌《うた》。男性《だんせい》が「忘《わす》れじ」という言葉《ことば》を使《つか》うこと自体《じたい》、「忘《わす》れる」ことを意識《いしき》していると受《う》け取《と》れる。当時《とうじ》の女性《じょせい》にとって、男性《だんせい》の心《こころ》がわりはよくあることだった。

用語解説《ようごかいせつ》
＊行末《ゆくすえ》……行《ゆ》く先《さき》、将来《しょうらい》。
＊かたければ……難《むずか》しいので。頼《たよ》りにしがたいので。

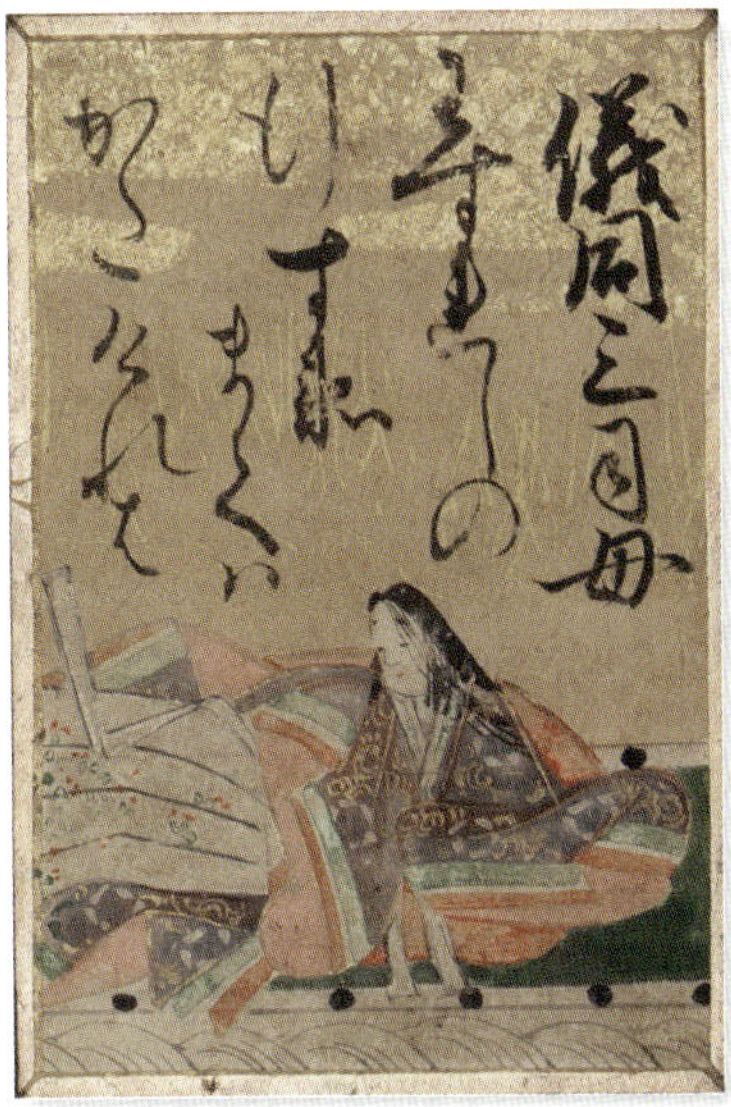

藤原家《ふじわらけ》のエリート道隆《みちたか》の妻《つま》
儀同三司母《ぎどうさんしのはは》（?〜996?年《ねん》）

本名《ほんみょう》は高階貴子《たかしなのたかこ》。円融院《えんゆういん》に仕《つか》えて高内侍《こうのないし》とよばれた。藤原道隆《ふじわらのみちたか》の妻《つま》となり、伊周《これちか》や定子《ていし》（一条天皇《いちじょうてんのう》の后《きさき》）らを産《う》んだ。儀同三司《ぎどうさんし》は伊周《これちか》の官位《かんい》。

関連人物《かんれんじんぶつ》

孫《まご》
左京大夫道雅《さきょうのだいぶみちまさ》
▶102ページ

マンガで読《よ》む！
儀同三司母《ぎどうさんしのはは》です
こう見《み》えても和歌《わか》だけじゃなく漢詩《かんし》も得意《とくい》ですの
アラ自慢《じまん》しちゃった
モテモテのプレイボーイ藤原道隆《ふじわらのみちたか》とつきあってて ちょい不安《ふあん》なときの歌《うた》です
君《きみ》のことは忘《わす》れないよ
ウレシイ！
でも…いつまで？
…いえ、今《いま》だけでもいいわ！いっそ幸《しあわ》せなこの瞬間《しゅんかん》に死《し》んでしまいたいくらいよ！
結局《けっきょく》、無事《ぶじ》に結婚《けっこん》できたわ

滝《たき》の音《おと》は　たえて久《ひさ》しく　なりぬれど
名《な》こそ流《なが》れて〈なか〉　なほ（お）聞《き》こえけれ

出典《しゅってん》 ▼6ページ
千載和歌集《せんざいわかしゅう》
1035番《ばん》

決《き》まり字《じ》 ▼26ページ
6 た
1 き

この歌《うた》の内容《ないよう》

ここ大覚寺《だいかくじ》にあった滝《たき》の水《みず》の音《おと》が聞《き》こえなくなってずいぶんたつけれど、その評判《ひょうばん》は今《いま》でも聞《き》こえてくるよ。

この歌《うた》の場面《ばめん》は……

九九九年《ねん》九月《がつ》十一日《にち》、作者《さくしゃ》が藤原道長《ふじわらのみちなが》とともに大覚寺《だいかくじ》の滝殿《たきどの》跡《あと》を訪《おとず》れて詠《よ》んだ歌《うた》。すっかりかれてしまった滝殿跡《たきどののあと》を見《み》ながら、今《いま》でも評判《ひょうばん》が絶《た》えないくらいなので、立派《りっぱ》な滝《たき》だったにちがいない、と想像《そうぞう》している。後世《こうせい》に名《な》を残《のこ》したいという、作者自身《さくしゃじしん》の願《ねが》いがこもっているともいわれる。

用語解説《ようごかいせつ》
*たえて……水《みず》がなくなって。
*なほ……それでもやはり。

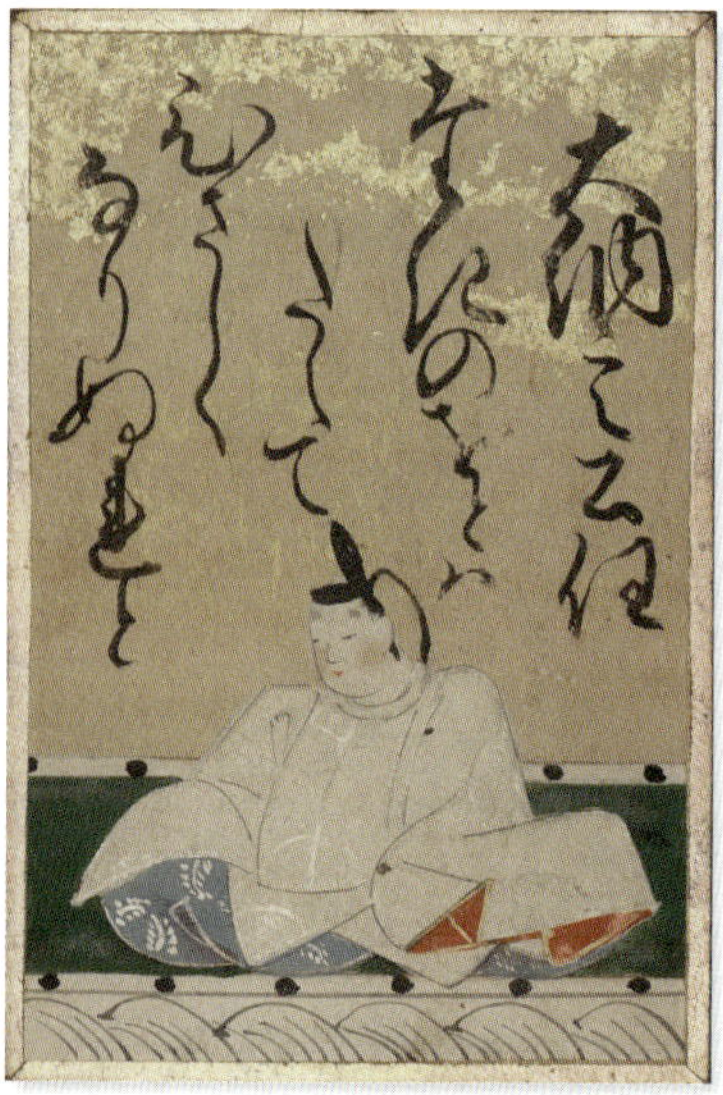

和歌《わか》、漢詩《かんし》、管弦《かんげん》の名人《めいじん》

大納言公任《だいなごんきんとう》（966〜1041年《ねん》）

本名《ほんみょう》は藤原公任《ふじわらのきんとう》。権中納言定頼《ごんちゅうなごんさだより》（藤原定頼《ふじわらのさだより》）の父《ちち》。和歌《わか》、漢詩《かんし》、管弦《かんげん》に優《すぐ》れ「三船《さんせん》の才《さい》」とよばれた。三十六歌仙《さんじゅうろっかせん》 ▼15ページ のもととなった『三十六人撰《さんじゅうろくにんせん》』や『和漢朗詠集《わかんろうえいしゅう》』などを手《て》がけた。

関連人物《かんれんじんぶつ》
息子《むすこ》
権中納言定頼《ごんちゅうなごんさだより》
▶103ページ

マンガで読《よ》む!
大納言公任《だいなごんきんとう》です!
三船《さんせん》の才《さい》とよばれました
メラ
メラ
これは嵯峨野《さがの》の大覚寺《だいかくじ》の滝《たき》を見《み》て詠《よ》みました
うわさの滝《たき》はどこだー!
うおおお
しーん
有名《ゆうめい》だった滝《たき》はかれていて水音《みずおと》はもう聞《き》こえなかった
聞《き》こえぬ
オオオオオ
しかし今《いま》もなお滝《たき》として名《な》を残《のこ》すところにオレは感動《かんどう》したのだ…!
オレもそんな男《おとこ》に!!

あらざらむ（ん）　この世《よ》のほかの　思《おも》ひ（い）出《いで》に
今一《いまひと》たび〈ひ〉の　逢《お》［あ］ふ（う）こともが〈か〉な

出典《しゅってん》 ▼6ページ
後拾遺和歌集《ごしゅういわかしゅう》 763番《ばん》

決《き》まり字《じ》 ▼26ページ
16－あ
2－ら
1－ざ

この歌《うた》の内容《ないよう》

私《わたし》はもうすぐ死《し》んでしまうでしょう。せめてこの世《よ》の思《おも》い出《で》に、もう一度《いちど》あなたにお会《あ》いしたいものです。

この歌《うた》の場面《ばめん》は……

恋多《こいおお》き女性《じょせい》といわれた作者《さくしゃ》が、死《し》を覚悟《かくご》して詠《よ》んだ歌《うた》。命《いのち》が果《は》てる直前《ちょくぜん》まで、恋愛《れんあい》を忘《わす》れないところが作者《さくしゃ》らしい。はじめの二句《く》「あらざらむこの世《よ》のほかの」は、これまでの歌《うた》では使《つか》われることのなかった言葉《ことば》。

用語解説《ようごかいせつ》

＊あらざらむ…「この世《よ》にいないだろう」という意味《いみ》。死《し》ぬことを遠《とお》まわしにいった表現《ひょうげん》。
＊今一《いまひと》たびの……もう一度《いちど》。切羽詰《せっぱつま》ったときに使《つか》われる。
＊もがな……願望《がんぼう》をあらわす。

和泉式部《いずみしきぶ》

『和泉式部日記《いずみしきぶにっき》』の作者《さくしゃ》
（976?〜?年《ねん》）

橘道貞《たちばなのみちさだ》の妻《つま》。小式部内侍《こしきぶのないし》の母《はは》。一条《いちじょう》天皇《てんのう》の后《きさき》である中宮彰子《ちゅうぐうしょうし》に仕《つか》えた。夫《おっと》がいながら為尊親王《ためたかしんのう》や敦道親王《あつみちしんのう》と恋《れん》愛《あい》し、それを『和泉式部日記《いずみしきぶにっき》』に記《しる》した。中古三十六歌仙《ちゅうこさんじゅうろっかせん》 ▼15ページ の一人《ひとり》。

関連人物《かんれんじんぶつ》

娘《むすめ》
小式部内侍《こしきぶのないし》
▶99ページ

マンガで読む！

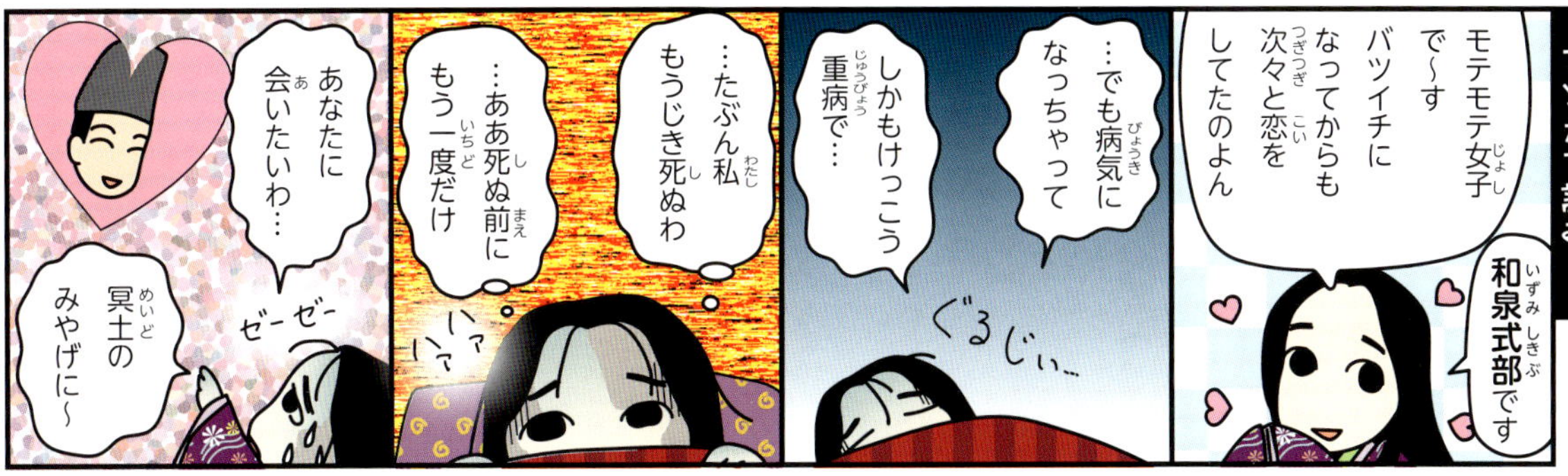
モテモテ女子《じょし》で〜す
バツイチになってからも次々《つぎつぎ》と恋《こい》をしてたのよん
和泉式部《いずみしきぶ》です
…でも病気《びょうき》になっちゃって
しかもけっこう重病《じゅうびょう》で…
ぐるじい…
…たぶん私《わたし》もうじき死《し》ぬわ
…ああ死《し》ぬ前《まえ》にもう一度《いちど》だけ
ハァハァ
あなたに会《あ》いたいわ…
ゼーゼー
冥土《めいど》のみやげに〜

春《はる》 夏《なつ》 秋《あき》 冬《ふゆ》 恋《こい》 旅《たび》 別《わかれ》 雑《ぞう》

めぐり逢《あ》ひ《（い）》て　見《み》しやそれとも　わかぬまに　雲《くも》が《〈か〉》くれにし　夜半《よわ》《〔は〕》の月《つき》かな

出典《しゅってん》 ▶6ページ
新古今和歌集《しんこきんわかしゅう》
1499番《ばん》

決《き》まり字《じ》 ▶26ページ
1 - め

この歌《うた》の内容《ないよう》

久《ひさ》しぶりにお会《あ》いして、今見《いまみ》たのがだれか見分《みわ》けがつかないうちに、あなたはさっさと帰《かえ》ってしまった。雲《くも》の間《あいだ》に隠《かく》れた月《つき》のように。

この歌《うた》の場面《ばめん》は……

女友《おんなとも》だちとの別《わか》れを、男女《だんじょ》の別《わか》れのようにして詠《よ》んだ歌《うた》。遊《あそ》びにきた友《とも》だちが帰《かえ》ってしまうのを、月《つき》が雲《くも》に隠《かく》れてしまう様子《ようす》にたとえている。「さっさと帰《かえ》ってしまってさびしいわ」という気持《きも》ちを詠《よ》んでいる。

用語解説《ようごかいせつ》

＊めぐり逢《あ》ひて……表向《おもてむ》きは「月《つき》」のことだが、裏《うら》では「女友《おんなとも》だち」をさす。
＊夜半《よわ》の月《つき》……夜中《よなか》に見《み》える月《つき》のこと ▶20ページ。

『源氏物語《げんじものがたり》』の作者《さくしゃ》

紫式部《むらさきしきぶ》（973?〜1019?年《ねん》）

大弐三位《だいにのさんみ》の母《はは》。結婚《けっこん》して数年《すうねん》で夫《おっと》の藤原宣孝《ふじわらののぶたか》と死別《しべつ》。その後《ご》、一条天皇《いちじょうてんのう》の后《きさき》である中宮彰子《ちゅうぐうしょうし》に仕《つか》えた。『源氏物語《げんじものがたり》』や『紫式部日記《むらさきしきぶにっき》』を書《か》いた。

関連人物《かんれんじんぶつ》

曽祖父《そうそふ》 中納言兼輔《ちゅうなごんかねすけ》 ▶66ページ
娘《むすめ》 大弐三位《だいにのさんみ》 ▶97ページ

マンガで読《よ》む！
紫式部《むらさきしきぶ》です
『紫式部日記《むらさきしきぶにっき》』や『源氏物語《げんじものがたり》』など有名《ゆうめい》な作品《さくひん》を残《のこ》したのよ
ある日《ひ》、昔《むかし》からの友人《ゆうじん》が久《ひさ》しぶりに訪《たず》ねてくれたの
久《ひさ》しぶり！
元気《げんき》だった!?
キャーー！
でも…
ごめんね…もう帰《かえ》らなくちゃ
えっもう？
話《はな》したいことまだあるのに…
まるで月《つき》が雲《くも》に隠《かく》れるかのように彼女《かのじょ》は帰《かえ》っていったわ
またねー
さみしい…

有馬山《ありまやま》　ゐ（い）なのささ原《はら》　風吹《かぜふ》けば　いで〈て〉そよ人《ひと》を　忘《わす》れやは（わ）する

出典《しゅってん》 ▼6ページ
後拾遺和歌集《ごしゅういわかしゅう》 709番《ばん》

決《き》まり字《じ》 ▼26ページ
16 あ
2 り
1 ま

この歌《うた》の内容《ないよう》

有馬山《ありまやま》から猪名野《いなの》の笹原《ささはら》に風《かぜ》がふくと、笹《ささ》の葉《は》がそよそよと鳴《な》る。その「そよ」ではないけれど、そうよ、忘《わす》れたのはあなたよ。どうして私《わたし》が忘《わす》れたりするでしょう。

この歌《うた》の場面《ばめん》は……

全然会《ぜんぜんあ》いにこない男性《だんせい》があれこれ言《い》い訳《わけ》するのを聞《き》いて、「忘《わす》れていたくせに」と男性《だんせい》を責《せ》める歌《うた》。だが、そよ風《かぜ》を詠《よ》みこむことで、さわやかな印象《いんしょう》になっている。小式部内侍《こしきぶのないし》の歌《うた》▼99ページと、つくりがよく似《に》ている。どちらも地名《ちめい》を詠《よ》んだり、掛詞《かけことば》を使《つか》ったりしている。

用語解説《ようごかいせつ》

＊有馬山《ありまやま》……歌枕《うたまくら》▼8・22ページ、兵庫県神戸市《ひょうごけんこうべし》の山《やま》。
＊ゐなの……歌枕《うたまくら》。「猪名《いな》」と「否《いな》」の掛詞《かけことば》▼9ページになっている。
＊いでそよ……「そう、そうですよ」の意《い》。「そよ」は笹《ささ》の葉《は》の音《おと》との掛詞《かけことば》。

母《はは》ゆずりの才能《さいのう》で活躍《かつやく》

大弐三位《だいにのさんみ》（999?〜?年《ねん》）

本名《ほんみょう》は藤原賢子《ふじわらのけんし》。紫式部《むらさきしきぶ》の娘《むすめ》。母《はは》に続《つづ》いて一条天皇《いちじょうてんのう》の后《きさき》である中宮彰子《ちゅうぐうしょうし》に仕《つか》えたあと、後冷泉天皇《ごれいぜいてんのう》の乳母《めのと》となった。『源氏物語《げんじものがたり》』の最後《さいご》の十巻《かん》「宇治十帖《うじじゅうじょう》」の作者《さくしゃ》とも。

関連人物《かんれんじんぶつ》

母《はは》
紫式部《むらさきしきぶ》
▶96ページ

マンガで読《よ》む！

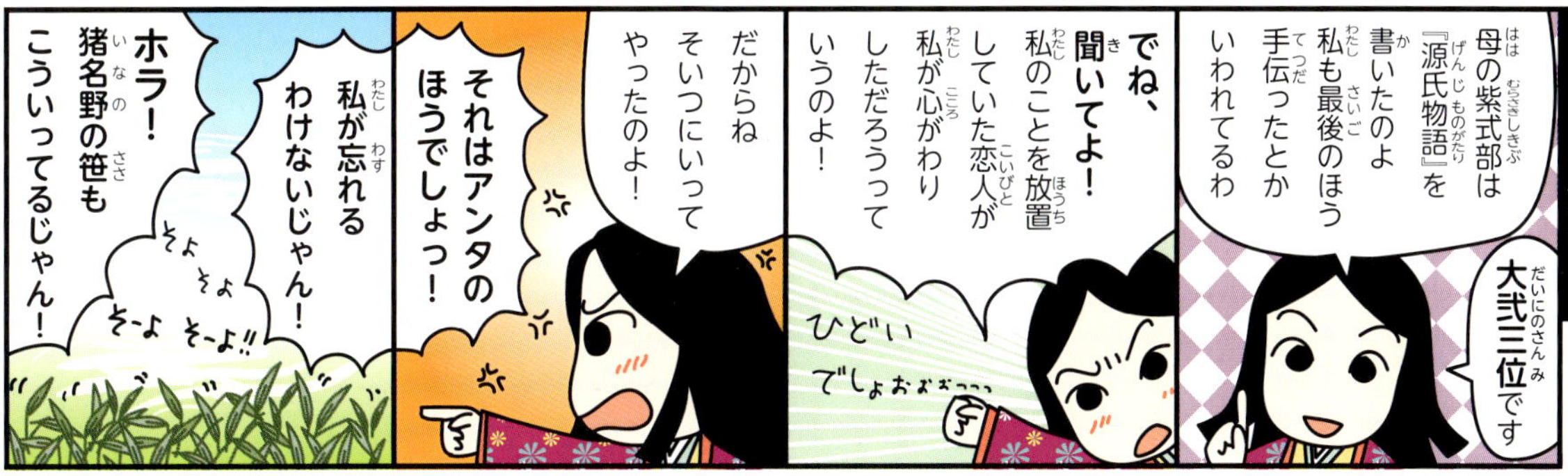
大弐三位《だいにのさんみ》です
母《はは》の紫式部《むらさきしきぶ》は『源氏物語《げんじものがたり》』を書《か》いたのよ 私《わたし》も最後《さいご》のほう手伝《てつだ》ったとかいわれてるわ
でね、聞《き》いてよ！
私《わたし》のことを放置《ほうち》していた恋人《こいびと》が私《わたし》が心《こころ》がわりしただろうっていうのよ！
ひどいでしょおおお
だからねそいつにいってやったのよ！
それはアンタのほうでしょっ！
私《わたし》が忘《わす》れるわけないじゃん！
ホラ！猪名野《いなの》の笹《ささ》もこういってるじゃん！
そよ そよ そーよ そーよ!!

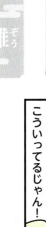

やすらはで〈わ〉　寝《ね》なましものを　小夜更《さよふ》けて　かたぶくまでの〈ふ〉〈て〉　月《つき》を見《み》しかな

出典《しゅってん》 ▼6ページ
後拾遺和歌集《ごしゅういわかしゅう》 680番《ばん》

決《き》まり字《じ》 ▼26ページ
4-やす
1-す

この歌《うた》の内容《ないよう》

あなたがこないとわかっていたら、ためらわずに寝《ね》たのに。くると信《しん》じて待《ま》っていたから夜《よ》もふけて、しまいには西《にし》に傾《かたむ》く月《つき》まで見《み》てしまったわ。

この歌《うた》の場面《ばめん》は……

恋人《こいびと》に待《ま》ちぼうけさせられた妹《いもうと》にかわり、詠《よ》んだ歌《うた》。恋人《こいびと》はプレイボーイで有名《ゆうめい》だった藤原道隆《ふじわらのみちたか》のこと。道隆《みちたか》を責《せ》めるよりも、「モテ男《おとこ》に恋《こい》してしまったために…」とあきらめの気持《きも》ちが強《つよ》い。月《つき》はこない男性《だんせい》のたとえで、西《にし》に月《つき》が傾《かたむ》けば、もう男性《だんせい》がくることはない。だから、「あ～あ」と残念《ざんねん》がっている。

用語解説《ようごかいせつ》

＊やすらはで……ためらわないで。どうしようか迷《まよ》うことなく。
＊寝《ね》なまし……「まし」は「もしそうだったら、～だろうに」の意味《いみ》。
＊かたぶくまでの……月《つき》が西《にし》の空《そら》に傾《かたむ》くまで。夜《よ》を明《あ》かす長《なが》い時間《じかん》を意味《いみ》する。

紫式部《むらさきしきぶ》や和泉式部《いずみしきぶ》と友《とも》だち

赤染衛門《あかぞめえもん》（958？～？年《ねん》）

父《ちち》は赤染時用《あかぞめときもち》とも平兼盛《たいらのかねもり》ともいわれている。藤原道長《ふじわらのみちなが》の妻《つま》である倫子《りんし》に仕《つか》え、その娘《むすめ》で一条天皇《いちじょうてんのう》の后《きさき》である中宮彰子《ちゅうぐうしょうし》にも仕《つか》えた。学者《がくしゃ》の大江匡衡《おおえのまさひら》と結婚《けっこん》。良妻賢母《りょうさいけんぼ》としても知《し》られる。

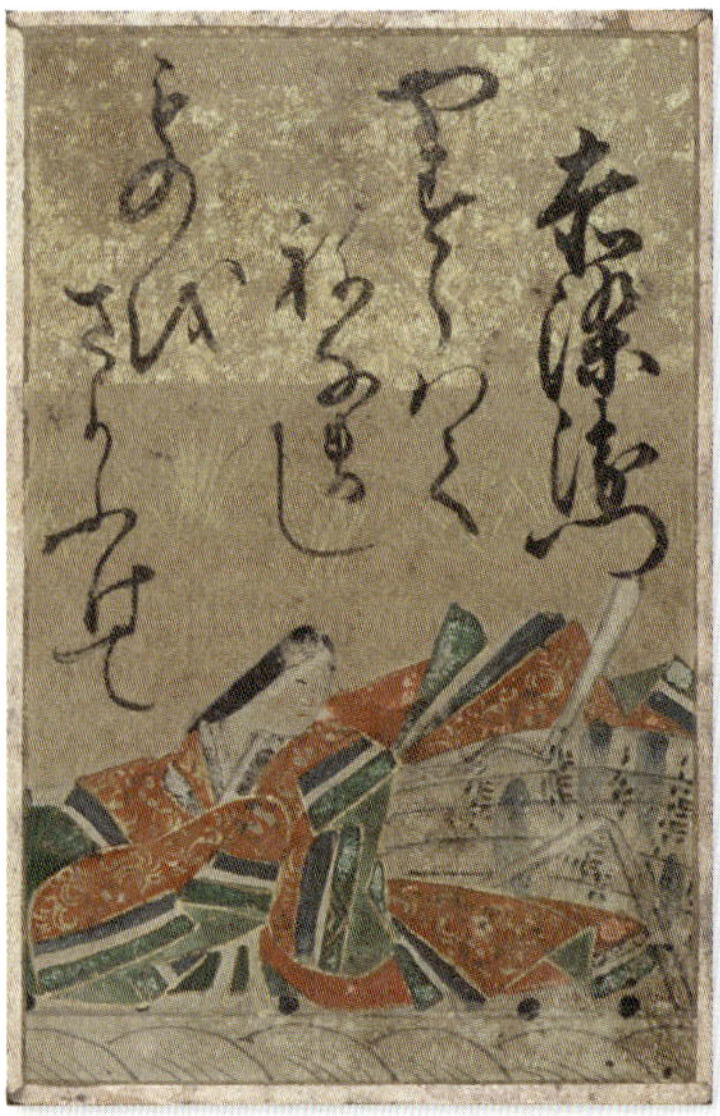

関連人物《かんれんじんぶつ》

父《ちち》 平兼盛《たいらのかねもり》 ▶79ページ

ひ孫《まご》 権中納言匡房《ごんちゅうなごんまさふさ》 ▶112ページ

マンガで読《よ》む！
赤染衛門《あかぞめえもん》です
天皇《てんのう》の后《きさき》に仕《つか》えております
和泉式部《いずみしきぶ》や紫式部《むらさきしきぶ》などと交流《こうりゅう》があります
レベル高《たか》いです
妹《いもうと》が藤原道隆《ふじわらのみちたか》にデートの約束《やくそく》をすっぽかされて泣《な》いているんです どうもほかにも彼女《かのじょ》がいるらしくて
しく しく
それで妹《いもうと》のかわりに道隆《みちたか》に歌《うた》を送《おく》りつけてやりました
あのプレイボーイめ
あなたがこないとわかってればさっさと寝《ね》たのに待《ま》って…待《ま》って…とうとう月《つき》が西《にし》に傾《かたむ》くのを見《み》たわ
やべ～
おっかね～

大江山《おおえやま》［おほ］ 生野《いくの》の道《みち》の 遠《とお》［とほ］ければ
まだ〈た〉ふみも見《み》ず〈す〉 天《あま》の橋立《はしだて》〈たて〉

出典《しゅってん》 ▼6ページ
金葉和歌集《きんようわかしゅう》 550番《ばん》

決《き》まり字《じ》 ▼26ページ
⑦お
③ほ〈お〉
❶え

この歌《うた》の内容《ないよう》

母《はは》のいるところまでは、大江山《おおえやま》を越《こ》えて生野《いくの》を通《とお》る遠《とお》い道《みち》のりで、まだ天《あま》の橋立《はしだて》に踏《ふ》み入《い》ったこともないし、母《はは》からの手紙《てがみ》も見《み》ていない。

この歌《うた》の場面《ばめん》は……

作者《さくしゃ》の歌《うた》がうまいのは、「母《はは》の和泉式部《いずみしきぶ》につくってもらっているから」といううわさがあった。あるとき、権中納言定頼《ごんちゅうなごんさだより》（藤《ふじ》原定頼《わらのさだより》）▼103ページが「お母《かあ》さんに頼《たの》んでいた歌《うた》はとどいたか」とからかってきたのに対《たい》して、この歌《うた》をその場《ば》で詠《よ》んで返《かえ》した。

用語解説《ようごかいせつ》

＊大江山《おおえやま》 生野《いくの》の……「大江山《おおえやま》」「生野《いくの》」は歌枕《うたまくら》▼8・22ページ。
＊生野《いくの》……生野《いくの》という場所《ばしょ》と「行《い》く」との掛詞《かけことば》▼9ページ。
＊ふみ……「文《ふみ》」と「踏《ふ》み」の掛詞《かけことば》。
＊天《あま》の橋立《はしだて》……歌枕《うたまくら》、京都府宮津市《きょうとふみやづし》にある名所《めいしょ》。日本三景《にほんさんけい》の一つ。

幼《おさな》いころから和歌《わか》が得意《とくい》

小式部内侍《こしきぶのないし》（?〜1025年《ねん》）

橘道貞《たちばなのみちさだ》と和泉式部《いずみしきぶ》の娘《むすめ》。一条天皇《いちじょうてんのう》の后《きさき》である中宮彰子《ちゅうぐうしょうし》に仕《つか》えた。歌《うた》の才《さい》能《のう》があり、恋多《こいおお》き女性《じょせい》で知《し》られる。子《こ》どもを生《う》んだあと、二十代《だい》で病死《びょうし》した。

関連人物《かんれんじんぶつ》

母《はは》
和泉式部《いずみしきぶ》
▶95ページ

マンガで読《よ》む！

小式部内侍《こしきぶのないし》です
父《ちち》は橘《たちばなの》道貞《みちさだ》、母《はは》は有名《ゆうめい》な歌人《かじん》の和泉式部《いずみしきぶ》です
私《わたし》の歌《うた》は母《はは》がつくっていると疑《うたが》われたこともありました
お母《かあ》さんから歌《うた》はとどいたの？
ニヤニヤ
カチン
権中納言定頼《ごんちゅうなごんさだより》
そういわれた私《わたし》はとっさにこの歌《うた》を返《かえ》したのです
おおえやま〜いくののみちの〜
みてなさい…！
即興《そっきょう》でこんな歌《うた》を返《かえ》せるなんて!!
才能《さいのう》は本物《ほんもの》だ！
オオオオオ!!
フン！
う…歌枕《うたまくら》も掛詞《かけことば》もみごとに使《つか》われている…

いにしへ（え）の　奈良《なら》の都《みやこ》の　八重《やえ》［へ］ざくら
今日《きょう》［けふ］九重《ここのえ》［へ］に　匂《にお》［にほ］ひ（い）ぬるかな

出典《しゅってん》 ▼6ページ
詞花和歌集《しかわかしゅう》 29番《ばん》

決まり字《きまりじ》 ▼26ページ
③-い
①-に

この歌《うた》の内容《ないよう》

昔《むかし》、栄《さか》えた奈良《なら》の都《みやこ》の八重桜《やえざくら》が、今日《きょう》は九重《ここのえ》の宮中《きゅうちゅう》でひときわ美《うつく》しく咲《さ》きほこっています。

この歌《うた》の場面《ばめん》は……

奈良《なら》からとどいた八重桜《やえざくら》を、宮中《きゅうちゅう》で受《う》けとる大役《たいやく》を任《まか》された作者《さくしゃ》がその場《ば》でぱっと詠《よ》んだ歌《うた》。作者《さくしゃ》は代々《だいだい》歌人《かじん》の家系《かけい》で、大《おお》勢《ぜい》の人《ひと》がどんな歌《うた》を詠《よ》むかと期待《きたい》していた。そのプレッシャーをはねのけてみごとに詠《よ》んでみせた。

用語解説《ようごかいせつ》

＊いにしへの……昔《むかし》の。かつて栄《さか》えた奈良《なら》の都《みやこ》の時代《じだい》をさしている。
＊今日《きょう》……「今日《きょう》」「京《きょう》」の掛詞《かけことば》 ▼9ページ。
＊九重《ここのえ》……天皇《てんのう》の住《す》まい。
＊匂《にお》ひ……「いいにおいがする」という意味《いみ》ではなく、「花《はな》が美《うつく》しく咲《さ》いているようす」をあらわす。

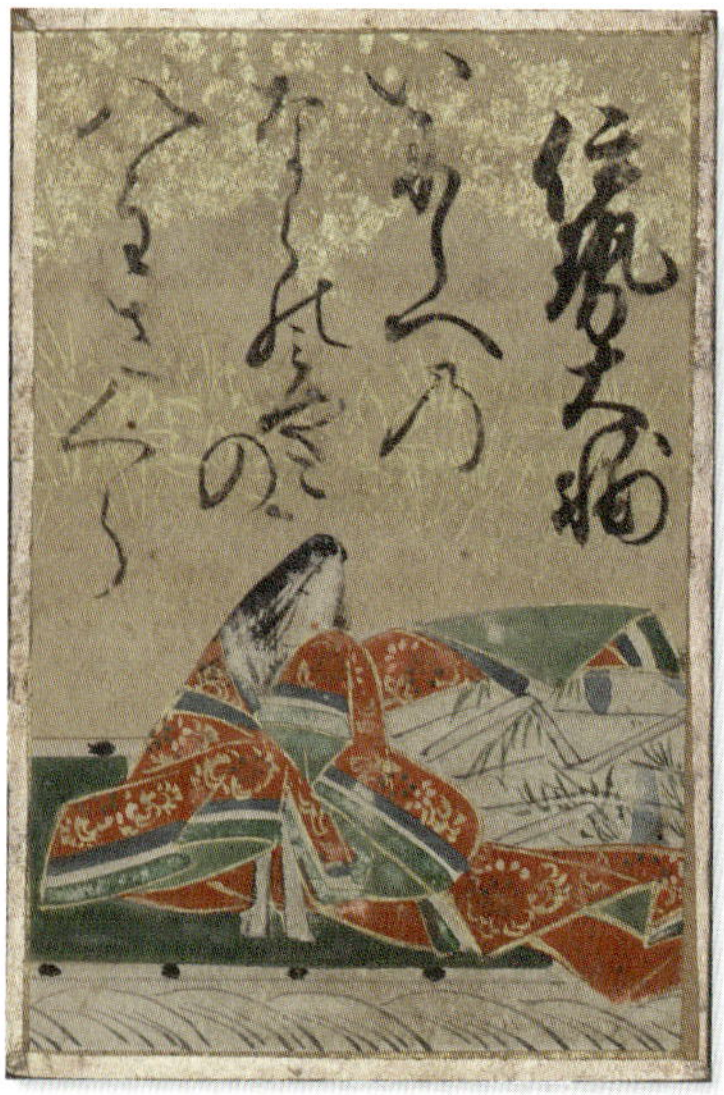

英才教育《えいさいきょういく》でぐんぐん上達《じょうたつ》

伊勢大輔《いせのたいふ》

（生没年不明《せいぼつねんふめい》）

祖父《そふ》も父《ちち》も、三人《にん》の娘《むすめ》も歌人《かじん》。一条《いちじょう》天皇《てんのう》の后《きさき》である中宮彰子《ちゅうぐうしょうし》に仕《つか》えた。紫《むらさき》式部《しきぶ》 ▼96ページ の後輩《こうはい》。晩年《ばんねん》は白河天《しらかわてん》皇《のう》の養育係《よういくがかり》をつとめた。

関連人物《かんれんじんぶつ》

祖父《そふ》
大中臣能宣朝臣《おおなかとみのよしのぶあそん》
▶88ページ

マンガで読《よ》む!

伊勢大輔《いせのたいふ》です
和泉式部《いずみしきぶ》さんや紫式部《むらさきしきぶ》さんと仲《なか》よくさせていただいてました
代々《だいだい》歌人《おじん》の家《いえ》に生《う》まれてます。
紫式部《むらさきしきぶ》
天皇《てんのう》に献上《けんじょう》する八重桜《やえざくら》の受《う》けとりあなたにまかせるわ
歌《うた》も詠《よ》むのよ
え!?
じー
大丈夫《だいじょうぶ》?
見《み》ない顔《かお》だな
いにしえの〜
ならのみやこの〜
そして天皇《てんのう》に献上《けんじょう》するときにこの歌《うた》を詠《よ》んだのです
新人《しんじん》なのに大役《たいやく》をはたしたな!
みごとな歌《うた》だ!
おお!!
ほっ
よかった…

夜《よ》をこめて　鳥《とり》のそら音《ね》は　はかるとも
よに逢坂《おうさか》［あふ］の　関《せき》はゆるさじ〈し〉

出典《しゅってん》 ▼6ページ
後拾遺和歌集《ごしゅういわかしゅう》939番《ばん》

決《き》まり字《じ》 ▼26ページ
④よを
①を

この歌《うた》の内容《ないよう》

まだ夜《よる》も明《あ》けきらないうちに、鶏《にわとり》の鳴《な》きまねでだまして函谷関《かんこくかん》は通《とお》れても、この逢坂《おうさか》の関《せき》は決《けっ》して通《とお》しませんよ。

この歌《うた》の場面《ばめん》は……

作者《さくしゃ》が恋人《こいびと》の藤原行成《ふじわらのゆきなり》にあてて詠《よ》んだ歌《うた》。中国《ちゅうごく》の昔話《むかしばなし》に、「鶏《にわとり》の声《こえ》まねで朝《あさ》とかんちがいさせて、函谷関《かんこくかん》の関所《せきしょ》をあけさせた」という話《はなし》がある。それをふまえて、「でも、私《わたし》はだませないわよ」といっている。

用語解説《ようごかいせつ》
＊夜《よ》をこめて……夜《よ》が明《あ》けないうちに。
＊鳥《とり》のそら音《ね》……鶏《にわとり》▼21ページの鳴《な》きまね。
＊はかる……だます。

随筆《ずいひつ》『枕草子《まくらのそうし》』の作者《さくしゃ》
清少納言《せいしょうなごん》
（966?〜1025?年《ねん》）

清原深養父《きよはらのふかやぶ》のひ孫《まご》、清原元輔《きよはらのもとすけ》の娘《むすめ》。橘則光《たちばなののりみつ》と結婚《けっこん》し、子《こ》を生《う》むが離婚《りこん》。一条天皇《いちじょうてんのう》の后《きさき》である中宮定子《ちゅうぐうていし》に仕《つか》え『枕草子《まくらのそうし》』を書《か》いた。

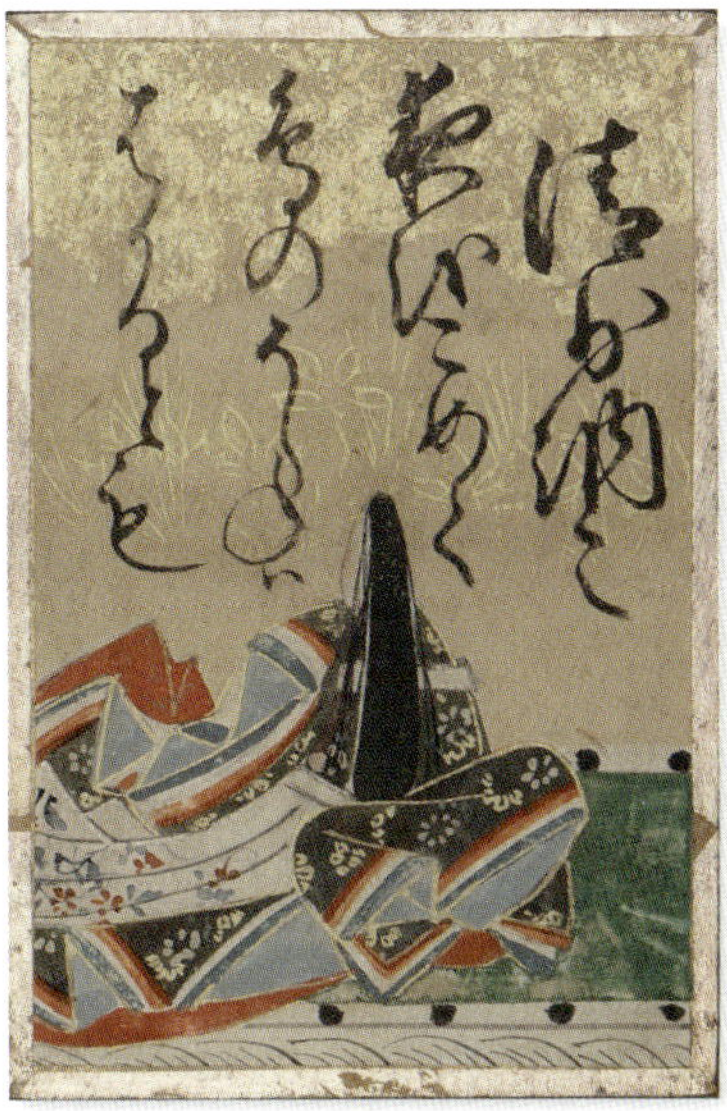

関連人物《かんれんじんぶつ》

曽祖父《そうそふ》　清原深養父《きよはらのふかやぶ》
▶75ページ

父《ちち》　清原元輔《きよはらのもとすけ》
▶81ページ

マンガで読《よ》む！

清少納言《せいしょうなごん》です
『枕草子《まくらのそうし》』を書《か》きました
これはある夜《よる》、藤原行成《ふじわらのゆきなり》と楽《たの》しく会話《かいわ》していたときのこと…
鶏《にわとり》の声《こえ》が聞《き》こえる！
ごめん帰《かえ》るねー
えっ楽しく会話していたのに帰るの!?
翌朝《よくあさ》
昨夜《さくや》はごめんね鶏《にわとり》が鳴《な》いたから朝《あさ》だと思《おも》ってさ
会《あ》いたかったよ！
イライラ
調子《ちょうし》のいいこといって！もうあなたに会《あ》いません！
ガーン

春《はる》
夏《なつ》
秋《あき》
冬《ふゆ》
恋《こい》
旅《たび》
別《わかれ》
雑《ぞう》

今《いま》はただ　思《おも》ひ（い）絶《た》えなむ（ん）　とばかりを
人《ひと》づ〈つ〉てならで〈て〉　言《い》ふ（う）よしもが〈か〉な

出典《しゅってん》 後拾遺和歌集《ごしゅういわかしゅう》 750番《ばん》 ▼6ページ

決《き》まり字《じ》 ▼26ページ
③② ① いまは

この歌《うた》の内容《ないよう》

今《いま》となってはもう、あなたへの思《おも》いはきっぱり思《おも》い切《き》ってしまおう。その一言《ひとこと》だけでいいから、伝言《でんごん》ではなく、直接《ちょくせつ》あなたに伝《つた》える方法《ほうほう》があったらいいのに。

この歌《うた》の場面《ばめん》は……

禁《きん》じられた恋《こい》を詠《よ》んだ悲《かな》しい歌《うた》。お別《わか》れの言葉《ことば》でもいいから、直接《ちょくせつ》会《あ》って告《つ》げたいという切《せつ》ない思《おも》いが詠《よ》まれている。この歌《うた》は、権中納言敦忠《ごんちゅうなごんあつただ》（藤原敦忠《ふじわらのあつただ》）▼82ページの歌《うた》「いかにしてかく思《おも》ふてふことをだに人《ひと》づてならで君《きみ》に語《かた》らむ」を本歌取《ほんかど》り▼8ページしている。

用語解説《ようごかいせつ》

＊思《おも》ひ絶《た》えなむ……きっぱり思《おも》いを断《た》ち切《き》ってしまおう。「なむ」は「すっかり〜してしまおう」の意味《いみ》。
＊人《ひと》づて……伝言《でんごん》。
＊言《い》ふよし……いう方法《ほうほう》があればあればいいのに。「よし」は方法《ほうほう》。

つらく悲《かな》しい恋《こい》と人生《じんせい》

左京大夫道雅《さきょうのだいぶみちまさ》（992〜1054年《ねん》）

本名《ほんみょう》は藤原道雅《ふじわらのみちまさ》。藤原伊周《ふじわらのこれちか》の息子《むすこ》。子《こ》どものころに家《いえ》が落《お》ちぶれ、貧《まず》しい生活《せいかつ》に。さらに三条院《さんじょういん》▼107ページの皇女《こうじょ》当子内親王《とうしないしんのう》との恋愛《れんあい》もはばまれ、出世《しゅっせ》の道《みち》も絶《た》たれた。

関連人物《かんれんじんぶつ》

祖母《そぼ》
儀同三司母《ぎどうさんしのはは》
▶93ページ

マンガで読《よ》む！
左京大夫道雅《さきょうのだいぶみちまさ》です
オヤジのリストラでオレの未来《みらい》は真《ま》っ暗《くら》だ
ちっ
好《す》きな女《おんな》ともむりやり別《わか》れさせられて…
けっ
身分《みぶん》ちがいだって！
しょうがないあきらめるよ！
あきらめるけど……
せめて別《わか》れの言葉《ことば》くらい
ぐすっ
カノジョに会わせろ〜っ
直接《ちょくせつ》伝《つた》えさせてくれよぉ！

朝《あさ》ぼらけ　宇治《うじ》［ぢ］の川霧《かわぎり》［かは］　絶《た》えだえに　あらは（わ）れ渡《わた》る　瀬々《せぜ》〈せ〉の網代《あじろ》〈しろ〉木《ぎ》〈き〉

出典《しゅってん》 ▼6ページ
千載和歌集《せんざいわかしゅう》
420番《ばん》

決《き》まり字《じ》 ▼26ページ
16 あ
3 さ
2 ぼ
2 ら
2 け
1 う

この歌《うた》の内容《ないよう》

だんだん夜《よ》が明《あ》けるころ、宇治川《うじがわ》に立《た》ちこめていた霧《きり》がとぎれとぎれになって、晴《は》れ間《ま》から、川《かわ》のあちらこちらに仕《し》かけた網代木《あじろぎ》が見《み》えてきたよ。

この歌《うた》の場面《ばめん》は……

冬《ふゆ》の早朝《そうちょう》の静《しず》かな時間《じかん》の流《なが》れを詠《よ》んだ歌《うた》。宇治《うじ》はこの時代《じだい》、貴族《きぞく》の高級《こうきゅう》リゾート地として特別《とくべつ》な場所《ばしょ》だった。宇治《うじ》を有名《ゆうめい》にしたのは『源氏物語《げんじものがたり》』の「宇治十帖《うじじゅうじょう》」。『源氏物語《げんじものがたり》』が貴族《きぞく》の間《あいだ》で大《だい》流行《りゅうこう》したことで、この歌《うた》も高《たか》く評価《ひょうか》されるようになった。

用語解説《ようごかいせつ》

＊朝《あさ》ぼらけ……ほのぼのと夜《よ》が明《あ》ける時間帯《じかんたい》。明《あ》け方《がた》。
＊絶《た》えだえに……とぎれとぎれに。
＊網代木《あじろぎ》……あゆの稚魚《ちぎょ》を取《と》るための仕《し》かけ「網代《あじろ》」を固定《こてい》するために、川《かわ》の浅瀬《あさせ》に打《う》った杭《くい》。

幼少期《ようしょうき》から多才《たさい》ぶりを発揮《はっき》

権中納言定頼《ごんちゅうなごんさだより》（995～1045年《ねん》）

本名《ほんみょう》は藤原定頼《ふじわらのさだより》。大納言公任《だいなごんきんとう》（藤原《ふじわらの》公任《きんとう》）の息子《むすこ》。和歌《わか》が上手《じょうず》で、書家《しょか》でもあった。美声《びせい》の持《も》ち主《ぬし》で、朗詠《ろうえい》や読経《どきょう》も得意《とくい》。中古三十六歌仙《ちゅうこさんじゅうろっかせん》 ▼15ページ の一人《ひとり》。

関連人物《かんれんじんぶつ》

父《ちち》
大納言公任《だいなごんきんとう》
▶94ページ

マンガで読《よ》む！
権中納言定頼《ごんちゅうなごんさだより》です
本名《ほんみょう》は藤原定頼《ふじわらのさだより》 容姿端麗《ようしたんれい》で 和歌《わか》や管弦《かんげん》がうまかった！
自分《じぶん》でいうのも何《なん》だが…
もや～…
寒《さむ》い～ 夜明《よあ》けは霧《きり》で何《なに》も見《み》えないな～
おや？
霧《きり》の中《なか》から網代木《あじろぎ》が…
ぼんや～り
おお～！
なんて幻想的《げんそうてき》なんだ…！
感動《かんどう》…！

恨《うら》み侘《わ》び　ほさぬ袖《そで》だに　あるものを
恋《こい》［こひ］に朽《く》ちなむ（ん）　名《な》こそ惜《お》［を］しけれ

出典《しゅってん》 ▼6ページ
後拾遺和歌集《ごしゅういわかしゅう》815番《ばん》

決《き》まり字《じ》 ▼26ページ
②うら
①うら

この歌《うた》の内容《ないよう》

あなたをうらむ気力《きりょく》もなくなって、涙《なみだ》でかわくひまもない袖《そで》が朽《く》ちるのさえ惜《お》しいのに、恋《こい》のうわさのせいで私《わたし》の評判《ひょうばん》まで朽《く》ちてしまうのが惜《お》しくてしかたない。

この歌《うた》の場面《ばめん》は……

多《おお》くの男性《だんせい》との恋《こい》に涙《なみだ》を流《なが》してきた作者《さくしゃ》が昔《むかし》のことを思《おも》い出《だ》して詠《よ》んだ歌《うた》。「袖《そで》だにあるものを」の解釈《かいしゃく》は二とおりあり、「涙《なみだ》にぬれた袖《そで》さえ朽《く》ちそうなのに」と、「涙《なみだ》にぬれた袖《そで》さえ朽《く》ちないのに」に意見《いけん》が分《わ》かれている。

用語解説《ようごかいせつ》
＊恨《うら》み侘《わ》び……恨《うら》む気力《きりょく》もなくなって。
＊ほさぬ袖《そで》……涙《なみだ》でかわくひまもない袖《そで》。

歌合《うたあわせ》の恋愛《れんあい》の歌《うた》で大活躍《だいかつやく》

相模《さがみ》（995？～？年《ねん》）

相模守《さがみのかみ》（今《いま》でいう神奈川県《かながわけん》の役人《やくにん》のトップ）の大江公資《おおえのきんより》と結婚《けっこん》していたため相模《さがみ》とよばれた。離婚後《りこんご》、脩子《しゅうし》内親王《ないしんのう》や祐子内親王《ゆうしないしんのう》に仕《つか》えた。多《おお》くの歌合《うたあわせ》で活躍《かつやく》。恋《こい》のうわさが絶《た》えなかった。

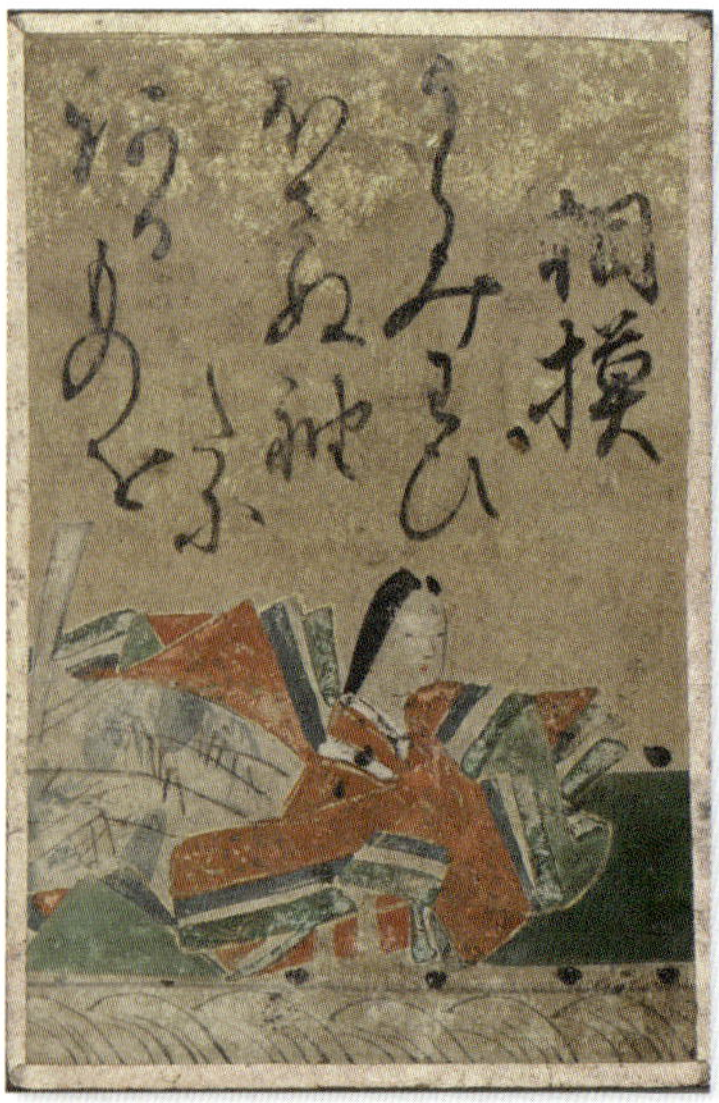

マンガで読《よ》む！

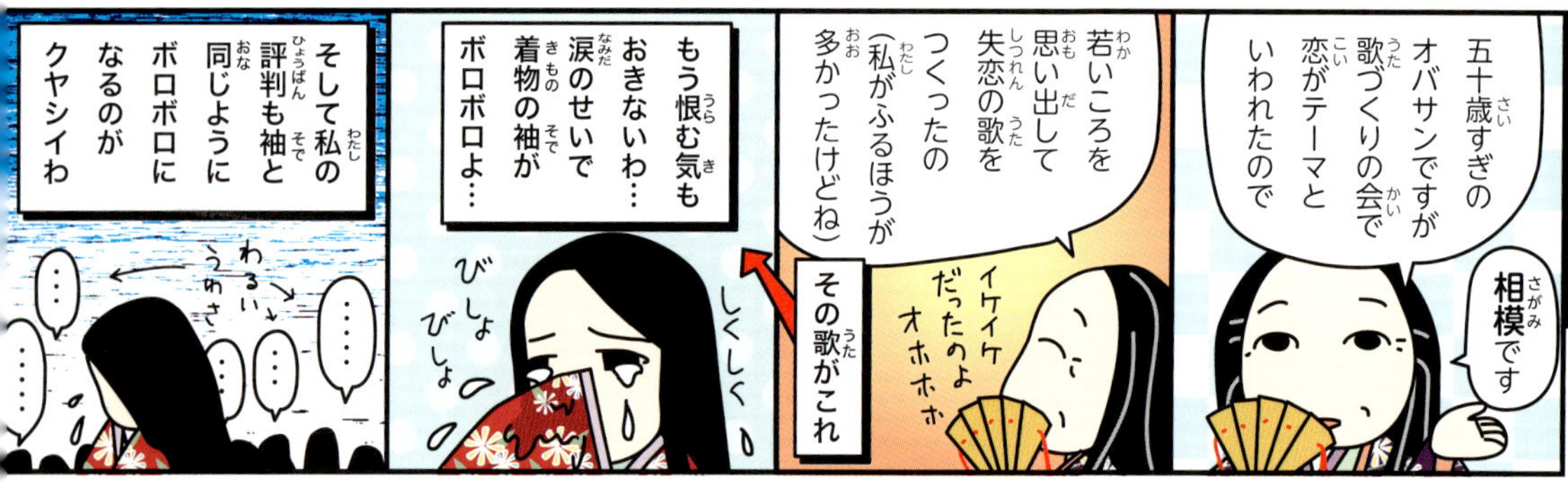
相模《さがみ》です
五十歳《さい》すぎのオバサンですが歌《うた》づくりの会《かい》で恋《こい》がテーマといわれたので
若《わか》いころを思《おも》い出《だ》して失恋《しつれん》の歌《うた》をつくったの（私《わたし》がふるほうが多《おお》かったけどね）
イケイケだったのよ オホホホ
その歌《うた》がこれ
もう恨《うら》む気《き》もおきないわ…涙《なみだ》のせいで着物《きもの》の袖《そで》がボロボロよ…
しくしく
びしょびしょ
そして私《わたし》の評判《ひょうばん》も袖《そで》と同《おな》じようにボロボロになるのがクヤシイわ
わるい うわさ
……

もろともに　あはれ(わ)と思《おも》へ(え)　山《やま》ざくら　花《はな》よりほかに　知《し》る人《ひと》もなし

出典《しゅってん》 ▼6ページ
金葉和歌集《きんようわかしゅう》
521番《ばん》

決《き》まり字《じ》 ▼26ページ
②も
①ろ

この歌《うた》の内容《ないよう》

私《わたし》がおまえのことを懐《なつ》かしく思《おも》うように、おまえも私《わたし》を懐《なつ》かしく思《おも》っておくれ、山桜《やまざくら》よ。おまえ以外《いがい》に私《わたし》の心《こころ》をわかってくれるものはいないのだから。

この歌《うた》の場面《ばめん》は……

作者《さくしゃ》が修行《しゅぎょう》のために入《はい》った山奥《やまおく》で詠《よ》んだ歌《うた》。一人《ひとり》で修業《しゅぎょう》する孤独感《こどくかん》を山桜《やまざくら》▼21ページとわかち合《あ》おうとしている。作者《さくしゃ》の見《み》た桜《さくら》は、風《かぜ》に負《ま》けずに咲《さ》くたくましい桜《さくら》だったといわれており、自分《じぶん》と桜《さくら》を重《かさ》ねて、「自分《じぶん》も強《つよ》くありたい」と思《おも》ったのかもしれない。

用語解説《ようごかいせつ》

＊もろともに……いっしょに、おたがいにの意味《いみ》。ここでは山桜《やまざくら》を擬人化《ぎじんか》▼9ページしている。

＊あはれ……何《なに》かにふれて、しみじみと心《こころ》にしみとおるような感情《かんじょう》をおぼえること。感動《かんどう》したときに思《おも》わず出《で》る言葉《ことば》。

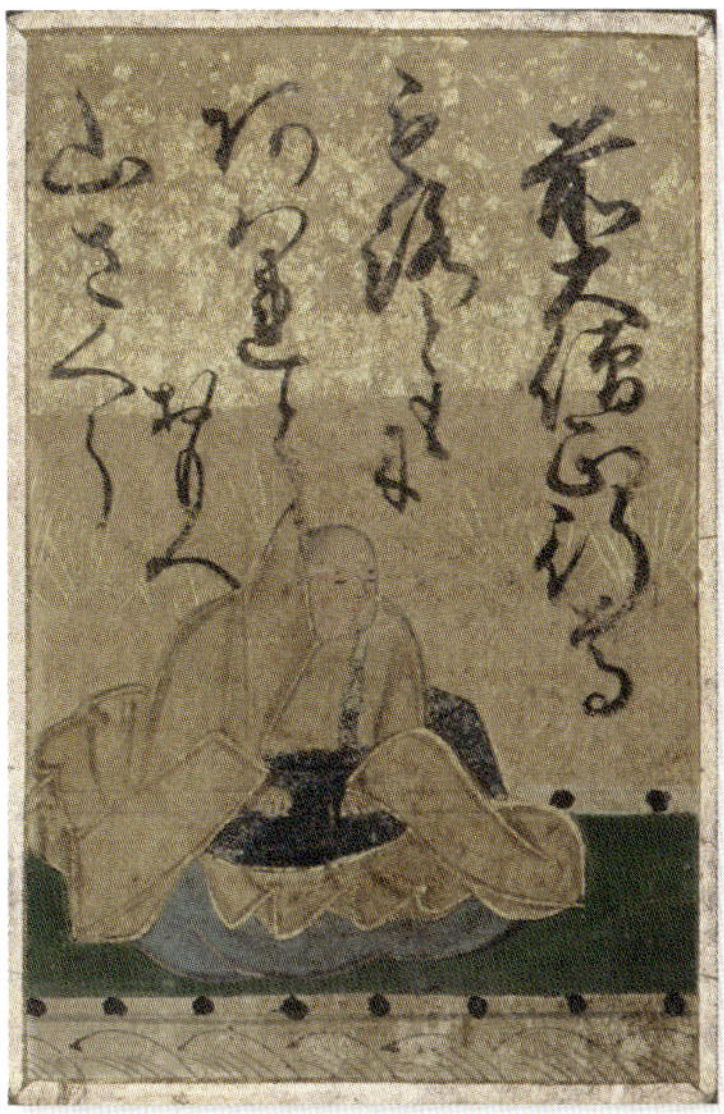

天台宗《てんだいしゅう》で一番位《いちばんくらい》の高《たか》い僧《そう》

大僧正行尊《だいそうじょうぎょうそん》 (1055～1135年《ねん》)

三条院《さんじょういん》(三条天皇《さんじょうてんのう》)のひ孫《まご》。小一条院《こいちじょういん》の孫《まご》。厳《きび》しい修行《しゅぎょう》を続《つづ》けながら諸国《しょこく》をまわった。天皇《てんのう》のためにおいのりをする護持僧《ごじそう》となり、のちに最《もっと》も位《くらい》の高《たか》い天台座主《てんだいざす》(大僧正《だいそうじょう》)となる。

関連人物《かんれんじんぶつ》

曽祖父《そうそふ》
三条院《さんじょういん》
▶107ページ

マンガで読《よ》む!

大僧正行尊《だいそうじょうぎょうそん》です
12歳《さい》で出家《しゅっけ》したよ
僧《そう》の中《なか》でもっとも位《くらい》の高《たか》い大僧正《だいそうじょう》となりました
ワシは大峰山《おおみねさん》で修行《しゅぎょう》をしたことがありました…
滝《たき》
崖《がけ》
大変《たいへん》だった…
その途中《とちゅう》山奥《やまおく》で山桜《やまざくら》が咲《さ》いているのを発見《はっけん》して…
こんな山奥《やまおく》に桜《さくら》が…
ワシも山桜《やまざくら》も一人《ひとり》ぼっちなんだと親近感《しんきんかん》をおぼえたのです

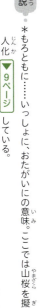

春《はる》の夜《よ》の 夢《ゆめ》ばかりなる 手枕《たまくら》に かひ(い)なくたたむ(ん) 名《な》こそ惜《お》［を］しけれ

出典《しゅってん》 ▼6ページ
千載和歌集《せんざいわかしゅう》 964番《ばん》

決《き》まり字《じ》 ▼26ページ
④③②① はるの

この歌《うた》の内容《ないよう》

はかない春《はる》の夜《よ》の夢《ゆめ》のような、たわむれで出《だ》されたあなたの腕枕《うでまくら》を借《か》りたら、つまらないうわさがたってしまうから、悔《くや》しいわ。

この歌《うた》の場面《ばめん》は……

作者《さくしゃ》が「枕《まくら》がほしい」とつぶやいたのを聞《き》きつけた藤原忠家《ふじわらのただいえ》が、御簾《みす》(細《ほそ》い竹《たけ》ひごを並《なら》べて糸《いと》で編《あ》みあげたブラインドのようなもの)の向《む》こうから「これをどうぞ」と腕枕《うでまくら》をさし出《だ》してきたときに、詠《よ》んだ歌《うた》。「春《はる》の夜《よ》の夢《ゆめ》」は「はかなさ」をあらわす。

用語解説《ようごかいせつ》

＊春《はる》の夜《よ》……短《みじか》いもののたとえ。
＊かひなく……つまらない。何《なん》の意味《いみ》もない。「かひな(腕《うで》)」との掛詞《かけことば》 ▼9ページ という説《せつ》もあるが、この歌以外《うたいがい》の例《れい》はない。
＊たたむ名《な》……「名《な》」は評判《ひょうばん》のことで、悪《わる》いうわさがたつこと。

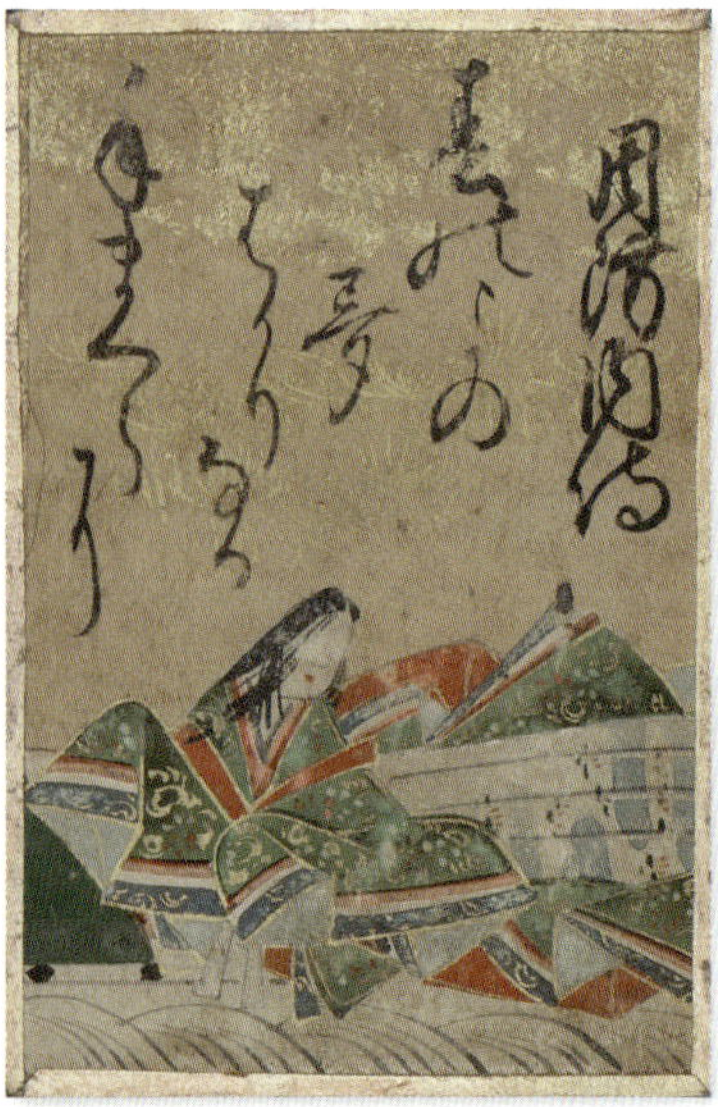

四人《にん》の天皇《てんのう》に仕《つか》えた女官《にょかん》

周防内侍《すおうのないし》

(生没年不明《せいぼつねんふめい》)

平安後期《へいあんこうき》に活躍《かつやく》。周防守《すおうのかみ》(今《いま》でいう山口県《やまぐちけん》の役人《やくにん》のトップ)の平棟仲《たいらのむねなか》の娘《むすめ》だったので、この名《な》がついた。後冷泉《ごれいぜい》、後三条《ごさんじょう》、白河《しらかわ》、堀河天皇《ほりかわてんのう》の四代《だい》にわたって仕《つか》えた。晩年《ばんねん》は病《やまい》にかかり出家《しゅっけ》した。

マンガで読《よ》む!
周防内侍《すおうのないし》です
四代《だい》にわたり天皇《てんのう》に仕《つか》えました
夜《よ》ふかしておしゃべりに夢中《むちゅう》
枕《まくら》がここにあればいいのに
キャッ
キャッ
これを枕《まくら》にしなさい
忠家様《ただいえさま》…
そっ…
こんな人前《ひとまえ》で腕枕《うでまくら》だなんて…
けっこうです
つまらないうわさがたっては困《こま》りますもの
ガーン

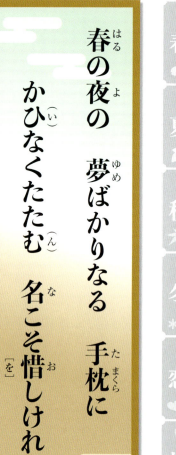

心《こころ》にも　あらで憂《う》き世《よ》に　ながらへ（え）ば　恋《こい》［こひ］しかるべ〈へ〉き　夜半《よわ》［は］の月《つき》かな

出典《しゅってん》 ▼6ページ
後拾遺和歌集《ごしゅういわかしゅう》 860番《ばん》

決《き》まり字《じ》 ▼26ページ
⑥こ ②こ ②ろ ①に

この歌《うた》の内容《ないよう》

自分《じぶん》の本心《ほんしん》ではないままに、このつらい世《よ》を生《い》き続《つづ》けるとしたら、そのときはきっと恋《こい》しく思《おも》い出《だ》すにちがいない。今夜《こんや》のこの美《うつく》しい月《つき》のことを。

この歌《うた》の場面《ばめん》は……

作者《さくしゃ》が天皇《てんのう》を交代《こうたい》させられる直前《ちょくぜん》に詠《よ》んだ歌《うた》。天皇《てんのう》として見《み》る最後《さいご》の月《つき》。しかも、作者《さくしゃ》はいつ失明《しつめい》するかもわからない状態《じょうたい》だった。二重《にじゅう》の意味《いみ》で、「こうして月《つき》を見《み》ることは二度《にど》とできないだろう」と覚悟《かくご》している。

用語解説《ようごかいせつ》

＊心《こころ》にもあらで……心《こころ》にもない、自分《じぶん》の望《のぞ》みではないが。
＊憂《う》き世《よ》……つらい世《よ》の中《なか》のこと。「この世」「浮き世」とあらわしたものもある。
＊夜半《よわ》の月《つき》……夜中《よなか》に見《み》える月《つき》のこと ▼20ページ。

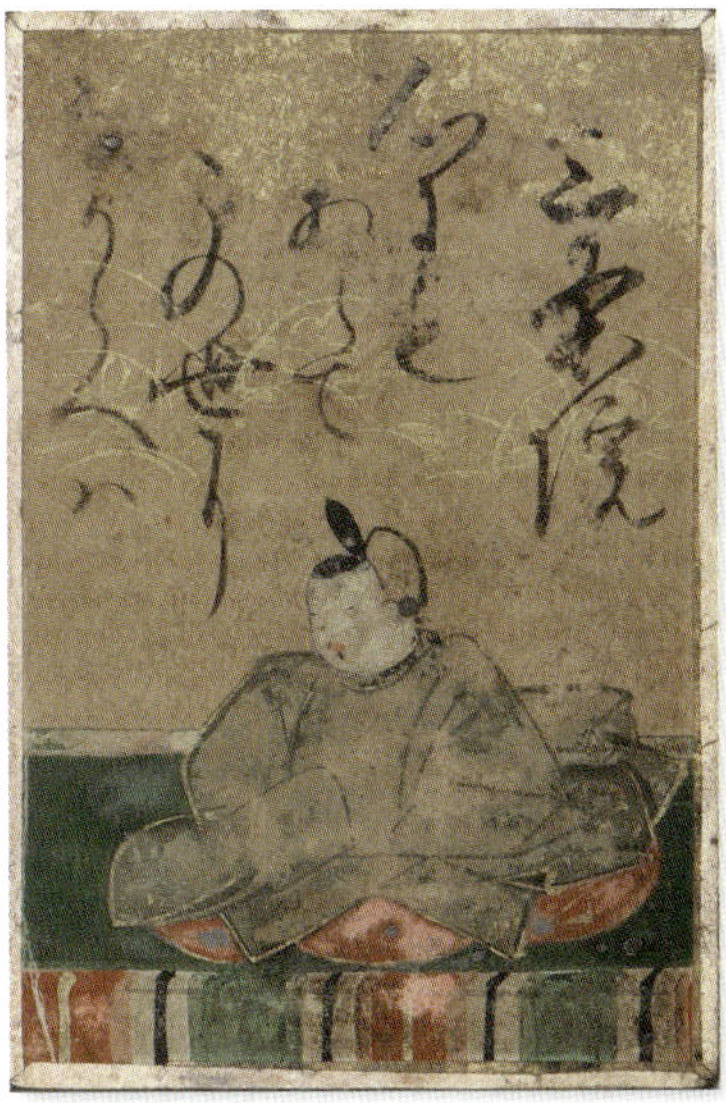

失意《しつい》の中《なか》で死《し》んだ天皇《てんのう》

三条院《さんじょういん》（976〜1017年《ねん》）

第《だい》六十七代天皇《だいてんのう》。冷泉天皇《れいぜいてんのう》の息子《むすこ》。おじの藤原道長《ふじわらのみちなが》から圧迫《あっぱく》を受《う》け、たった五年《ねん》で退位《たいい》。目《め》の病気《びょうき》だった。退位《たいい》の翌年《よくとし》、亡《な》くなっている。

関連人物《かんれんじんぶつ》

ひ孫《まご》
大僧正行尊《だいそうじょうぎょうそん》
▶105ページ

マンガで読《よ》む！

三条院《さんじょういん》です…
たった五年《ねん》で天皇《てんのう》の座《ざ》をゆずりました
36歳《さい》でやっと天皇《てんのう》になれたのに…
せっかく天皇《てんのう》になれたというのに目《め》の病気《びょうき》にかかり宮中《きゅうちゅう》は二度《ど》も火事《かじ》に…
不《ふ》ズーン幸《こう》
目《め》も悪《わる》いし…ご隠居《いんきょ》なさったらいかがです？
藤原《ふじわらの》 道長《みちなが》
ヒヒヒヒヒ…
ギャー！！
ここを去《さ》ることになるのか…今夜《こんや》の月《つき》を恋《こい》しく思《おも》い出《だ》すのだろうな…
目《め》も悪《わる》くなったし月《つき》を見《み》ていられるのもいつまでか…

嵐《あらし》ふく　三室《みむろ》の山《やま》の　もみぢ《(じ)》葉《ば》は
龍田《たつた》の川《かわ》［かは］の　錦《にしき》なりけり

出典《しゅってん》 ▼6ページ
後拾遺和歌集《ごしゅういわかしゅう》 366番《ばん》

決《き》まり字《じ》 ▼26ページ
16 あ
2 ら
1 し

この歌《うた》の内容《ないよう》

激《はげ》しい嵐《あらし》でふきちらされた三室《みむろ》の山《やま》の紅葉《もみじ》は、やがて龍田川《たつたがわ》に流《なが》れいく。水面《すいめん》を埋《う》めつくす紅葉《もみじ》はまるで錦《にしき》の織物《おりもの》のようだ。

この歌《うた》の場面《ばめん》は……

山《やま》でちった紅葉《もみじ》 ▼21ページ が川《かわ》に流《なが》れてくる様子《ようす》を、錦《にしき》の織《おり》物《もの》の美《うつく》しさにたとえて詠《よ》んだ歌《うた》。三室山《みむろやま》も龍田川《たつたがわ》もどちらも紅葉《もみじ》の名所《めいしょ》。実際《じっさい》には、三室山《みむろやま》と龍田川《たつたがわ》は離《はな》れているので、山《やま》から紅葉《もみじ》が流《なが》れる様子《ようす》は見《み》えない。作者《さくしゃ》は映像《えいぞう》を見《み》るように想像《そうぞう》をふくらませて詠《よ》んでいる。

用語解説《ようごかいせつ》

*三室《みむろ》の山《やま》……歌枕《うたまくら》 ▼8・22ページ、奈良県生駒郡《ならけんいこまぐん》にある山《やま》。紅葉《もみじ》の名所《めいしょ》。
*龍田《たつた》の川《かわ》……歌枕《うたまくら》、三室山《みむろやま》のふもとを流《なが》れる川《かわ》。紅葉《もみじ》の名所《めいしょ》。
*錦《にしき》……色《いろ》とりどりの絹糸《きぬいと》で織《お》られた豪華《ごうか》な織物《おりもの》。

旅《たび》の中《なか》で歌《うた》を詠《よ》んだ僧侶《そうりょ》

能因法師《のういんほうし》

（988～1050?年《ねん》）

出家《しゅっけ》する前《まえ》の名前《なまえ》は橘永愷《たちばなのながやす》。二十六歳《さい》ごろに出家《しゅっけ》して、摂津国古曽部《せっつのくにこそべ》(今《いま》の大阪府高槻市《おおさかふたかつきし》)に住《す》み、古曽部入道《こそべにゅうどう》とよばれた。藤原長能《ふじわらのながよし》に和歌《わか》を習《なら》い、旅《たび》をしながら歌《うた》を詠《よ》んだ。

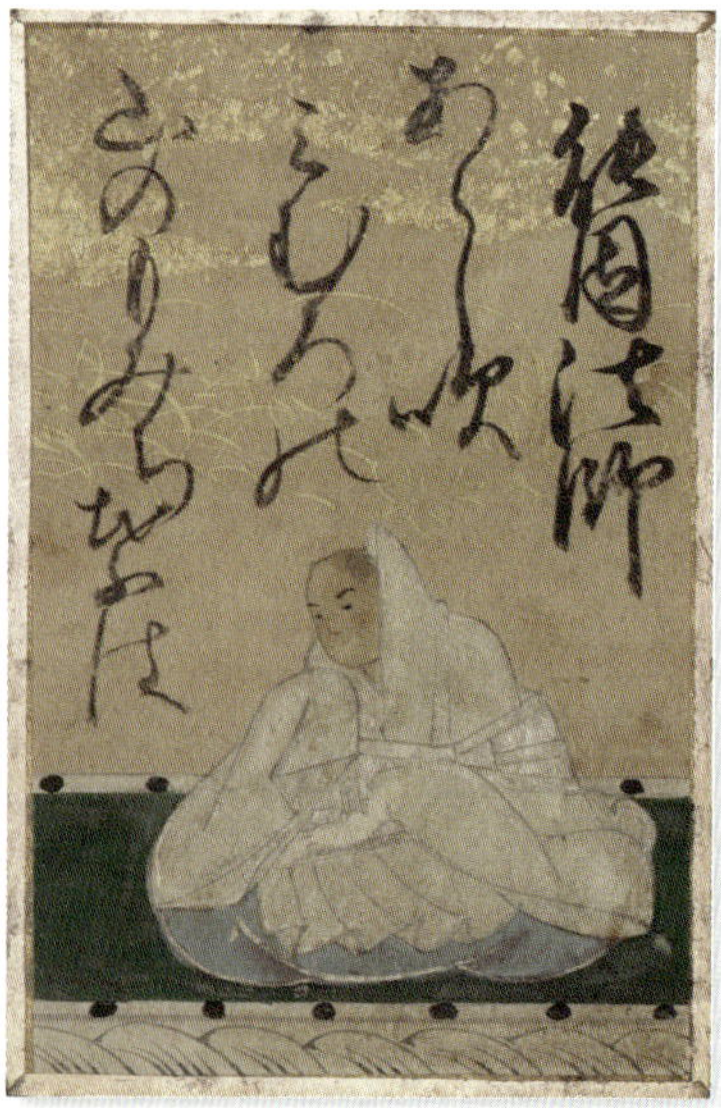

マンガで読《よ》む!

能因法師《のういんほうし》です
二十六歳《さい》で出家《しゅっけ》し全国《ぜんこく》を旅《たび》して歌《うた》を詠《よ》みました
俗名《ぞくめい》は橘永愷《たちばなのながやす》
この歌《うた》は歌合《うたあわせ》のときに発表《はっぴょう》したものです
あらし ふく～
みむろの やまの～
三室山《みむろやま》の紅葉《もみじ》が龍田川《たつたがわ》をうめつくす…
それはまるで錦《にしき》の織物《おりもの》のよう…
この山《やま》と川《かわ》は離《はな》れているから、実際《じっさい》にはありえないんだけどね
てへっ

寂《さび》しさに　宿《やど》を立《た》ち出《い》でて　眺《なが》むれば　いづ(ず)〈つ〉こも同《おな》じ〈し〉　秋《あき》の夕暮《ゆうぐれ》［ゆふ］〈くれ〉

出典《しゅってん》 ▼6ページ
後拾遺和歌集《ごしゅういわかしゅう》 333番《ばん》

決《き》まり字《じ》 ▼26ページ
1 さ

この歌《うた》の内容《ないよう》

あまりにさびしくて、庵《いおり》の外《そと》に出《で》てあたりをながめてみたら、どこもかしこも同《おな》じようにさびしい秋《あき》の夕暮《ゆうぐ》れだなあ。

この歌《うた》の場面《ばめん》は……

多《おお》くの僧《そう》がくらす比叡山《ひえいざん》を出《で》て、ひっそりとした大原《おおはら》の里《さと》に移《うつ》り住《す》んだ作者《さくしゃ》。一人《ひとり》になりたくてきた地《ち》だったが、あまりのさびしさに戸惑《とまど》う様子《ようす》が詠《よ》まれている。

用語解説《ようごかいせつ》
＊宿《やど》……旅館《りょかん》ではなく、自分《じぶん》の家《いえ》(庵《いおり》)。
＊いづこ……どこも。

比叡山《ひえいざん》を離《はな》れて隠居《いんきょ》した僧《そう》

良暹法師《りょうぜんほうし》

(?～1064?年《ねん》)

くわしい経歴《けいれき》は不明《ふめい》。比叡山《ひえいざん》の僧《そう》で、祇園社《ぎおんしゃ》(現在《げんざい》は八坂神社《やさかじんじゃ》)で仏事《ぶつじ》を仕切《しき》る別当《べっとう》をつとめた。歌《うた》の才能《さいのう》を認《みと》められ、多《おお》くの歌合《うたあわせ》に参加《さんか》。晩年《ばんねん》は京《きょう》の大原《おおはら》などでくらした。

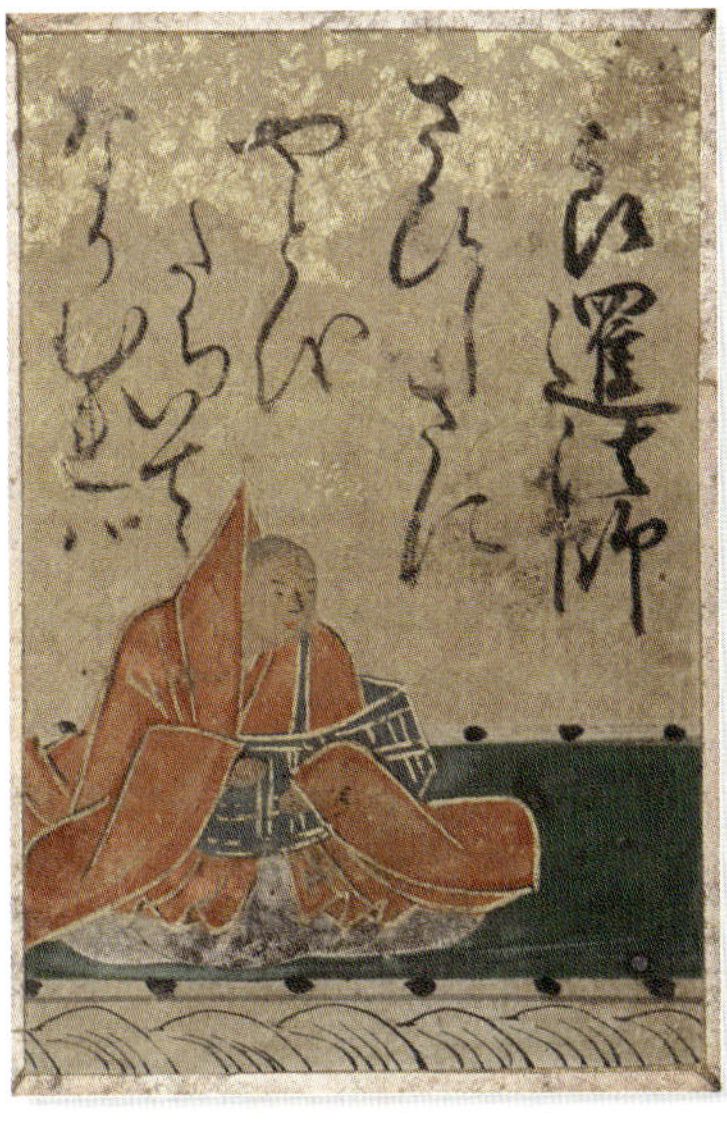

マンガで読《よ》む!

良暹法師《りょうぜんほうし》です
比叡山《ひえいざん》で修行《しゅぎょう》していたよ
比叡山《ひえいざん》にはたくさんの僧《そう》が修業《しゅぎょう》しているんだ
年《とし》とって京都《きょうと》の大原《おおはら》に移《うつ》ったんだが…
ぽつん
一人《ひとり》ってさびしい…
さびしすぎる…外《そと》に出《で》て気《き》をまぎらわそう…
ガラッ…
カァー
カァー
秋《あき》の夕暮《ゆうぐ》れを見《み》てますますさびしくなるだけであった
さらにぽっ一ん…

夕《ゆう》されば［ゆふ］ 門田《かどた》の稲葉《いなば》 おとづれて（ず） 葦《あし》のまろやに 秋風《あきかぜ》ぞ〈かせ〉〈そ〉吹《ふ》く

出典《しゅってん》 ▼6ページ
金葉和歌集《きんようわかしゅう》 173番《ばん》

決《き》まり字《じ》 ▼26ページ
② ゆ
① ふ（う）

この歌《うた》の内容《ないよう》

夕方《ゆうがた》になると、家《いえ》の前《まえ》の田《た》んぼに秋風《あきかぜ》がふき、稲葉《いなば》がそよそよと音《おと》をたてる。私《わたし》がいるこの田舎家《いなかや》にも秋風《あきかぜ》がふきわたってくるよ。

この歌《うた》の場面《ばめん》は……

「葦《あし》のまろや」はそまつな仮小屋《かりごや》を意味《いみ》するが、実際《じっさい》に作者《さくしゃ》が住《す》んでいた山荘《さんそう》は、立派《りっぱ》なものだった。この歌《うた》は、作者《さくしゃ》の心《こころ》の風景《ふうけい》。「夕《ゆう》されば」「門田《かどた》」は和歌《わか》でよく使《つか》われてきた語《ご》で、昔《むかし》ながらの語《ご》を使《つか》って詠《よ》んでいる。

用語解説《ようごかいせつ》
＊夕《ゆう》されば……夕方《ゆうがた》になると。
＊門田《かどた》……門《もん》の前《まえ》に広《ひろ》がる田《た》んぼ。
＊葦《あし》のまろや……葦《あし》でつくった屋根《やね》の、そまつな小屋《こや》。

和歌《わか》の世界《せかい》に新風《しんぷう》をふかせた

大納言経信《だいなごんつねのぶ》（1016～1097年《ねん》）

本名《ほんみょう》は源経信《みなもとのつねのぶ》。源俊頼朝臣《みなもとのとしよりあそん》（源俊頼《みなもとのとしより》）の父《ちち》で、俊恵法師《しゅんえほうし》の祖父《そふ》。漢詩《かんし》、和歌《わか》、管弦《かんげん》が上手《じょうず》で大納言公任《だいなごんきんとう》（藤原公任《ふじわらのきんとう》）▼94ページと並《なら》び「三船《さんせん》の才《さい》」といわれた。数々《かずかず》の歌合《うたあわせ》に出席《しゅっせき》して、判者《はんじゃ》（審査《しんさ》員《いん》）もつとめた。

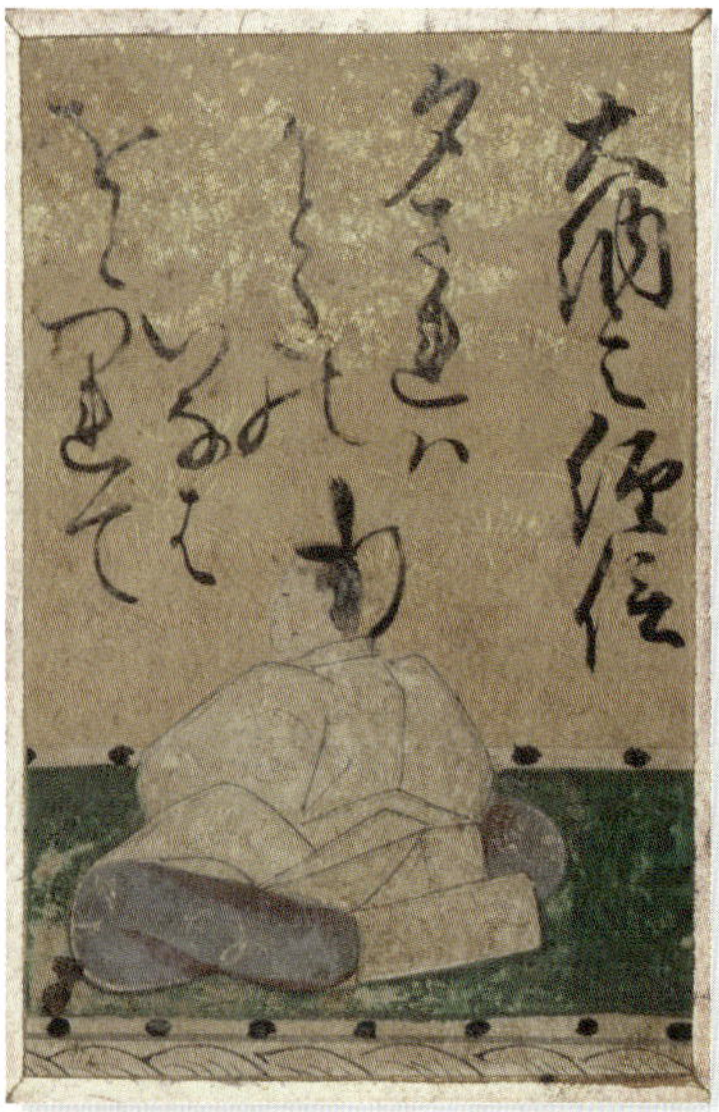

関連人物《かんれんじんぶつ》

息子《むすこ》 源俊頼朝臣《みなもとのとしよりあそん》 ▶113ページ

孫《まご》 俊恵法師《しゅんえほうし》 ▶124ページ

マンガで読《よ》む！

大納言経信《だいなごんつねのぶ》です
大納言公任《だいなごんきんとう》と並《なら》んで三船《さんせん》の才《さい》とよばれました
これは秋《あき》の訪《おとず》れを詠《よ》んだ歌《うた》です
別荘《べっそう》で歌会《うたかい》開《ひら》きましょう
いいですね
サァァ…
夕方《ゆうがた》になると秋風《あきかぜ》がふき田《た》の稲《いな》の穂《ほ》が音《おと》を立《た》てる
ヒュウウウ…
ここにも秋風《あきかぜ》がふいてきたね
さわやかでいやされる～！
ね～

音《おと》に聞《き》く　高師《たかし》の浜《はま》の　あだ浪《なみ》は　かけじ〈し〉や袖《そで》〈そて〉の　ぬれもこそすれ

出典《しゅってん》 ▼6ページ
金葉和歌集《きんようわかしゅう》469番《ばん》

決《き》まり字《じ》 ▼26ページ
⑤-お
①-と

この歌《うた》の内容《ないよう》

うわさに聞《き》く高師《たかし》の浜《はま》の波《なみ》にはかからないようにしましょう。むやみに袖《そで》がぬれては困《こま》るから。(浮気《うわき》な人《ひと》として有名《ゆうめい》なあなたの言葉《ことば》は本気《ほんき》にはしない。袖《そで》を涙《なみだ》でぬらすのはいやだから)。

この歌《うた》の場面《ばめん》は……

恋《こい》の歌《うた》を競《きそ》う席《せき》で、藤原俊忠《ふじわらのとしただ》の歌《うた》への返歌《へんか》として詠《よ》まれた。俊忠《としただ》が「あなたのことを思《おも》っています」と熱《あつ》い恋心《こいごころ》を詠《よ》んだのに対《たい》し、「泣《な》くのはいやよ」と返《かえ》している。「高《たか》し」「かけ」の掛詞《かけことば》▼9ページや「浜《はま》、波《なみ》、ぬれ」の縁語《えんご》▼9ページを使《つか》っている。「波《なみ》でぬれる袖《そで》」を「涙《なみだ》でぬれる袖《そで》」にたとえた隠喩《いんゆ》▼8ページ表現《ひょうげん》になっている。

用語解説《ようごかいせつ》

＊音《おと》に聞《き》く……「音《おと》」は評判《ひょうばん》のこと。うわさに名高《なだか》い。有名《ゆうめい》な。
＊あだ浪《なみ》……むやみに立《た》つ波《なみ》。かわりやすい人《ひと》の心《こころ》をたとえる。
＊高師《たかし》の浜《はま》……歌枕《うたまくら》▼8・22ページ、今《いま》の大阪府高石市《おおさかふたかいしし》の浜《はま》。

高度《こうど》なテクニックで有名《ゆうめい》
祐子内親王家紀伊《ゆうしないしんのうけのきい》

(生没年不明《せいぼつねんふめい》)

平安時代後期《へいあんじだいこうき》に活躍《かつやく》した歌人《かじん》。後朱雀天皇《ごすざくてんのう》の娘《むすめ》の祐子内親王《ゆうしないしんのう》に女房《にょうぼう》(宮中《きゅうちゅう》に仕《つか》える女性《じょせい》)として仕《つか》えた。多《おお》くの歌合《うたあわせ》に参加《さんか》した。

マンガで読《よ》む！
祐子内親王家紀伊《ゆうしないしんのうけのきい》です
男女対抗《だんじょたいこう》恋歌合戦《こいうたがっせん》で若《わか》ぞうに勝《か》ったときの歌《うた》よ
70歳《さい》でもバリバリよ♡
敵《てき》は恋心《こいごころ》を荒波《あらなみ》にたとえたくどき文句《もんく》を和歌《わか》にしてきたのよ　なかなかね！
ビュー
好《す》きだー
だから私《わたし》はそんな波《なみ》に近《ちか》づいたら袖《そで》がぬれると返《かえ》してやったわ
あらまぁ
ゴーン
ブロック
イエ～イ
バーン
「袖《そで》がぬれる」つまり泣《な》くことになるって意味《いみ》ね　波《なみ》でぬれるのとうまくからめたわ　年《とし》の功《こう》ね！
ワタシに勝《か》とうなんて50年《ねん》早《はや》いわ!!
アハハハ

高砂《たかさご》の　尾《お》［を］の上《え》［へ］の桜《さくら》　咲《さ》きにけり
外山《とやま》の霞《かすみ》　たたずもあらなむ（ん）〈す〉

出典《しゅってん》 ▼6ページ
後拾遺和歌集《ごしゅういわかしゅう》 120番《ばん》

決《き》まり字《じ》 ▼26ページ
⑤-たか
❶-か

この歌《うた》の内容《ないよう》

高《たか》い山《やま》の頂《いただ》きに桜《さくら》が美《うつく》しく咲《さ》いたなあ。里山《さとやま》の霞《かすみ》よ、どうか立《た》たないでおくれ。あの山《やま》の桜《さくら》が見《み》えなくなってしまうから。

この歌《うた》の場面《ばめん》は……

遠《とお》くの桜《さくら》▼21ページをながめて詠《よ》んだ歌《うた》。春《はる》を感《かん》じさせる「霞《かすみ》」を擬人化《ぎじんか》▼9ページしている。また、「遠《とお》くの山桜《やまざくら》の景色《けしき》」と「近《ちか》くの里山《さとやま》の景色《けしき》」を並《なら》べて、遠近感《えんきんかん》を出《だ》している。これは漢詩《かんし》によくあるつくりで、漢詩《かんし》にくわしかった作者《さくしゃ》ならでは。

用語解説《ようごかいせつ》

＊高砂《たかさご》……歌枕《うたまくら》▼8・22ページ、播磨国《はりまのくに》（今《いま》の兵庫県《ひょうごけん》）の名所《めいしょ》。高《たか》くつもった砂《すな》の意味《いみ》から、「高《たか》い山《やま》」をあらわす。
＊外山《とやま》……人里《ひとざと》に近《ちか》い、あまり高《たか》くない山《やま》。

博学《はくがく》で知《し》られた学者《がくしゃ》で歌人《かじん》

権中納言匡房《ごんちゅうなごんまさふさ》（1041～1111年《ねん》）

本名《ほんみょう》は大江匡房《おおえのまさふさ》。匡衡《まさひら》と赤染衛門《あかぞめえもん》のひ孫《まご》。漢学者《かんがくしゃ》、歌人《かじん》として認《みと》められ、白河院《しらかわいん》から大切《たいせつ》にされた。江帥《ごうのそち》（帥《そち》は大宰府《だざいふ》の長官《ちょうかん》をあらわす）ともよばれた。

関連人物《かんれんじんぶつ》

曾祖母《そうそぼ》
赤染衛門《あかぞめえもん》
▶98ページ

マンガで読《よ》む！

権中納言匡房《ごんちゅうなごんまさふさ》です
大宰府長官《だざいふちょうかん》もつとめたことあるんだぞ
ひっく
宴会《えんかい》にて
「遠《とお》くの桜《さくら》をながめる」という題《だい》で歌《うた》を詠《よ》んでくれないか
では一つ…
遠《とお》くの桜《さくら》がきれいだなぁ
でも春《はる》の霞《かすみ》が立《た》つと見《み》えなくなりそうだ…
どうか霞《かすみ》よ…あのきれいな桜《さくら》を隠《かく》さないでくれ…
いい歌《うた》だ！
じゃあもう一杯《いっぱい》!!

春《はる》
夏《なつ》
秋《あき》
冬《ふゆ》
恋《こい》
旅《たび》
別《わかれ》
雑《ぞう》

うかりける 人《ひと》を初瀬《はつせ》の 山《やま》おろし
はげ〈け〉しかれとは 祈《いの》らぬものを

出典《しゅってん》 ▼6ページ
千載和歌集《せんざいわかしゅう》 708番《ばん》

決《き》まり字《じ》 ▼26ページ
②うか
①か

この歌《うた》の内容《ないよう》

冷《つめ》たいあの人《ひと》が私《わたし》になびくようにと初瀬《はつせ》の観音様《かんのんさま》においのりしたのに。ああ、初瀬《はつせ》の山《やま》にふく山《やま》おろしの風《かぜ》よ、私《わたし》に冷《つめ》たくあたれとはいのらなかったでしょう。

この歌《うた》の場面《ばめん》は……

「神仏《しんぶつ》にいのってもかなわなかった恋《こい》」というお題《だい》で詠《よ》まれた歌《うた》。恋《こい》に敗《やぶ》れ、冷《つめ》たい風《かぜ》にふかれる様子《ようす》を、「山《やま》おろし」を擬《ぎ》人化《じんか》▼9ページして詠《よ》んでいる。また、「はげしかれ」に、「山《やま》おろし」と「うかりける人《ひと》」をかけることで、その冷《つめ》たさを引《ひ》き立《た》たせている。

用語解説《ようごかいせつ》
＊うかりける人《ひと》……私《わたし》に冷《つめ》たくした人《ひと》。
＊山《やま》おろし……山《やま》からふきおろす冷《つめ》たい風《かぜ》。
＊はげしかれ……「山《やま》おろしのはげしさ」と「うかりける人《ひと》のはげしさ」の両方《りょうほう》の意味《いみ》がある。

『金葉和歌集《きんようわかしゅう》』の撰者《せんじゃ》
源《みなもとの》 俊頼朝臣《としよりあそん》（1055〜1129年《ねん》）

大納言経信《だいなごんつねのぶ》（源経信《みなもとのつねのぶ》）の息子《むすこ》で俊恵《しゅんえ》法師《ほうし》の父《ちち》。多《おお》くの歌合《うたあわせ》で判者《はんじゃ》（審査員《しんさいん》）をつとめた。官位《かんい》は高《たか》くないが、白河院《しらかわいん》の命《めい》で『金葉和歌集《きんようわかしゅう》』の撰者《せんじゃ》となった。堀河天皇《ほりかわてんのう》のときには、宮中《きゅうちゅう》の音楽《おんがく》を演奏《えんそう》する役《やく》をつとめた。

関連人物《かんれんじんぶつ》

父《ちち》 大納言経信《だいなごんつねのぶ》
▶110ページ

息子《むすこ》 俊恵法師《しゅんえほうし》
▶124ページ

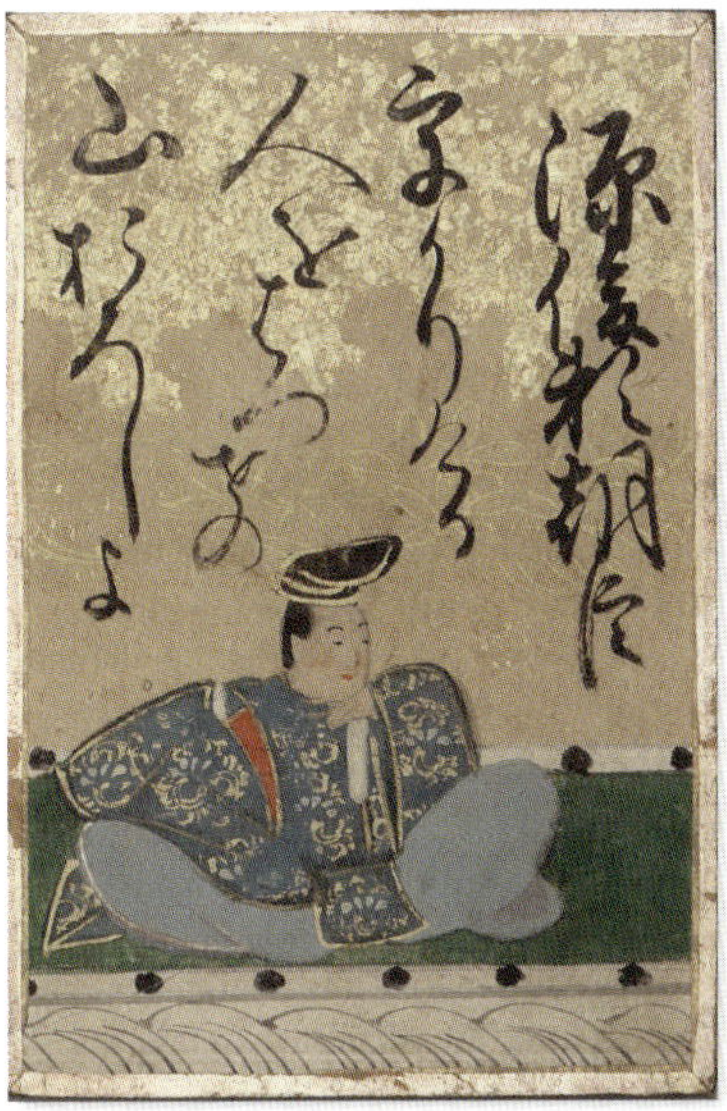

マンガで読《よ》む！
源《みなもとの》俊頼朝臣《としよりあそん》だぜ
役人《やくにん》だけど〜 宮中雅楽《きゅうちゅうががく》のバンドメンバーなんだぜ〜
シェケナ
ベイビー
聞《き》いてくれ！ 片思《かたおも》いの相手《あいて》がふり向《む》くように初瀬《はつせ》の観音様《かんのんさま》にいのったら…
ペコリ
山《やま》おろしの冷《つめ》たい風《かぜ》が
ぴゅううう
…これだぜ？
そんで彼女《かのじょ》はもっと冷《つめ》たいし！
プイ
ひゃ
ひゃ
たのむぜオイ…
…こんなこといのってねぇぞ！

契《ちぎ》りおきし　させもが露《つゆ》を　命《いのち》にて　あはれ(わ)今年《ことし》の　秋《あき》もいぬめり

出典《しゅってん》 ▼6ページ
千載和歌集《せんざいわかしゅう》 1026番《ばん》

決《き》まり字《じ》 ▼26ページ
③ち ②ぎ ②り ①お

この歌《うた》の内容《ないよう》

「私《わたし》を頼《たよ》りにしていいよ」という言葉《ことば》を信《しん》じていたのに。その願《ねが》いもかなわず、今年《ことし》の秋《あき》もむなしくすぎてゆく。

この歌《うた》の場面《ばめん》は……

僧侶《そうりょ》である息子《むすこ》が出世《しゅっせ》できないでいるのを見《み》かねた作者《さくしゃ》が、権力《けんりょく》のある法性寺入道前関白太政大臣《ほっしょうじにゅうどうさきのかんぱくだいじょうだいじん》（藤原忠通《ふじわらのただみち》）▼115ページに頼《たの》んだところ、「しめじが原《はら》のさしも草《ぐさ》」とこたえた。それは『新古今和歌集《しんこきんわかしゅう》』にある清水観音《きよみずかんのん》の歌《うた》で、「任《まか》せておけ。私《わたし》を頼《たよ》りにしていいよ」の意味《いみ》。ところが、その約束《やくそく》は果《は》たされず、がっかりして詠《よ》んだ歌《うた》。

用語解説《ようごかいせつ》

＊契《ちぎ》りおきし……約束《やくそく》してくれた。「おき」は「露《つゆ》」の縁語《えんご》▼9ページ。
＊させも……さしも草《ぐさ》のこと。この歌《うた》の詞書《ことばがき》にある「しめじが原《はら》のさしも草《ぐさ》」を受《う》けている。「さしも（あんなにも）」と「さしも草《ぐさ》」の掛詞《かけことば》▼9ページ。

名門《めいもん》の出《で》だが出世《しゅっせ》に恵《めぐ》まれなかった

藤原基俊《ふじわらのもととし》（1060〜1142年《ねん》）

藤原道長《ふじわらのみちなが》のひ孫《まご》。右大臣俊家《うだいじんとしいえ》の息子《むすこ》。歌合《うたあわせ》の判者《はんじゃ》（審査員《しんさいん》）や『新撰朗詠和歌集《しんせんろうえいわかしゅう》』の撰者《せんじゃ》に選《えら》ばれるなどしたが、出世《しゅっせ》には恵《めぐ》まれなかった。晩年《ばんねん》、出家《しゅっけ》した。

マンガで読《よ》む！
藤原基俊《ふじわらのもととし》です…
藤原道長《ふじわらのみちなが》のひ孫《まご》で名門《めいもん》の家《いえ》だけど出世《しゅっせ》できなかったんだ…
ズーン
ボクは息子《むすこ》の光覚《こうかく》に僧侶《そうりょ》として立派《りっぱ》な仕事《しごと》をさせてあげたくて藤原忠通《ふじわらのただみち》にお願《ねが》いした
なんとか…！
あぁ！まかせとけ！
ぐっ
パァァ
ありがとう!!
そう彼《かれ》はいってくれたのに…
カァー
カァー
うそつき…
…
秋《あき》になってもその知《し》らせがとどくことはなかったんだ…

わたの原《はら》 漕《こ》ぎ出《い》でて見《み》れば 久方《ひさかた》の 雲居《くもい》〔ゐ〕にまがふ（ごう）〈か〉 沖《おき》つ白浪《しらなみ》

出典《しゅってん》 ▼6ページ
詞花和歌集《しかわかしゅう》 382番《ばん》

決《き》まり字《じ》 ▼26ページ
7-わ
2-た
2-の
2-は
2-ら
1-こ

この歌《うた》の内容《ないよう》

広々《ひろびろ》とした海《うみ》に船《ふね》をこぎ出《だ》してみると、はるか遠《とお》く沖《おき》のほうに雲《くも》と見まちがえるほどの大《おお》きな白波《しらなみ》がたっている。

この歌《うた》の場面《ばめん》は……

白《しろ》い雲《くも》と波《なみ》とがとけあう大海原《おおうなばら》を詠《よ》んだ歌《うた》。百人一首《ひゃくにんいっしゅ》の中《なか》の山辺赤人《やまべのあかひと》の歌《うた》▼43ページ、阿倍仲麿《あべのなかまろ》の歌《うた》▼46ページ、参議篁《さんぎたかむら》の歌《うた》▼50ページと、歌《うた》のつくりや大《おお》きな自然《しぜん》をうたっている点《てん》がよく似《に》ている。

用語解説《ようごかいせつ》

＊わたの原《はら》……広々《ひろびろ》とした海原《うなばら》。「わた」は海《うみ》のこと。
＊まがふ……まちがえる。ここでは雲《くも》と見分《みわ》けがつかないの意味《いみ》。

摂政関白で活躍《せっしょうかんぱくでかつやく》

法性寺入道前関白太政大臣《ほっしょうじにゅうどうさきのかんぱくだいじょうだいじん》

（1097〜1164年《ねん》）

本名《ほんみょう》は藤原忠通《ふじわらのただみち》。前大僧正慈円《さきのだいそうじょうじえん》の父《ちち》。後京極摂政前太政大臣《ごきょうごくせっしょうさきのだいじょうだいじん》（藤原良経《ふじわらのよしつね》）の祖父《そふ》。鳥羽天皇《とばてんのう》から四代《だい》にわたって、関白《かんぱく》をつとめた。一一五六年《ねん》の保元《ほうげん》の乱《らん》では後白河天皇《ごしらかわてんのう》に味方《みかた》して勝利《しょうり》した。

関連人物《かんれんじんぶつ》

孫《まご》 後京極摂政前太政大臣《ごきょうごくせっしょうさきのだいじょうだいじん》 ▶130ページ

息子《むすこ》 前大僧正慈円《さきのだいそうじょうじえん》 ▶134ページ

マンガで読《よ》む!
法性寺入道前関白太政大臣《ほっしょうじにゅうどうさきのかんぱくだいじょうだいじん》です
本名《ほんみょう》は藤原忠通《ふじわらのただみち》といいます
歌合《うたあわせ》のお題《だい》は「海上《かいじょう》の遠望《えんぼう》」かぁ…
どう歌《うた》おうかな…
大《おお》きな船《ふね》で大海原《おおうなばら》に出《で》る… ふと海《うみ》のかなたをながめると そこには雲《くも》と見《み》まちがえるような白波《しらなみ》がたっている
あぁー… なんて雄大《ゆうだい》な景色《けしき》なんだー!

瀬《せ》を早《はや》み 岩《いわ》［いは］にせかるる 滝川《たきがわ》［がは］の
われても末《すえ》［すゑ］に 逢《あ》は《（わ）》む《（ん）》とぞ《〈そ〉》思《おも》ふ《（う）》

出典《しゅってん》 ▼6ページ
詞花和歌集《しかわかしゅう》 229番《ばん》

決《き》まり字《じ》 ▼26ページ
1-せ

この歌《うた》の内容《ないよう》

川《かわ》の流《なが》れが速《はや》く、岩《いわ》にせき止《と》められて急流《きゅうりゅう》が二つに分《わ》かれている。しかし川《かわ》はやがて再《ふた》び一つになる。同《おな》じように、今《いま》は離《はな》れ離《ばな》れでも、きっとまた会《あ》おうと思《おも》う。

この歌《うた》の場面《ばめん》は……

「別《わか》れても将来《しょうらい》はいっしょになろう」という熱《あつ》い恋《こい》の歌《うた》。だが、政治《せいじ》の争《あらそ》いに負《ま》けて、地方《ちほう》に流《なが》された作者《さくしゃ》の人生《じんせい》をふまえてみると、「いつか都《みやこ》にもどりたい」という思《おも》いが見《み》えてくる。作者《さくしゃ》は、死後《しご》に怨霊《おんりょう》となって京都《きょうと》をたたり続《つづ》けたほど、恨《うら》みを残《のこ》していたといわれている。

用語解説《ようごかいせつ》
＊瀬《せ》を早《はや》み……川《かわ》の流《なが》れが速《はや》いので。
＊われても……「水《みず》が分《わ》かれる」と「人《ひと》が別《わか》れる」の掛詞《かけことば》 ▼9ページ。
＊逢《あ》はむ……「川《かわ》の水《みず》が合流《ごうりゅう》する」と「別《わか》れた恋人《こいびと》に再会《さいかい》する」の掛詞《かけことば》。

不幸《ふこう》な人生《じんせい》を歩《あゆ》んだ
崇徳院《すとくいん》（1119～1164年《ねん》）

第《だい》七十五代天皇《だいてんのう》。鳥羽天皇《とばてんのう》の息子《むすこ》。血縁《けつえん》のもつれから父《ちち》と仲《なか》が悪《わる》く、退位《たいい》させられた。保元《ほうげん》の乱《らん》で敗《やぶ》れ、讃岐《さぬき》（今《いま》の香川県《かがわけん》）に流《なが》されて、そこで亡《な》くなった。

マンガで読《よ》む！
崇徳院《すとくいん》です
天皇《てんのう》だったのに ぬれ衣《ぎぬ》をきせられ 死《し》ぬまで讃岐《さぬき》に 追放《ついほう》されたのです
恨《うら》んで死《し》んで… 私《わたし》をおとしいれた連中《れんちゅう》に さんざんたたって 日本《にほん》三大怨霊《だいおんりょう》の一人《ひとり》といわれています
急流《きゅうりゅう》が岩《いわ》にせき止《と》められ 二つに分《わ》かれてもまた合流《ごうりゅう》するように…
今《いま》は離《はな》されても また会《あ》いましょう
この歌《うた》も… ただの恋《こい》の歌《うた》ではないかもね…
呪

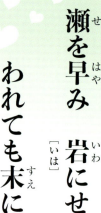

春《はる》
夏《なつ》
秋《あき》
冬《ふゆ》
恋《こい》
旅《たび》
別《わかれ》
雑《ぞう》

淡路《あわじ》［あは］［ぢ］島《しま》 かよふ〔う〕千鳥《ちどり》の 鳴《な》く声《こえ》［こゑ］に
いくよ寝覚《ねざ》〈さ〉めぬ 須磨《すま》の関守《せきもり》

出典《しゅってん》 ▼6ページ
金葉和歌集《きんようわかしゅう》270番《ばん》

決《き》まり字《じ》 ▼26ページ
⑯―あ
②―は〔わ〕
❶―ぢ〔じ〕

この歌《うた》の内容《ないよう》

淡路島《あわじしま》から海《うみ》を渡《わた》ってくる千鳥《ちどり》の悲《かな》しい鳴《な》き声《ごえ》に、何度目《なんどめ》を覚《さ》ましたことだろう。この須磨《すま》の関所《せきしょ》の番人《ばんにん》は。

この歌《うた》の場面《ばめん》は……

千鳥《ちどり》 ▼21ページ は恋《こい》しい人《ひと》を思《おも》って鳴《な》くといわれている。だから、関所《せきしょ》の番人《ばんにん》はその声《こえ》を聞《き》くと、何《なん》だか悲《かな》しい気持《きも》ちになって、目《め》を覚《さ》ましてしまうのだろうと、想像《そうぞう》して詠《よ》んだ歌《うた》。須《す》磨《ま》は歌枕《うたまくら》 ▼8・22ページ 、『源氏物語《げんじものがたり》』の主人公《しゅじんこう》である光源氏《ひかるげんじ》が罪人《つみびと》として流《なが》され、さびしくくらした場所《ばしょ》。

用語解説《ようごかいせつ》
*淡路島《あわじしま》……歌枕《うたまくら》 ▼8・22ページ 、今《いま》の兵庫県《ひょうごけん》にある島《しま》。歌枕《うたまくら》「須磨《すま》」の対岸《たいがん》にある。
*かよふ……行《い》き来《き》すること。
*関守《せきもり》……関所《せきしょ》を守《まも》る番人《ばんにん》。

数々《かずかず》の歌合《うたあわせ》で活躍《かつやく》した役人《やくにん》

源《みなもとの》 兼昌《かねまさ》

（生没年不明《せいぼつねんふめい》）

源俊輔《みなもとのとしすけ》の息子《むすこ》。役人《やくにん》だったことはわかっているが、くわしいことは不明《ふめい》。一一〇〇年《ねん》以降《いこう》、いくつもの歌《うた》合《あわせ》で活躍《かつやく》。一一二八年《ねん》に出家《しゅっけ》した。

マンガで読《よ》む！
源兼昌《みなもとのかねまさ》です
役人《やくにん》としては従五位下《じゅごいげ》と身分《みぶん》は高《たか》くないが多《おお》くの歌合《うたあわせ》で活躍《かつやく》したよ
ピィ
豆知識《まめちしき》
千鳥《ちどり》は恋人《こいびと》や友人《ゆうじん》を思《おも》って鳴《な》くという もの悲《かな》しさをあらわす鳥《とり》といわれています
須磨《すま》の関守《せきもり》は千鳥《ちどり》の鳴《な》き声《ごえ》で夜中《よなか》に目覚《めざ》めることもあるだろう
ピィー ピィピィ
う～ん
きっとそのときの気持《きも》ちはさびしいものなのだろうな…
光源氏《ひかるげんじ》もそうだっただろう…

秋風《あきかぜ》に たなびく雲《くも》の 絶《た》え間《ま》より もれ出《い》づ（ず）〈つ〉る月《つき》の 影《かげ》〈かけ〉のさやけさ

出典《しゅってん》 ▼6ページ
新古今和歌集《しんこきんわかしゅう》 413番《ばん》

決《き》まり字《じ》 ▼26ページ
16-あ 2-き 1-か

この歌《うた》の内容《ないよう》

秋風《あきかぜ》にふかれて流《なが》れる雲《くも》の切《き》れ間《ま》から、こぼれてくる月《つき》の光《ひかり》は、なんとすみきっていることだろう。

この歌《うた》の場面《ばめん》は……

時間《じかん》とともに変化《へんか》する月《つき》を詠《よ》んだ歌《うた》。「秋風《あきかぜ》」「雲《くも》」「月光《げっこう》」を順番《じゅんばん》に出《だ》すことで、少《すこ》しずつ目《め》の前《まえ》の風景《ふうけい》が変化《へんか》していく様子《ようす》が詠《よ》まれている。

用語解説《ようごかいせつ》

＊たなびく雲《くも》……横《よこ》に長《なが》く引《ひ》いている雲《くも》。
＊月《つき》の影《かげ》……影《かげ》は光《ひかり》のこと。月光《げっこう》。
＊さやけさ……清《きよ》らかにすみわたっている様子《ようす》。

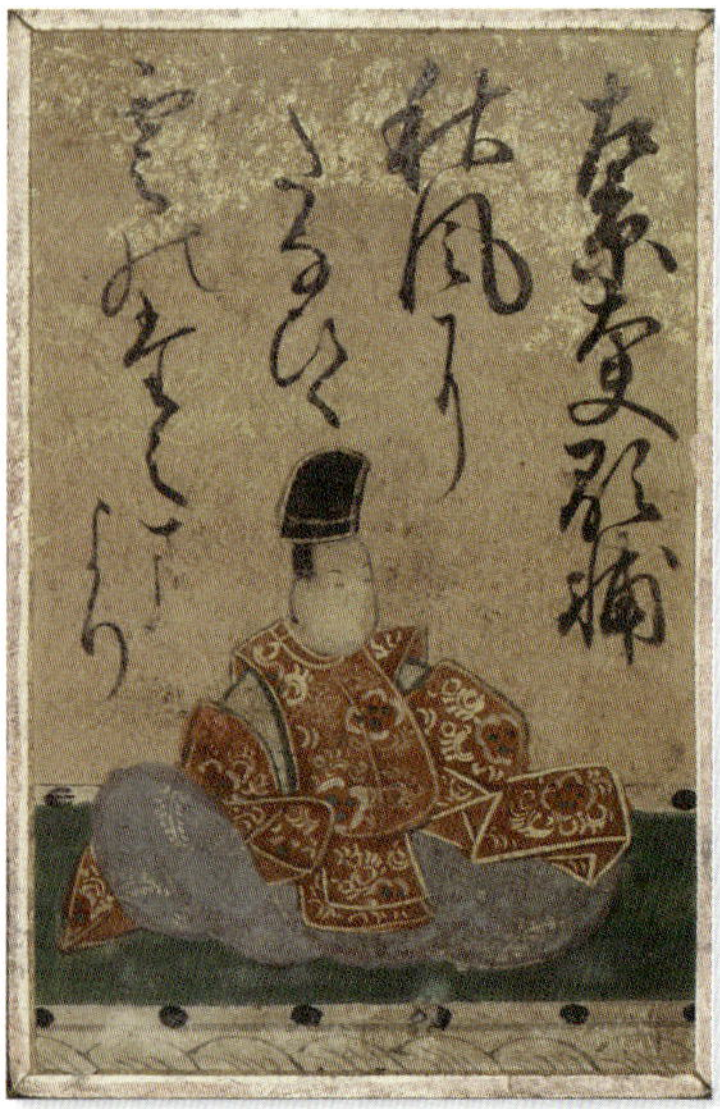

和歌《わか》で栄《さか》えた六条家《ろくじょうけ》の二代目《だいめ》

左京大夫顕輔《さきょうのだいぶあきすけ》（1090〜1155年《ねん》）

本名《ほんみょう》は藤原顕輔《ふじわらのあきすけ》。藤原顕季《ふじわらのあきすえ》の息子《むすこ》。藤原清輔朝臣《ふじわらのきよすけあそん》の父《ちち》。崇徳院《すとくいん》▼116ページに認《みと》められ、『詞花和歌集《しかわかしゅう》』の撰者《せんじゃ》となる。和歌《わか》の家系《かけい》の六条家《ろくじょうけ》を父《ちち》から受《う》け継《つ》いだ。

関連人物《かんれんじんぶつ》

息子《むすこ》
藤原清輔朝臣《ふじわらのきよすけあそん》
▶123ページ

マンガで読《よ》む!
左京大夫顕輔《さきょうのだいぶあきすけ》、本名《ほんみょう》は藤原顕輔《ふじわらのあきすけ》です
崇徳院《すとくいん》の命《めい》で『詞花和歌集《しかわかしゅう》』の撰者《せんじゃ》となりました
これはある夜《よる》…
秋風《あきかぜ》にたなびく雲《くも》のすき間《ま》からあらわれたのは…
ほわ〜
ハッ
なんとも美《うつく》しい月《つき》!
すみきった光《ひかり》で明《あか》るいなぁ

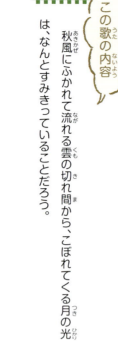

ながからむ（ん） 心《こころ》も知《し》らず 黒髪《くろかみ》の 乱《みだ》〈みた〉れてけさは ものをこそ思《おも》へ（え）

出典《しゅってん》 ▼6ページ
千載和歌集《せんざいわかしゅう》 802番《ばん》

決《き》まり字《じ》 ▼26ページ
8―なが
2―ながか
1―か

この歌《うた》の内容《ないよう》

私《わたし》のこの長《なが》い髪《かみ》のように長《なが》くかわらない愛《あい》かもしれないけれど、あなたが帰《かえ》った今朝《けさ》の私《わたし》の心《こころ》は、乱《みだ》れた黒髪《くろかみ》のようにもの思《おも》いで乱《みだ》れています。

この歌《うた》の場面《ばめん》は……

幸《しあわ》せな一夜《いちや》をすごした翌朝《よくあさ》、帰《かえ》っていった男性《だんせい》の心《こころ》がわりを心配《しんぱい》する気持《きも》ちを詠《よ》んだ歌《うた》。「黒髪《くろかみ》の乱《みだ》れ」は、「寝《ね》て乱《みだ》れた髪《かみ》」のことだが、「乱《みだ》れる心《こころ》」のたとえでもある。黒髪《くろかみ》という表現《ひょうげん》は、老人《ろうじん》の白髪《はくはつ》に対《たい》して、「若《わか》く美《うつく》しい女性《じょせい》」を意味《いみ》する。

用語解説《ようごかいせつ》

＊ながからむ……「男女《だんじょ》の仲《なか》が長《なが》く続《つづ》く」という意味《いみ》。「髪《かみ》の長《なが》さ」もイメージしている。「乱《みだ》れ」とともに髪《かみ》の縁語《えんご》▼9ページ。

＊心《こころ》も知《し》らず……（いつまでもかわらないという）気持《きも》ちは、わからない。

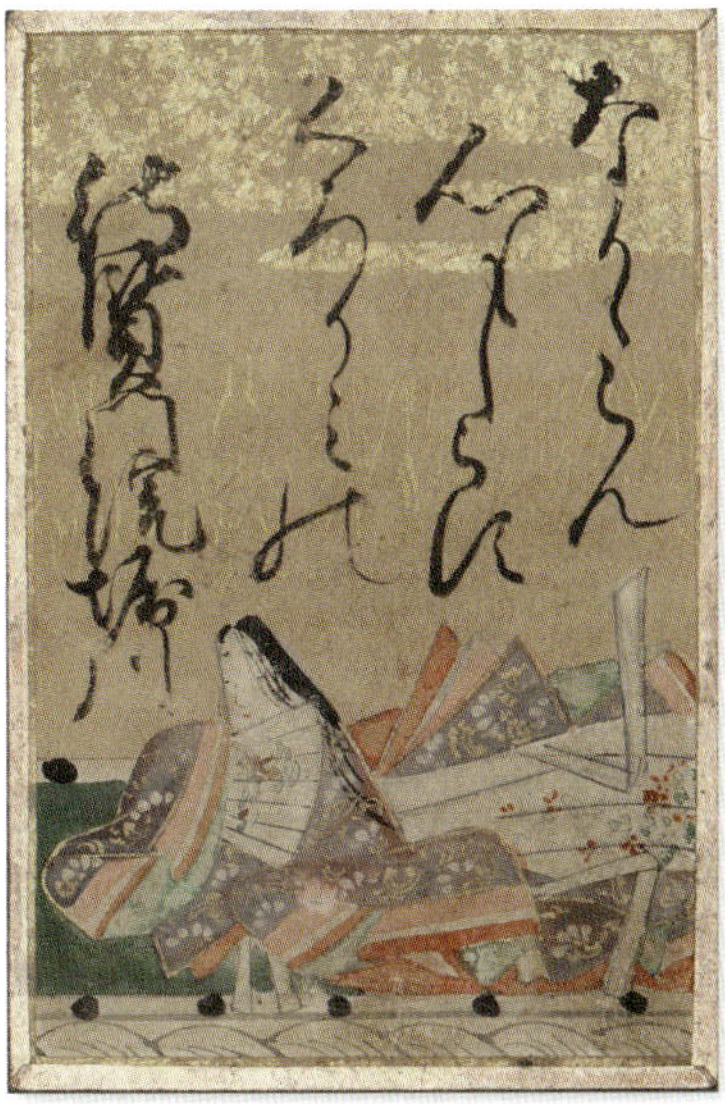

細《こま》やかな女心《おんなごころ》を詠《よ》む歌人《かじん》

待賢門院堀河《たいけんもんいんほりかわ》

（生没年不明《せいぼつねんふめい》）

源顕仲《みなもとのあきなか》の娘《むすめ》。崇徳院《すとくいん》▼116ページの母《はは》である待賢門《たいけんもん》院《いん》に仕《つか》えた。一一四二年《ねん》、待賢門院《たいけんもんいん》が出家《しゅっけ》するのに合《あ》わせて出家《しゅっけ》し、仁和寺《にんなじ》に住《す》んだ。

春《はる》 夏《なつ》 秋《あき》 冬《ふゆ》 恋《こい》 旅《たび》 別《わかれ》 雑《ぞう》

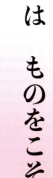

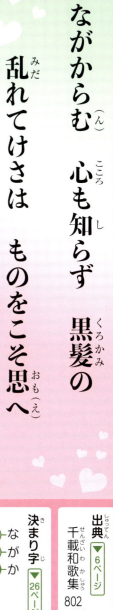

ほととぎす 鳴《な》きつる方《かた》を 眺《なが》むれば ただ〈た〉有明《ありあけ》の 月《つき》ぞ〈そ〉残《のこ》れる

出典《しゅってん》 ▼6ページ
千載和歌集《せんざいわかしゅう》 161番《ばん》

決《き》まり字《じ》 ▼26ページ
1-ほ

この歌《うた》の内容《ないよう》

ほととぎすが鳴《な》いた方角《ほうがく》を見《み》ると、そこにほととぎすの姿《すがた》はなく、ただ有明《ありあけ》の月《つき》だけが空《そら》に残《のこ》っていた。

この歌《うた》の場面《ばめん》は……

ほととぎす ▼21ページ は夏《なつ》を告《つ》げる鳥《とり》。今年初《ことしはじ》めてほととぎすが鳴《な》くのを聞《き》こうと、一晩中起《ひとばんじゅうお》きて待《ま》っていた作者《さくしゃ》。「あ、鳴《な》いた!」と思《おも》って姿《すがた》を見《み》ようとしたが、そこには月《つき》しかなかったという場面《ばめん》。一瞬《いっしゅん》で飛《と》んでいったほととぎすと、長《なが》い夜《よる》を対比《たいひ》している。

用語解説《ようごかいせつ》

＊ほととぎす……夏《なつ》を代表《だいひょう》する鳥《とり》。平安貴族《へいあんきぞく》は夜明《よあ》け前《まえ》に鳴《な》くほととぎすの声《こえ》を楽《たの》しんだ。

＊有明《ありあけ》の月《つき》……明《あ》け方《がた》の空《そら》に残《のこ》っている月《つき》 ▼20ページ。

詩歌《しいか》や管弦《かんげん》も得意《とくい》

後徳大寺左大臣《ごとくだいじのさだいじん》（1139～1191年《ねん》）

本名《ほんみょう》は藤原実定《ふじわらのさねさだ》。右大臣公能《うだいじんきんよし》の息子《むすこ》で、権中納言定家《ごんちゅうなごんていか》（藤原定家《ふじわらのていか》）のいとこ。管弦《かんげん》や漢詩《かんし》にも優《すぐ》れていた。祖父《そふ》の徳大寺左大臣《とくだいじのさだいじん》（藤原実能《ふじわらのさねよし》）と区別《くべつ》するために、後徳大寺左大臣《ごとくだいじのさだいじん》とよばれた。

関連人物《かんれんじんぶつ》

いとこ
権中納言定家《ごんちゅうなごんていか》
▶136ページ

マンガで読《よ》む!

後徳大寺左大臣《ごとくだいじのさだいじん》です
本名《ほんみょう》は藤原実定《ふじわらのさねさだ》
詩歌《しいか》や管弦《かんげん》に優《すぐ》れていました
ほととぎすは夏《なつ》の訪《おとず》れを告《つ》げる鳥《とり》といわれている
♪〜
徹夜《てつや》してでもほととぎすを見《み》るぞ…
うと
うと
きたか!?
♪〜
バッ
すばしっこくてまた見《み》られなかった〜!
どこいった〜
ハッ

思《おも》ひ(い)わび　さても命《いのち》は　あるものを　憂《う》きに堪《た》へ(え)ぬは　涙《なみだ》〈なみた〉なりけり

出典《しゅってん》 千載和歌集《せんざいわかしゅう》 818番《ばん》 ▼6ページ

決《き》まり字《じ》 ▼26ページ
⑤おも
❶も

この歌《うた》の内容《ないよう》

うまくいかない恋《こい》になやんで、死《し》んでしまうかと思《おも》ったけれど、それでも命《いのち》だけはつないでいます。でも、つらさに耐《た》えられなかったのは涙《なみだ》で、とめどなく流《なが》れ落《お》ちていく……。

この歌《うた》の場面《ばめん》は……

年老《としお》いても恋《こい》になやむ気持《きも》ちを詠《よ》んだ歌《うた》。作者《さくしゃ》は八十歳《さい》を超《こ》えても熱心《ねっしん》に和歌《わか》にとりくんでいた。この歌《うた》も単《たん》なる失恋《しつれん》の歌《うた》ではなく、作者《さくしゃ》の人生《じんせい》をあらわしているともとれる。

用語解説《ようごかいせつ》
＊思《おも》ひわび……思《おも》いなやんだり、悲《かな》しんだりして疲《つか》れてしまっている様子《ようす》。恋《こい》の歌《うた》によく使《つか》われる表現《ひょうげん》。
＊さても……それでも。
＊憂《う》き……つらい。

晩年《ばんねん》になって花開《はなひら》いた才能《さいのう》

道因法師《どういんほうし》（1090～1182?年《ねん》）

出家前《しゅっけまえ》の名《な》は藤原敦頼《ふじわらのあつより》。崇徳院《すとくいん》▼116ページに仕《つか》えていた。死後《しご》、『千載和歌集《せんざいわかしゅう》』に十八首《しゅ》が選《えら》ばれてよろこび、撰者《せんじゃ》の皇太后宮大夫俊成《こうたいごうぐうのだいぶしゅんぜい》（藤原俊成《ふじわらのしゅんぜい》）▼122ページの夢《ゆめ》にあらわれた。それに感動《かんどう》した俊成《しゅんぜい》が、二首追加《しゅついか》したという話《はなし》がある。

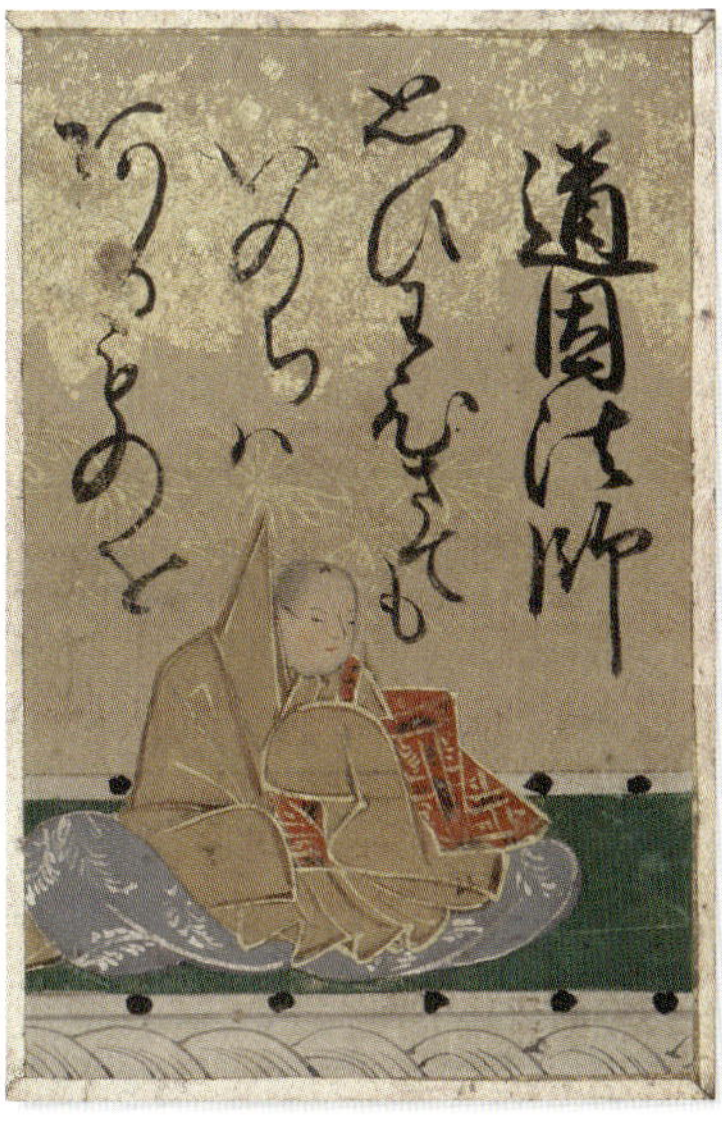

マンガで読《よ》む！

道因法師《どういんほうし》ですじゃ
なむ なむ
見《み》てのとおり年寄《としより》の坊主《ぼうず》で、もう八十歳《さい》をすぎてるけどいろいろと…
現役《げんえき》バリバリじゃ歌会《うたかい》にも出《で》るし恥《は》ずかしながら恋《こい》もするんじゃ～
キャッ
えー じじいじゃん
でもモテない～
ふられてつらくて死《し》ぬかと思《おも》ったけどなんとか生《い》きてるんじゃ
命《いのち》はあるけど心《こころ》は死《し》んだかもしれん…涙《なみだ》が止《と》まらないのじゃ…
だー

世《よ》の中《なか》よ　道《みち》こそなけれ　思《おも》ひ（い）入《い》る　山《やま》の奥《おく》にも　鹿《しか》ぞ［そ］なくなる

出典《しゅってん》 ▼6ページ
千載和歌集《せんざいわかしゅう》
1151番《ばん》

決《き》まり字《じ》 ▼26ページ
④よ②の②な②か①よ

この歌《うた》の内容《ないよう》

世《よ》の中《なか》というのは逃《のが》れる道《みち》がないものだなあ。深《ふか》く思《おも》いなやんで分《わ》け入《い》った山奥《やまおく》でさえ、鹿《しか》がメスを求《もと》めて悲《かな》しげに鳴《な》いているよ。

この歌《うた》の場面《ばめん》は……

出世《しゅっせ》もできず、悲《かな》しみ、苦《くる》しみに満《み》ちた世《よ》の中《なか》がつらく、四歳《さい》下《した》の西行法師《さいぎょうほうし》▼125ページも出家《しゅっけ》したことで思《おも》いなやみ、人里《ひとざと》を離《はな》れて山深《やまふか》くに入《はい》った作者《さくしゃ》。だが、そこでも悲《かな》しいことはあるようで、鹿《しか》▼21ページがしきりに鳴《な》いている。どこへ行《い》っても人生《じんせい》の苦悩《くのう》から逃《に》げることはできないと感《かん》じた気持《きも》ちを詠《よ》んでいる。

用語解説《ようごかいせつ》

＊世《よ》の中《なか》よ……世《よ》の中《なか》というものは。当時《とうじ》は戦乱《せんらん》が次々《つぎつぎ》起《お》こり、世《よ》の中《なか》が乱《みだ》れていた。

＊入《い》る……「深《ふか》く思《おも》うこと」と「山《やま》に分《わ》け入《い》ること」の掛詞《かけことば》▼9ページ。

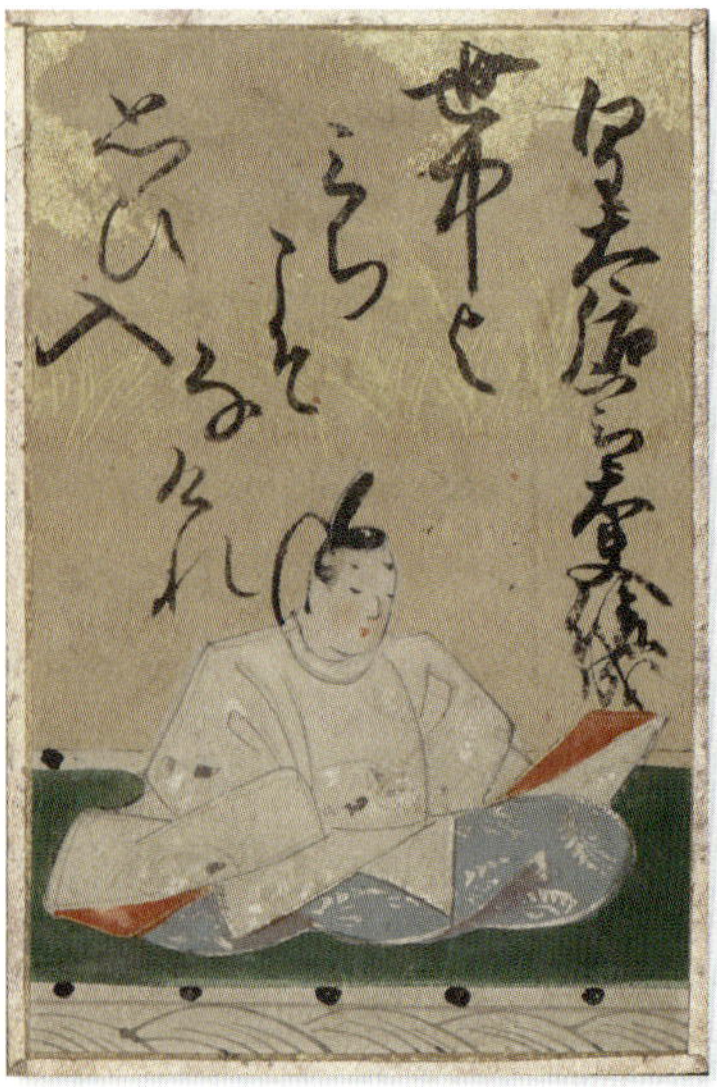

百人一首《ひゃくにんいっしゅ》の撰者《せんじゃ》である藤原定家《ふじわらのていか》の父《ちち》

皇太后宮大夫俊成《こうたいごうぐうのだいぶしゅんぜい》（1114〜1204年《ねん》）

本名《ほんみょう》は藤原俊成《ふじわらのしゅんぜい》。藤原俊忠《ふじわらのとしただ》の息子《むすこ》で、権中納言定家《ごんちゅうなごんていか》（藤原定家《ふじわらのていか》）の父《ちち》。優《すぐ》れた歌人《かじん》で、歌《うた》の学者《がくしゃ》でもあった。後《ご》白河院《しらかわいん》の命令《めいれい》で『千載和歌集《せんざいわかしゅう》』の撰者《せんじゃ》になった。

関連人物《かんれんじんぶつ》

息子《むすこ》
権中納言定家《ごんちゅうなごんていか》
▶136ページ

マンガで読《よ》む！
皇太后宮大夫俊成《こうたいごうぐうのだいぶしゅんぜい》
本名《ほんみょう》は藤原俊成《ふじわらのしゅんぜい》
です
なかなか出世《しゅっせ》
できず生《い》き方《かた》に
なやんでます…
しゅん
これからどうしようかと
なやんで山奥《やまおく》に入《はい》ったんだ…
いっそ西行《さいぎょう》みたいに
出家《しゅっけ》でもすれば
楽《らく》になるだろうか…
おや…？
ピ――…
この切《せつ》ない
鳴《な》き声《ごえ》は…
鹿《しか》か…？
いや…
どんな道《みち》であっても
つらさや悲《かな》しみからは
逃《のが》れられないのだ…

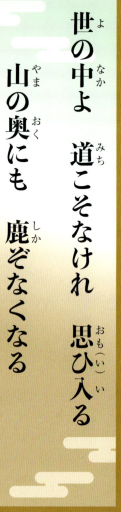

ながらへ(え)ば　またこのごろや　しのばれむ(ん)　憂《う》しと見《み》し世《よ》ぞ〈そ〉　今《いま》は恋《こい》［こひ］しき

出典《しゅってん》 ▼6ページ
新古今和歌集《しんこきんわかしゅう》 1843番《ばん》

決《き》まり字《じ》 ▼26ページ
⑧②① ながら

この歌《うた》の内容《ないよう》

もしこの世《よ》に生《い》き続《つづ》けていたら、今《いま》のことを懐《なつ》かしく思《おも》い出《だ》すだろう。あんなにつらかった昔《むかし》のことも、今《いま》では恋《こい》しく懐《なつ》かしく思《おも》えるのだから。

この歌《うた》の場面《ばめん》は……

父《ちち》とうまくいかずなやみ、つらい日々《ひび》をおくっていた作者《さくしゃ》が、「いつかはきっと懐《なつ》かしい思《おも》い出《で》になる」と前向《まえむ》きに自分《じぶん》をはげまし、なぐさめようとする歌《うた》。「憂《う》しと見《み》し世《よ》ぞ…」とあることから、昔《むかし》もつらい思《おも》いをして、乗《の》り越《こ》えていたことがわかる。

用語解説《ようごかいせつ》

＊ながらへば……生《い》きながらえていたら。
＊しのばれむ……懐《なつ》かしく思《おも》い出《だ》されるだろう。
＊憂《う》しと見《み》し世《よ》……つらいと思《おも》っていたあのころ。

歌《うた》の学者《がくしゃ》として活躍《かつやく》

藤原清輔朝臣《ふじわらのきよすけあそん》（1108〜1177年《ねん》）

左京大夫顕輔《さきょうのだいぶあきすけ》（藤原顕輔《ふじわらのあきすけ》）の息子《むすこ》。和歌《わか》の家系《かけい》である六条家《ろくじょうけ》を継《つ》いだ。『続詞花和歌集《しょくしかわかしゅう》』の撰者《せんじゃ》。ほかにも歌《うた》の評論本《ひょうろんぼん》『奥義抄《おうぎしょう》』や『袋草紙《ふくろぞうし》』、歌集《かしゅう》『古今和歌集《こきんわかしゅう》』の写本《しゃほん》などを残《のこ》している。

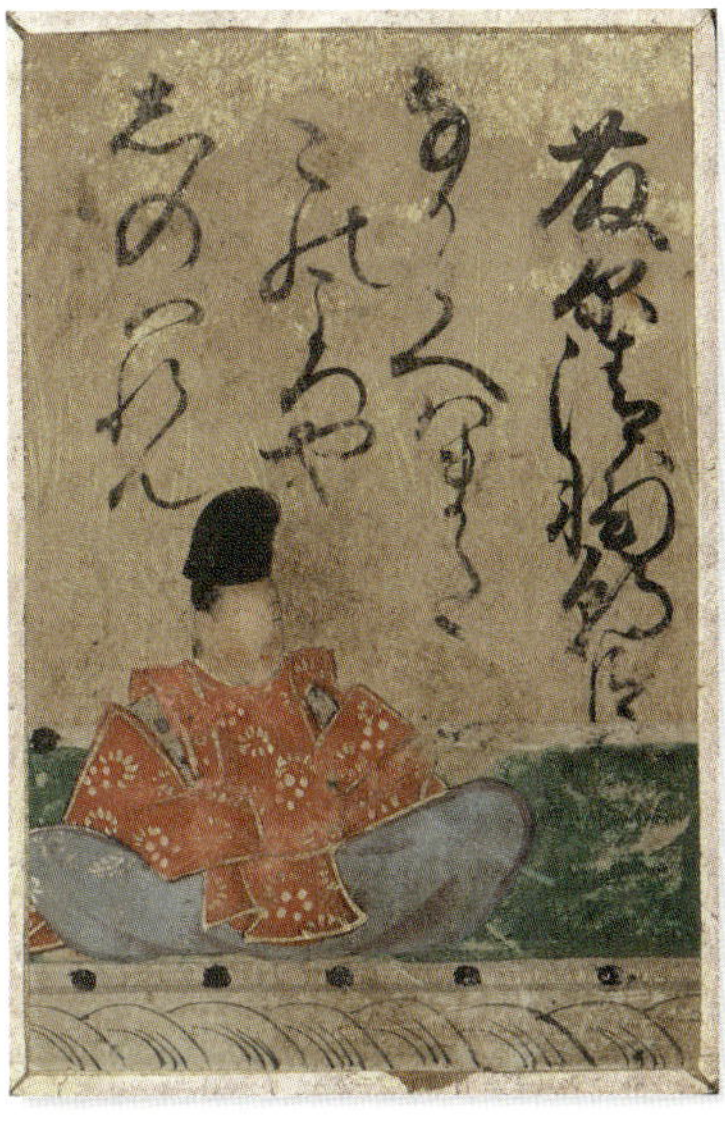

関連人物《かんれんじんぶつ》

父《ちち》
左京大夫顕輔《さきょうのだいぶあきすけ》
▶118ページ

マンガで読《よ》む！
藤原清輔朝臣《ふじわらのきよすけあそん》です
父《ちち》の顕輔《あきすけ》とは仲《なか》が悪《わる》くて若《わか》いころは苦労《くろう》したなあ…
うん うん
この歌《うた》は出世《しゅっせ》できず落《お》ちこんでいた友人《ゆうじん》をなぐさめようと詠《よ》んだんだ
うぅうう…
!
いつかきっと今《いま》のつらい気持《きも》ちも懐《なつ》かしく感《かん》じるときがくるさ
ポンッ
私自身《わたしじしん》、つらかった昔《むかし》も今《いま》こうして懐《なつ》かしく思《おも》っているようにな
じーん

夜《よ》もすがら　もの思《おも》ふ(う)ころは　明《あ》けやらで
ねやのひまさへ(え)　つれなかりけり

出典《しゅってん》
千載和歌集《せんざいわかしゅう》 ▼6ページ
766番《ばん》

決《き》まり字《じ》 ▼26ページ
④よ
①も

この歌《うた》の内容《ないよう》

夜《よ》どおしこない恋人《こいびと》を思《おも》い続《つづ》けている今日《きょう》このごろは、夜《よる》がなかなか明《あ》けてくれない。寝室《しんしつ》の戸《と》のすき間《ま》さえ、つれなく思《おも》えてくる。

この歌《うた》の場面《ばめん》は……

歌合《うたあわせ》で恋《こい》をテーマに詠《よ》んだ歌《うた》。訪《たず》ねてこない男《おとこ》へのうらめしさを、男性《だんせい》である作者《さくしゃ》が女性《じょせい》の立場《たちば》になって詠《よ》んでいる。この詠《よ》み方《かた》は、素性法師《そせいほうし》の歌《うた》「今来《いまこ》むといひしばかりに」▼60ページと同《おな》じ。

用語解説《ようごかいせつ》

＊夜《よ》もすがら……一晩中《ひとばんじゅう》。夜《よ》どおし。
＊ねやのひま……寝室《しんしつ》のすき間《ま》。明《あか》るくなると光《ひかり》が入《はい》ってくる。男《おとこ》を待《ま》って朝《あさ》を迎《むか》えてしまったむなしさをあらわす。
＊つれなかり……つれなく思《おも》う。寝室《しんしつ》のすき間《ま》を擬人化《ぎじんか》 ▼9ページ した表現《ひょうげん》。

三代続《だいつづ》けて百人一首《ひゃくにんいっしゅ》にのった

俊恵法師《しゅんえほうし》
(1113～1191?年《ねん》)

大納言経信《だいなごんつねのぶ》(源経信《みなもとのつねのぶ》)の孫《まご》で、源俊頼朝臣《みなもとのとしよりあそん》の息子《むすこ》。父《ちち》の死後《しご》に若《わか》くして出家《しゅっけ》した。東大寺《とうだいじ》の僧《そう》で、当時《とうじ》の一流歌人《いちりゅうかじん》たちと交流《こうりゅう》があった。弟子《でし》に『方丈記《ほうじょうき》』で有名《ゆうめい》な鴨長明《かものちょうめい》がいる。

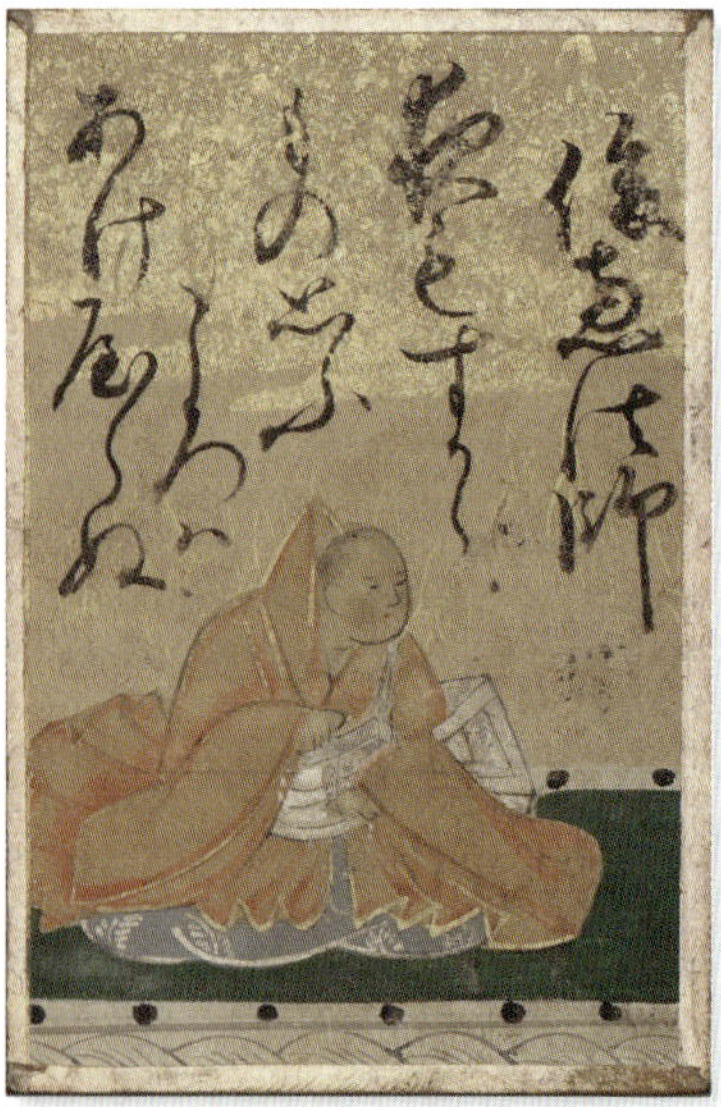

関連人物《かんれんじんぶつ》

祖父《そふ》 大納言経信《だいなごんつねのぶ》
▶110ページ

父《ちち》 源俊頼朝臣《みなもとのとしよりあそん》
▶113ページ

嘆《なげ》けとて　月《つき》やはものを　思《おも》は（わ）する
かこち顔《がお》〔が〈か〉ほ〕なる　わが〈か〉涙《なみだ》〈なみた〉かな

出典《しゅってん》 ▼6ページ
千載和歌集《せんざいわかしゅう》 929番《ばん》

決《き》まり字《じ》 ▼26ページ
⑧ーなげ
②ーげけ
①ーけ

この歌《うた》の内容《ないよう》

「悲《かな》しめ」といって月《つき》が私《わたし》にもの思《おも》いをさせるのか。いやそうではない。月《つき》のせいだという顔《かお》をして、流《なが》れ落《お》ちる私《わたし》の涙《なみだ》よ。

この歌《うた》の場面《ばめん》は……

「月前恋《つきのまえのこい》」という題《だい》で詠《よ》んだ歌《うた》で、月《つき》のせいにして、苦《くる》しい恋《こい》に涙《なみだ》する心情《しんじょう》を詠《よ》んでいる。作者《さくしゃ》は出家《しゅっけ》した僧侶《そうりょ》でありながら、恋《こい》の歌《うた》を多《おお》く詠《よ》んでいる。中《なか》でも、月《つき》を恋《こい》と結《むす》びつけ、涙《なみだ》とともに詠《よ》んでいることが多《おお》い。

用語解説《ようごかいせつ》
＊月《つき》やは……擬人化《ぎじんか》▼9ページされた月《つき》。
＊かこち顔《がお》……「かこつ」は口実《こうじつ》にする。ほかのもののせいにする。ここでは、月《つき》のせいにして。

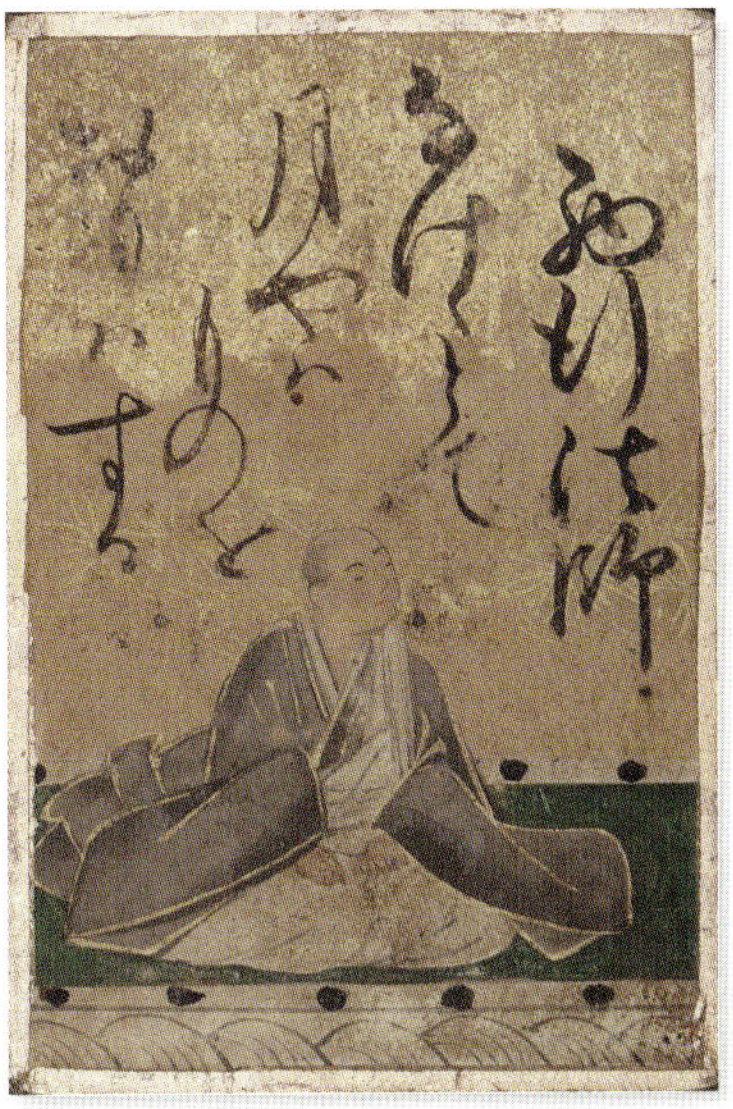

放浪《ほうろう》の旅《たび》をして歌《うた》を詠《よ》んだ
西行法師《さいぎょうほうし》
（1118〜1190年《ねん》）

出家前《しゅっけまえ》の名前《なまえ》は佐藤義清《さとうのりきよ》。もと武士《ぶし》で、期待《きたい》されていたが、若《わか》くして出家《しゅっけ》した。諸国《しょこく》を旅《たび》して歌《うた》を多《おお》く詠《よ》んだ。『山家集《さんかしゅう》』『西行上人集《さいぎょうしょうにんしゅう》』などの家集《かしゅう》がある。

マンガで読《よ》む！
西行法師《さいぎょうほうし》です
天皇《てんのう》に仕《つか》える武士《ぶし》だったけど思《おも》うところあって出家《しゅっけ》しました
その後《ご》、何十年《なんねん》も修行《しゅぎょう》しながらあちこちを旅《たび》して歌《うた》を詠《よ》みました
うた
うた
月《つき》とか花《はな》とかの題《だい》で詠《よ》むのが好《す》き
これは「月前恋《つきのまえのこい》」って題《だい》ね
ホントはさ月《つき》が「嘆《なげ》け」といったわけじゃないけどさ…月《つき》のせいにして泣《な》いちゃえ…
ぐすっ
つらい恋《こい》やねん

村雨《むらさめ》の　露《つゆ》もまだひぬ　槙《まき》の葉《は》に　霧立《きりた》ちのぼる〈ほ〉　秋《あき》の夕暮《ゆうぐれ》[ゆふ]〈くれ〉

出典《しゅってん》 ▼6ページ
新古今和歌集《しんこきんわかしゅう》
491番《ばん》

決《き》まり字《じ》 ▼26ページ
1-む

この歌《うた》の内容《ないよう》

にわか雨《あめ》がふったあとのしずくが、まだかわかずに残《のこ》っている槙《まき》の葉《は》に、霧《きり》が白《しろ》く立《た》ち上《あ》がっている秋《あき》の夕暮《ゆうぐ》れよ。

この歌《うた》の場面《ばめん》は……

刻々《こくこく》とかわる秋《あき》の夕暮《ゆうぐ》れの景色《けしき》を詠《よ》んだ歌《うた》。「村雨《むらさめ》」を詠《よ》んだ歌《うた》は少《すく》なく、「露《つゆ》もまだひぬ」「霧立《きりた》ちのぼる」の表現《ひょうげん》もめずらしい。「村雨《むらさめ》」「露《つゆ》」「霧《きり》」と似《に》た言葉《ことば》を重《かさ》ねて使《つか》いこなすのも高度《こうど》な技法《ぎほう》。

用語解説《ようごかいせつ》

＊村雨《むらさめ》……とぎれとぎれにはげしくふる雨《あめ》。にわか雨《あめ》。
＊まだひぬ……まだかわいていない。ひぬは「干《ひ》ぬ」。
＊槙《まき》……杉《すぎ》や檜《ひのき》、槙《まき》など針葉樹《しんようじゅ》をまとめたよび方《かた》。

特別《とくべつ》に歌《うた》の才能《さいのう》にめぐまれた 寂蓮法師《じゃくれんほうし》（1139?～1202年《ねん》）

出家前《しゅっけまえ》の名《な》は藤原定長《ふじわらのさだなが》。歌《うた》の才能《さいのう》を見出《みいだ》され、父《ちち》の兄《あに》である皇太后宮大夫《こうたいごうぐうのだいぶ》俊成《しゅんぜい》（藤原俊成《ふじわらのしゅんぜい》）の養子《ようし》になる。三十代《だい》で出家《しゅっけ》。『新古今和歌集《しんこきんわかしゅう》』の撰者《せんじゃ》の一人《ひとり》。歌集《かしゅう》の完成前《かんせいまえ》に亡《な》くなった。

関連人物《かんれんじんぶつ》

おじ
皇太后宮大夫俊成《こうたいごうぐうのだいぶしゅんぜい》
▶122ページ

マンガで読《よ》む!

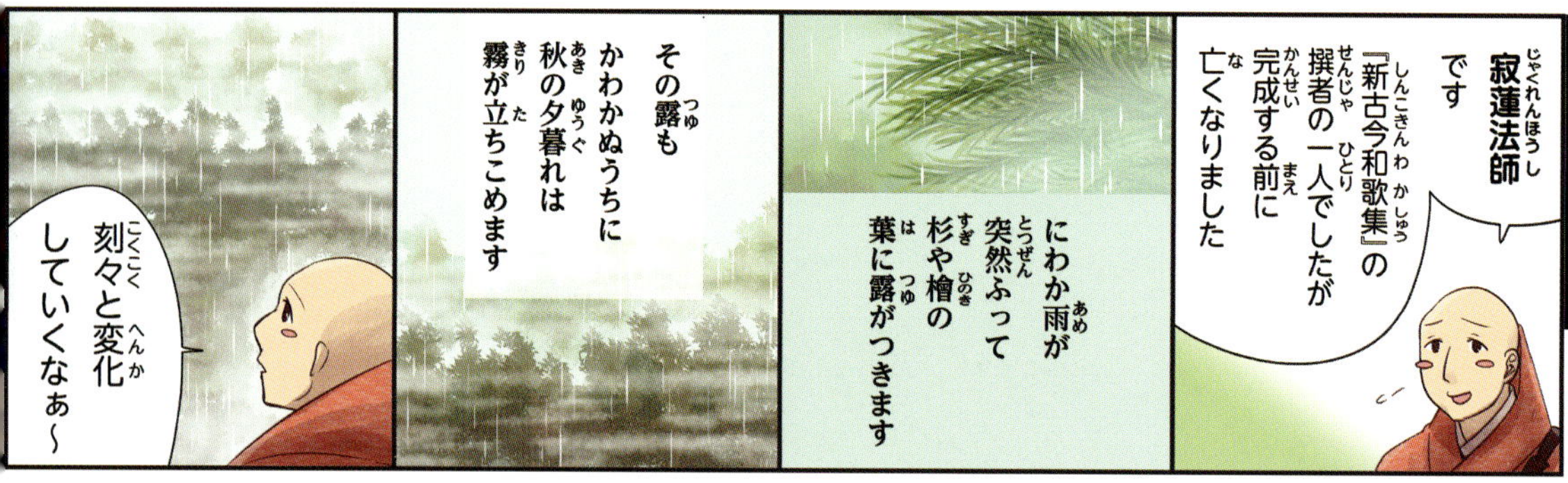
寂蓮法師《じゃくれんほうし》です
『新古今和歌集《しんこきんわかしゅう》』の撰者《せんじゃ》の一人《ひとり》でしたが完成《かんせい》する前《まえ》に亡《な》くなりました
にわか雨《あめ》が突然《とつぜん》ふって杉《すぎ》や檜《ひのき》の葉《は》に露《つゆ》がつきます
その露《つゆ》もかわかぬうちに秋《あき》の夕暮《ゆうぐ》れは霧《きり》が立《た》ちこめます
刻々《こくこく》と変化《へんか》していくなぁ～

難波江《なにわえ》［は］の　あしのかりねの　一夜《ひとよ》ゆゑ（え）　みをつくしてや　恋《こい》［こひ］わたるべき〈へ〉

出典《しゅってん》 ▼6ページ
千載和歌集《せんざいわかしゅう》 807番《ばん》

決《き》まり字《じ》 ▼26ページ
⑧なに　③は（わ）　②え　①

この歌《うた》の内容《ないよう》

難波江《なにわえ》の葦《あし》を刈《か》ったあとに残《のこ》った根《ね》のように、短《みじか》い仮寝《かりね》の一《いち》夜《や》のために、私《わたし》は身《み》を滅《ほろ》ぼしても一生《いっしょう》、恋《こい》し続《つづ》けるのかしら。

この歌《うた》の場面《ばめん》は……

「旅宿逢恋《たびのやどりにあうこい》」という題《だい》で詠《よ》まれた歌《うた》。旅《たび》のとちゅうで出会《であ》った男性《だんせい》との運命的《うんめいてき》な出会《であ》いと、もう会《あ》えない切《せつ》なさを詠《よ》んだ歌《うた》。「刈《か》り根《ね》」と「仮寝《かりね》」、「一よ（一節《ひとよ》）」と「一夜《ひとよ》」、「澪標《みおつくし》」と「身《み》をつくし」がそれぞれ掛詞《かけことば》 ▼9ページ になっている。

用語解説《ようごかいせつ》

＊難波江《なにわえ》……歌枕《うたまくら》 ▼8・22ページ、今《いま》の大阪湾《おおさかわん》の入江《いりえ》。水辺《みずべ》に生《は》えるいね科《か》の植物《しょくぶつ》である葦《あし》が多《おお》く生《は》えていた。

＊みをつくしてや……「澪標《みおつくし》（船《ふね》の進路《しんろ》を示《しめ》す道《みち》しるべ）」と「身《み》をつくし（身《み》をささげる）」の掛詞《かけことば》。

崇徳天皇《すとくてんのう》の后《きさき》に仕《つか》えた女官《にょかん》
皇嘉門院別当《こうかもんいんのべっとう》

（生没年不明《せいぼつねんふめい》）

源俊隆《みなもとのとしたか》の娘《むすめ》。崇徳院《すとくいん》 ▼116ページ の后《きさき》である皇嘉門《こうかもん》院《いん》に仕《つか》えた。歌人《かじん》としてはあまり活躍《かつやく》していない。

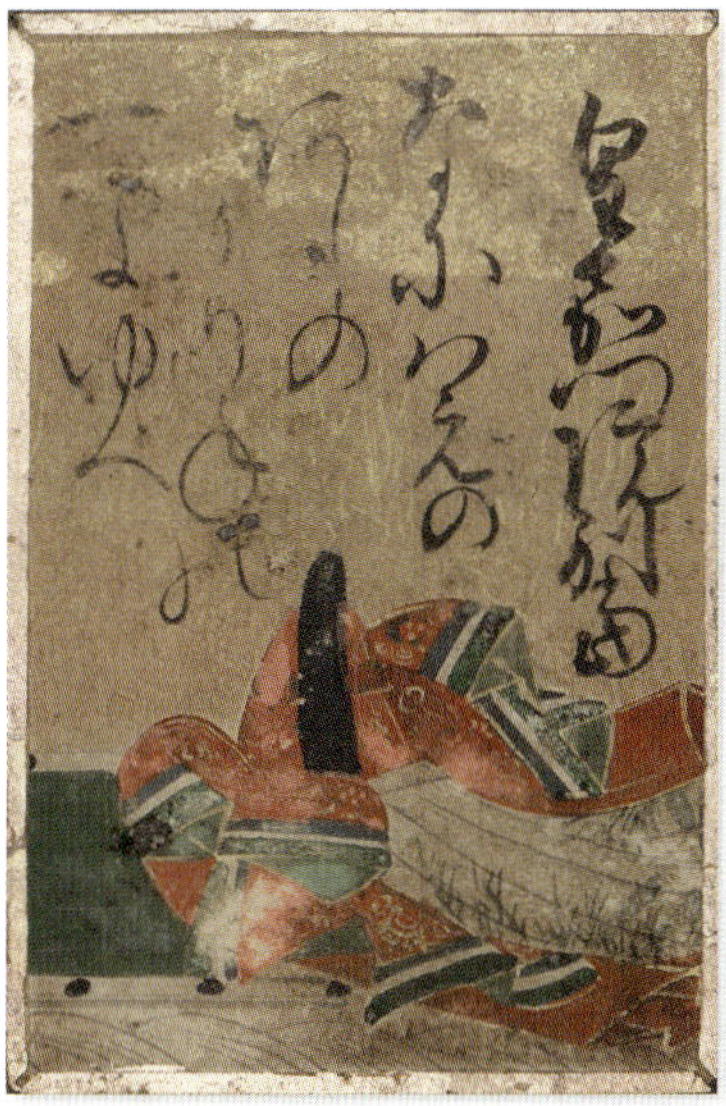

マンガで読《よ》む！
皇嘉門院別当《こうかもんいんのべっとう》です
天皇《てんのう》の后《きさき》に仕《つか》えてます 別当《べっとう》というのは役職《やくしょく》ね
弁当《べんとう》じゃないわよ
歌合《うたあわせ》で「旅宿逢恋《たびのやどりにあうこい》」を題《だい》に出《だ》されたのだけど… 旅《たび》なんてしないわよ…
こんなもんないんだからね
ビューン
ブッブー
ごめんください
いらっしゃいませ
旅人《たびびと》との一夜《ひとよ》の恋《こい》をした女《おんな》の気持《きも》ちでつくってみよう
あらステキ
たった一夜《ひとよ》の仮《かり》の恋《こい》のためにこれからずっと身《み》をささげ続《つづ》けることになるのかしら
われながらうまくできたわ

玉《たま》の緒《お》よ　たえなば絶《た》えね　ながらへ〈え〉ば
忍《しの》ぶるこ〈ふ〉との　弱《よわ》りもぞする

［を］は「緒」、［よは］は「弱り」の表記

出典《しゅってん》 ▼6ページ
新古今和歌集《しんこきんわかしゅう》 1034番《ばん》

決《き》まり字《じ》 ▼26ページ
6 たま
1 たま

この歌《うた》の内容《ないよう》

私《わたし》の命《いのち》よ、絶《た》えるなら絶《た》えてしまうがいいわ。このまま生《い》き続《つづ》けたら、この気持《きも》ちを隠《かく》しとおせなくて、恋心《こいごころ》がばれてしまうかもしれないから。

この歌《うた》の場面《ばめん》は……

「忍《しの》ぶ恋《こい》」という題《だい》で詠《よ》まれた歌《うた》。恋愛《れんあい》を禁《きん》じられた身《み》でありながら恋《こい》をしてしまったつらさを詠《よ》んだ歌《うた》。作者《さくしゃ》の恋《こい》の相手《あいて》は権中納言定家《ごんちゅうなごんていか》（藤原定家《ふじわらのていか》）▼136ページともいわれている。

用語解説《ようごかいせつ》

＊玉《たま》の緒《お》……体《からだ》とたましいを結《むす》ぶ緒《お》。ここでは命《いのち》そのものをさす。

＊忍《しの》ぶる……こらえる、心《こころ》のうちに隠《かく》してがまんする。

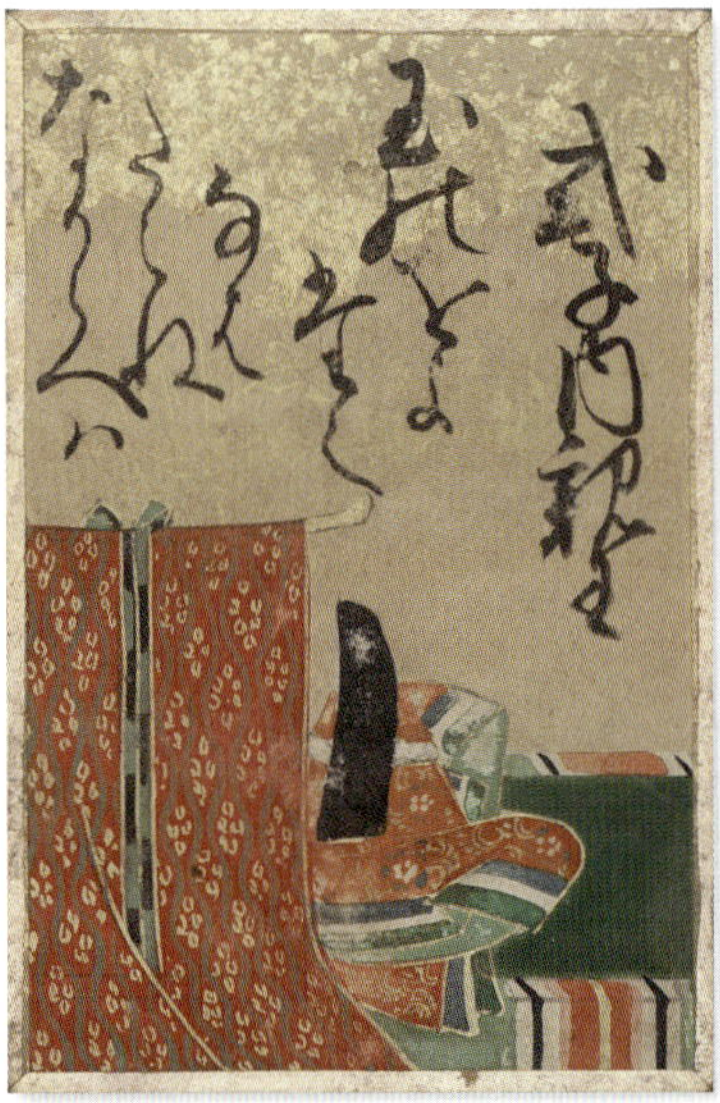

賀茂神社《かもじんじゃ》に仕《つか》える斎院《さいいん》

式子内親王《しょくしないしんのう》

（1149〜1201年《ねん》）

後白河天皇《ごしらかわてんのう》の娘《むすめ》。賀茂神社《かもじんじゃ》の斎院《さいいん》（神《かみ》に仕《つか》える女性《じょせい》、天皇家《てんのうけ》の未婚《みこん》の女性《じょせい》から選《えら》ばれる）をつとめたあと出家《しゅっけ》。権中納言定家《ごんちゅうなごんていか》（藤原定家《ふじわらのていか》）▼136ページの父《ちち》である皇太后宮大夫俊成《こうたいごうぐうのだいぶしゅんぜい》（藤原俊成《ふじわらのしゅんぜい》）▼122ページに和歌《わか》を学《まな》んだ。

マンガで読《よ》む！
式子内親王《しょくしないしんのう》です
わらわは神様《かみさま》の花嫁《はなよめ》になったのじゃぞ
後白河天皇《ごしらかわてんのう》の娘《むすめ》ですが、神様《かみさま》に仕《つか》える斎院《さいいん》となりました
つまり、恋《こい》などいたしません
それは許《ゆる》されていないのです…
ポイ
でも…
私《わたし》の命《いのち》よ…死《し》ねるものなら死《し》んでしまいたい！
このまま生《い》きてるとがまんしきれなくなって、この恋心《こいごころ》がみんなにバレちゃうわ！
…って気持《きも》ちを歌《うた》に詠《よ》んじゃうわっ

見《み》せばやな　雄島《おじま》のあまの　袖《そで》だにも
濡《ぬ》れにぞ濡《ぬ》れし　色《いろ》はかはらず

［を］　〈そ〉　（わ）　〈す〉

出典《しゅってん》 ▼6ページ
千載和歌集《せんざいわかしゅう》886番《ばん》

決《き》まり字《じ》 ▼26ページ
⑤みせ
❶せ

この歌《うた》の内容《ないよう》

私《わたし》の袖《そで》をあの人《ひと》に見《み》せたいものだわ。雄島《おじま》の漁師《りょうし》の袖《そで》でさえ、どれほど波《なみ》にぬれても色《いろ》がかわらないというのに（私《わたし》の袖《そで》は血《ち》の涙《なみだ》ですっかり色《いろ》がかわっている）。

この歌《うた》の場面《ばめん》は……

この歌《うた》は、源重之《みなもとのしげゆき》▼87ページの歌《うた》「松島《まつしま》や雄島《おしま》の磯《いそ》にあさりせしあまの袖《そで》こそかくは濡《ぬ》れしか（雄島《おしま》の漁師《りょうし》の袖《そで》は、涙《なみだ》で濡《ぬ》れた私《わたし》の袖《そで》ほどに濡《ぬ》れている）」の本歌取《ほんかど》り▼8ページ。本歌《ほんか》を下《した》じきにすることで、「濡《ぬ》れただけでなく、血《ち》の涙《なみだ》で染《そ》まった」と、さらに苦悩《くのう》を強調《きょうちょう》している。

用語解説《ようごかいせつ》

＊見《み》せばやな……見《み》せてやりたいものです。「ばや」は「〜したい」の意味《いみ》。
＊雄島《おじま》……歌枕《うたまくら》▼8・22ページ、今《いま》の宮城県《みやぎけん》の松島湾《まつしまわん》にある大小《だいしょう》さまざまな島《しま》の一つ。

歌《うた》の数《かず》ではだれにも負《ま》けない
殷富門院大輔《いんぷもんいんのたいふ》

（1131?〜1200?年《ねん》）

藤原信成《ふじわらののぶなり》の娘《むすめ》。殷富門院《いんぷもんいん》（後白河院《ごしらかわいん》の娘《むすめ》の亮子内親王《りょうしないしんのう》）に仕《つか》えた。殷富門院《いんぷもんいん》の出家《しゅっけ》とともに出家《しゅっけ》。多《おお》くの作品《さくひん》をつくったことから「千首大輔《せんしゅのたいふ》」という名《な》もある。

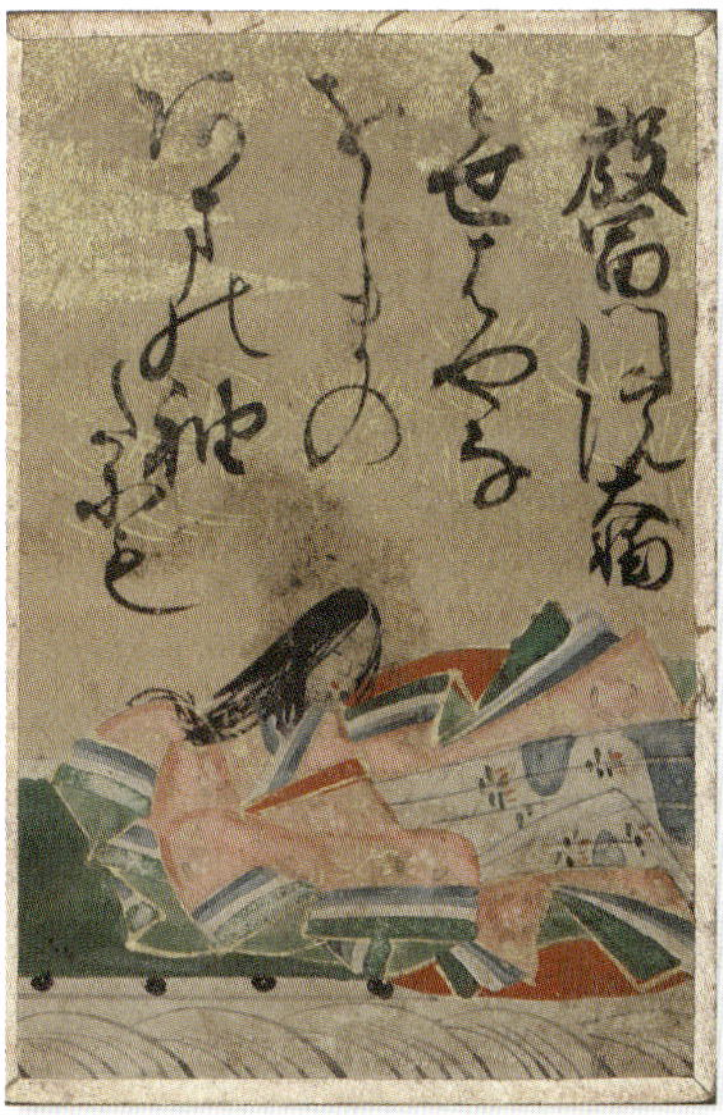

マンガで読《よ》む！
殷富門院大輔《いんぷもんいんのたいふ》です
歌《うた》が大好《だいす》きでめっちゃつくったら「千首大輔《せんしゅのたいふ》」といわれるようになったわ
昔《むかし》の人《ひと》の歌《うた》を勉強《べんきょう》してたら…
涙《なみだ》を袖《そで》でぬぐったら漁《りょう》をする漁師《りょうし》の袖《そで》と同《おな》じくらいぬれたぜ
な〜んだそんなモン？たいしたことないじゃん！
ぜーんぜん、あまいわ！
カカカ
袖《そで》がぬれただけで色《いろ》はかわってないんでしょ？私《わたし》の袖《そで》を見《み》せてやりたいわ！
血《ち》の涙《なみだ》よっ

春《はる》
夏《なつ》
秋《あき》
冬《ふゆ》
恋《こい》
旅《たび》
別《わかれ》
雑《ぞう》

きりぎりす　なくや霜夜《しもよ》の　さむしろに　衣《ころも》かたしき　独《ひと》りかも寝《ね》む（ん）

出典《しゅってん》 ▼6ページ
新古今和歌集《しんこきんわかしゅう》 518番《ばん》

決まり字《きまりじ》 ▼26ページ
③ き
① り

この歌《うた》の内容《ないよう》

こおろぎが鳴《な》いている霜《しも》の夜《よる》、そまつで寒《さむ》いむしろの上《うえ》で、私《わたし》は自分《じぶん》の着物《きもの》の片袖《かたそで》を敷《し》いて、一人《ひとり》ぼっちで寝《ね》るのだろうか。

この歌《うた》の場面《ばめん》は……

霜《しも》のふる寒《さむ》い夜《よる》を一人《ひとり》ですごすわびしさを詠《よ》んだ歌《うた》。作者《さくしゃ》はこの歌《うた》を詠《よ》む少《すこ》し前《まえ》に、愛《あい》する妻《つま》を亡《な》くしている。柿本人丸《かきのもとのひとまる》の歌《うた》「足曳《あしび》きの…」▼42ページの本歌取《ほんかど》り▼8ページ。

用語解説《ようごかいせつ》
＊きりぎりす……こおろぎのこと。
＊さむしろ……そまつなむしろのこと。「寒《さむ》し」をかけている。

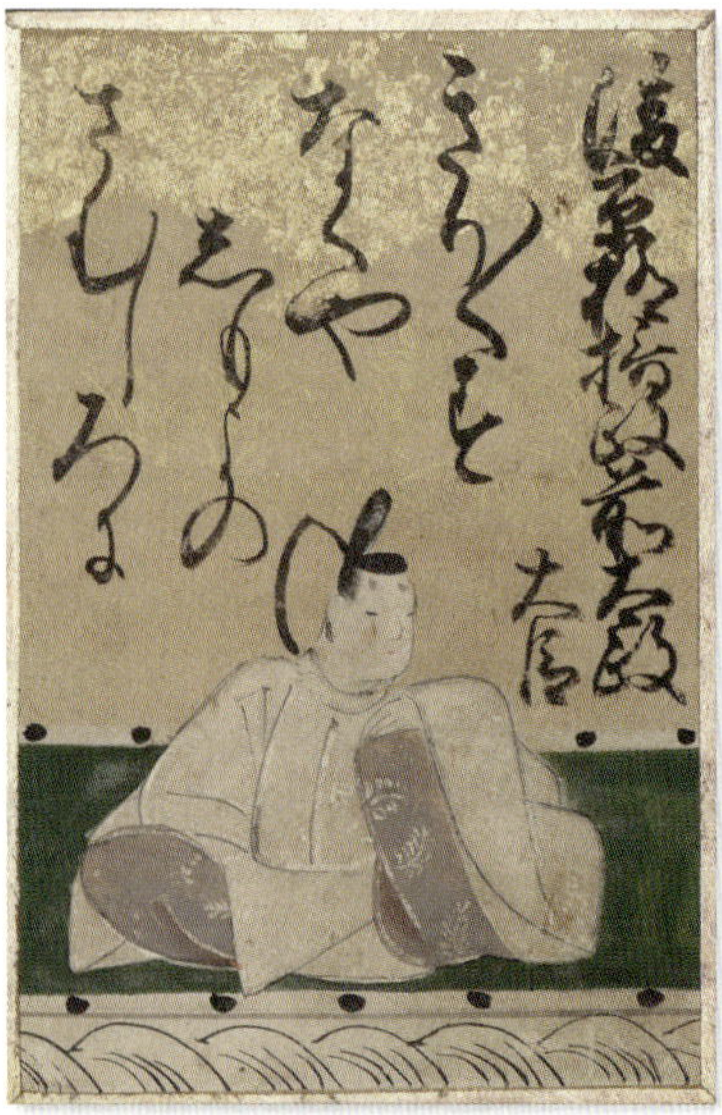

和歌界《わかかい》の繁栄《はんえい》を支《ささ》えた一人《ひとり》

後京極摂政前太政大臣《ごきょうごくせっしょうさきのだいじょうだいじん》

（1169〜1206年《ねん》）

本名《ほんみょう》は藤原良経《ふじわらのよしつね》。九条兼実《くじょうかねさだ》の息子《むすこ》で、法性寺入道前関白太政大臣《ほっしょうじにゅうどうさきのかんぱくだいじょうだいじん》（藤原忠通《ふじわらのただみち》）の孫《まご》。皇太后宮大夫俊成《こうたいごうぐうのだいぶしゅんぜい》（藤原俊成《ふじわらのしゅんぜい》）▼122ページに和歌《わか》を学《まな》び、歌合《うたあわせ》を開《ひら》くなどした。

関連人物《かんれんじんぶつ》

祖父《そふ》
法性寺入道前関白《ほっしょうじにゅうどうさきのかんぱく》太政大臣《だいじょうだいじん》 ▶115ページ

マンガで読《よ》む！

後京極摂政《ごきょうごくせっしょう》前太政大臣《さきのだいじょうだいじん》です
この歌《うた》を詠《よ》んだ直前《ちょくぜん》に妻《つま》を亡《な》くしました…
平安時代《へいあんじだい》の男女《だんじょ》はともに寝《ね》るとき、たがいの着物《きもの》の袖《そで》を枕《まくら》にしていたんだ
こんな感《かん》じ
妻《つま》を亡《な》くしたボクは一人《ひとり》で眠《ねむ》らなくてはいけないんだけどね…
リリリリリ
リリリリリ…
こおろぎの鳴《な》き声《ごえ》がいっそう一人《ひとり》の夜《よる》をさびしくさせるよ…
ホロリ…

わが袖《そで》は 汐干《しおひ》［しほ］に見《み》えぬ 沖《おき》の石《いし》の 人《ひと》こそ知《し》らね 乾《かわ》［かは］く間《ま》もなし

出典《しゅってん》 ▼6ページ
千載和歌集《せんざいわかしゅう》 760番《ばん》

決《き》まり字《じ》 ▼26ページ
⑦わ
②が
❶そ

この歌《うた》の内容《ないよう》

潮《しお》が引《ひ》いたときでさえ姿《すがた》をあらわさない沖《おき》の石《いし》のように、人《ひと》は知《し》らないでしょうが、私《わたし》の袖《そで》は涙《なみだ》でかわくひまもないのですよ。

この歌《うた》の場面《ばめん》は……

「寄石恋《いしによするこい》」という題《だい》で詠《よ》んだ歌《うた》。「海《うみ》の中《なか》に隠《かく》れた石《いし》」を「秘《ひ》めた恋《こい》」にたとえることで、難《むずか》しい題《だい》をみごとに歌《うた》にした。

用語解説《ようごかいせつ》

＊汐干《しほひ》……干潮《かんちょう》。潮《しお》が引《ひ》いて海《うみ》は遠浅《とおあさ》になる。
＊沖《おき》の石《いし》……遠《とお》くの沖《おき》にある石《いし》。
＊人《ひと》こそ知《し》らね……世間《せけん》の人々《ひとびと》やあなたも知《し》らないでしょうけれど。

二条院讃岐《にじょういんのさぬき》（1141?～1217?年《ねん》）

別名《べつめい》は「沖《おき》の石《いし》の讃岐《さぬき》」

源頼政《みなもとのよりまさ》の娘《むすめ》。二条天皇《にじょうてんのう》に仕《つか》えたのち、後鳥羽院《ごとばいん》（後鳥羽天皇《ごとばてんのう》）▼138ページの后《きさき》である中宮任子《ちゅうぐうにんし》にも仕《つか》えた。歌人《かじん》としても活躍《かつやく》した。

マンガで読《よ》む！
二条院讃岐《にじょういんのさぬき》です
うふっ
二条天皇《にじょうてんのう》に仕《つか》えました 歌《うた》の評判《ひょうばん》はなかなかなものですのよ
よく歌会《うたかい》に出《で》てました
この歌《うた》は「寄石恋《いしによするこい》」という題《だい》で詠《よ》みました
干潮《かんちょう》のときも 波《なみ》の中《なか》にある 沖《おき》の石《いし》みたいに 私《わたし》の袖《そで》は だれにも知《し》られず ぬれているの
うまい！
すごい！
いい歌《うた》だ！
「沖《おき》の石《いし》の讃岐《さぬき》」とよぼう

世《よ》の中《なか》は　常《つね》にもがもな　渚《なぎさ》こぐ　海士《あま》の小舟《おぶね》の〔を〕〈ふね〉　綱手《つなで》〈て〉かなしも

出典《しゅってん》 ▼6ページ
新勅撰和歌集《しんちょくせんわかしゅう》 525番《ばん》

決《き》まり字《じ》 ▼26ページ
よ④ の② な② か② は①

この歌《うた》の内容《ないよう》

世《よ》の中《なか》はずっとかわらず平和《へいわ》であってほしい。漁師《りょうし》が小舟《こぶね》の綱手《つなで》を引《ひ》いている光景《こうけい》が、愛《いと》しくも悲《かな》しくも心《こころ》に響《ひび》くなあ。

この歌《うた》の場面《ばめん》は……

舟《ふね》を岸《きし》にあげようと綱《つな》を引《ひ》っ張《ぱ》る漁師《りょうし》を見《み》て、「この穏《おだ》やかな日常《にちじょう》の光景《こうけい》が、いつまでも続《つづ》いてほしい」と願《ねが》っている。「かなし」には、「悲《かな》し」と「愛《いとお》し」という真逆《まぎゃく》の意味《いみ》がある。

用語解説《ようごかいせつ》
＊常《つね》にもがもな……いつも同《おな》じであってほしい。
＊綱手《つなで》……舟《ふね》の先《さき》につけた綱《つな》。この綱《つな》を引《ひ》いて舟《ふね》を岸《きし》にあげる。
＊かなしも……「悲《かな》し」と「愛《いとお》し」の意味《いみ》がある。心《こころ》を揺《ゆ》さぶられるさま。

暗殺《あんさつ》された悲劇《ひげき》の将軍《しょうぐん》
鎌倉右大臣《かまくらのうだいじん》（1192〜1219年《ねん》）

本名《ほんみょう》は源実朝《みなもとのさねとも》。鎌倉幕府《かまくらばくふ》を開《ひら》いた源頼朝《みなもとのよりとも》の息子《むすこ》。三代将軍《さんだいしょうぐん》となるが、おいに暗殺《あんさつ》された。権中納言定家《ごんちゅうなごんていか》（藤原定家《ふじわらのていか》）▼136ページに和歌《わか》の指導《しどう》を受《う》けた。家集《かしゅう》『金槐和歌集《きんかいわかしゅう》』がある。

マンガで読《よ》む！
鎌倉右大臣《かまくらのうだいじん》です
源頼朝《みなもとのよりとも》の子《こ》で
本名《ほんみょう》は
源実朝《みなもとのさねとも》です
あっはは
二十八歳《さい》で暗殺《あんさつ》
されてしまいました
私《わたし》は政治《せいじ》の争《あらそ》いに
うんざりしてました
兄《あに》も
殺《ころ》されてしまった
だから漁師《りょうし》のかわらない毎日《まいにち》が
うらやましく思《おも》えたのかなあ…
いいなぁ…
できれば私《わたし》も
ずっと平穏《へいおん》な日々《ひび》を
すごしたいものです

みよし野《の》の　山《やま》の秋風《あきかぜ》　小夜《さ》更《よ》けて《ふ》
故郷《ふるさと》寒《さむ》く　衣《ころも》うつなり

出典《しゅってん》 ▼6ページ
新古今和歌集《しんこきんわかしゅう》 483番《ばん》

決《き》まり字《じ》 ▼26ページ
⑤-み
❶-よ

この歌《うた》の内容《ないよう》

吉野山《よしのやま》に秋風《あきかぜ》がふき、夜《よ》がふけると、故郷《こきょう》では衣《ころも》を打《う》つ砧《きぬた》の音《おと》がいかにも寒《さむ》そうに聞《き》こえてくる。

この歌《うた》の場面《ばめん》は……

吉野《よしの》は歌枕《うたまくら》▼8・22ページ、今《いま》の奈良県吉野郡《ならけんよしのぐん》。山深《やまぶか》い地《ち》で、かつては天皇《てんのう》の宮殿《きゅうでん》があった。「故郷《ふるさと》」は、吉野《よしの》とも、平城京《へいじょうきょう》のあった奈良《なら》とも読《よ》める。砧《きぬた》のトントンという音《おと》の効果《こうか》によって、秋《あき》から冬《ふゆ》への移《うつ》りかわりを感《かん》じさせ、さびしい気持《きも》ちをよび起《お》こしている。

用語解説《ようごかいせつ》

＊小夜更《さよふ》けて……夜《よ》がふけるころ。
＊衣《ころも》うつ……砧《きぬた》で衣《ころも》を打《う》ってやわらかく、つやを出《だ》す作業《さぎょう》。砧《きぬた》という木《き》や石《いし》の台《だい》に布《ぬの》をのせ、木《き》づちで打《う》った。冬《ふゆ》の準備《じゅんび》をイメージさせる。

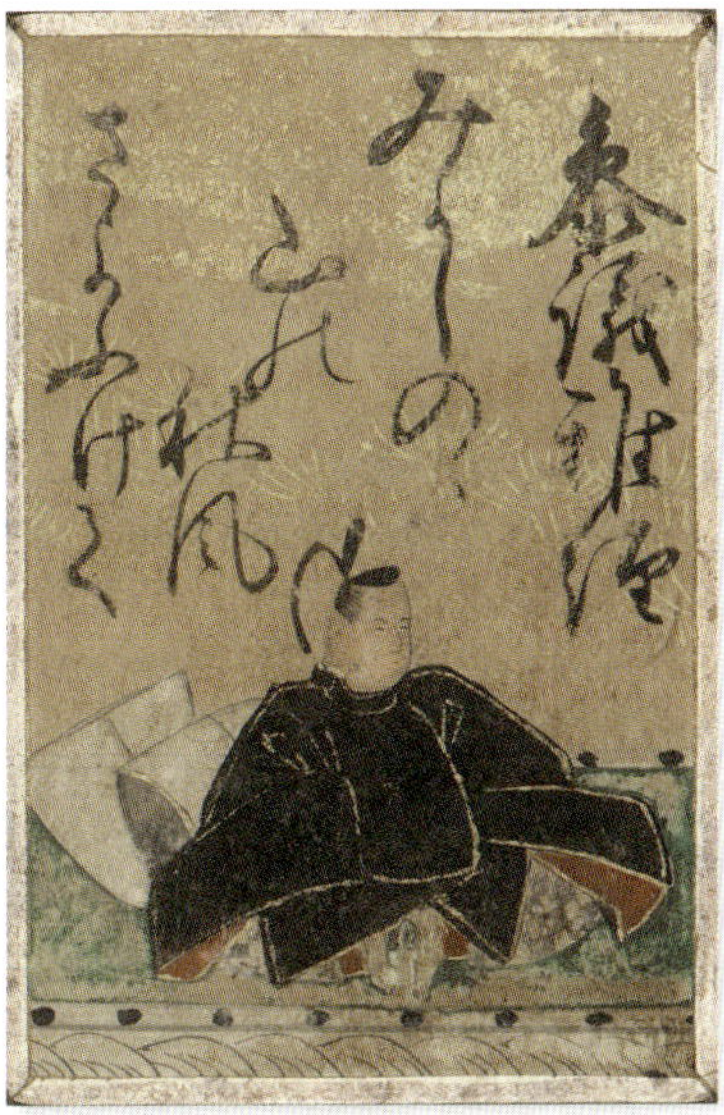

和歌《わか》と蹴鞠《けまり》の名人《めいじん》

参議雅経《さんぎまさつね》（1170〜1221年《ねん》）

本名《ほんみょう》は藤原雅経《ふじわらのまさつね》。藤原頼経《ふじわらのよりつね》の息子《むすこ》。皇太后宮大夫俊成《こうたいごうぐうのだいぶしゅんぜい》（藤原俊成《ふじわらのしゅんぜい》）▼122ページに和歌《わか》を習《なら》い、和歌所《わかどころ》の役人《やくにん》となる。蹴鞠《けまり》の家系《かけい》である飛鳥井家《あすかいけ》をおこした。『新古今和歌集《しんこきんわかしゅう》』の撰者《せんじゃ》の一人《ひとり》。

マンガで読《よ》む！
参議雅経《さんぎまさつね》です
蹴鞠《けまり》の名門《めいもん》飛鳥井家《あすかいけ》をおこしましたよ
ポーン
吉野《よしの》の里《さと》も今《いま》やすっかりさびれてしまった
昔《むかし》は布《ぬの》を砧《きぬた》にのせて木《き》づちでたたいてやわらかくしてつやを出《だ》していたんだけど…
トーン　トーン…
そのたたく音《おと》がよりいっそうと秋《あき》のさみしさを強調《きょうちょう》させますね

春《はる》　夏《なつ》　秋《あき》　冬《ふゆ》　恋《こい》　旅《たび》　別《わかれ》　雑《ぞう》

おほ(お)けなく　うき世《よ》の民《たみ》に　おほ(お)ふ(う)かな　わが〈か〉立《た》つ杣《そま》に　墨染《すみぞ》〈そ〉めの袖《そで》〈そて〉

出典《しゅってん》 ▼6ページ
千載和歌集《せんざいわかしゅう》
1137番《ばん》

決まり字《じ》 ▼26ページ
⑤お ②ほ(お) ①け

この歌《うた》の内容《ないよう》

身《み》のほど知《し》らずだが、法師《ほうし》として、このつらい世《よ》を生《い》きる人々《ひとびと》におおいかけるのだ。比叡山《ひえいざん》に住《す》みはじめた、私《わたし》のこの墨染《すみ》の袖《そで》を。

この歌《うた》の場面《ばめん》は……

この時代《じだい》は、戦乱《せんらん》や伝染病《でんせんびょう》、飢餓《きが》など不幸《ふこう》が続《つづ》いた。作者《さくしゃ》は仏教《ぶっきょう》で人々《ひとびと》を救《すく》いたいという強《つよ》い願《ねが》いをもって、この歌《うた》を詠《よ》んだ。墨染《すみぞめ》の僧衣《そうい》で世《よ》の中《なか》をおおって、平和《へいわ》になれといのっている。「おほけなく」は、「出家《しゅっけ》して間《ま》がない未熟者《みじゅくもの》の自分《じぶん》だが」と謙遜《けんそん》する言葉《ことば》。

用語解説《ようごかいせつ》

＊おほけなく……身《み》のほどをわきまえないこと。
＊おほふ……おおいかける。袖《そで》の縁語《えんご》 ▼9ページ。
＊わが立《た》つ杣《そま》……天台宗《てんだいしゅう》の総本山《そうほんざん》である比叡山《ひえいざん》のこと。
＊墨染《すみぞ》め……僧衣《そうい》。僧衣《そうい》は墨《すみ》で染《そ》めたようなまっ黒《くろ》い色《いろ》をしている。「住《す》み初《ぞ》め」との掛詞《かけことば》 ▼9ページ。

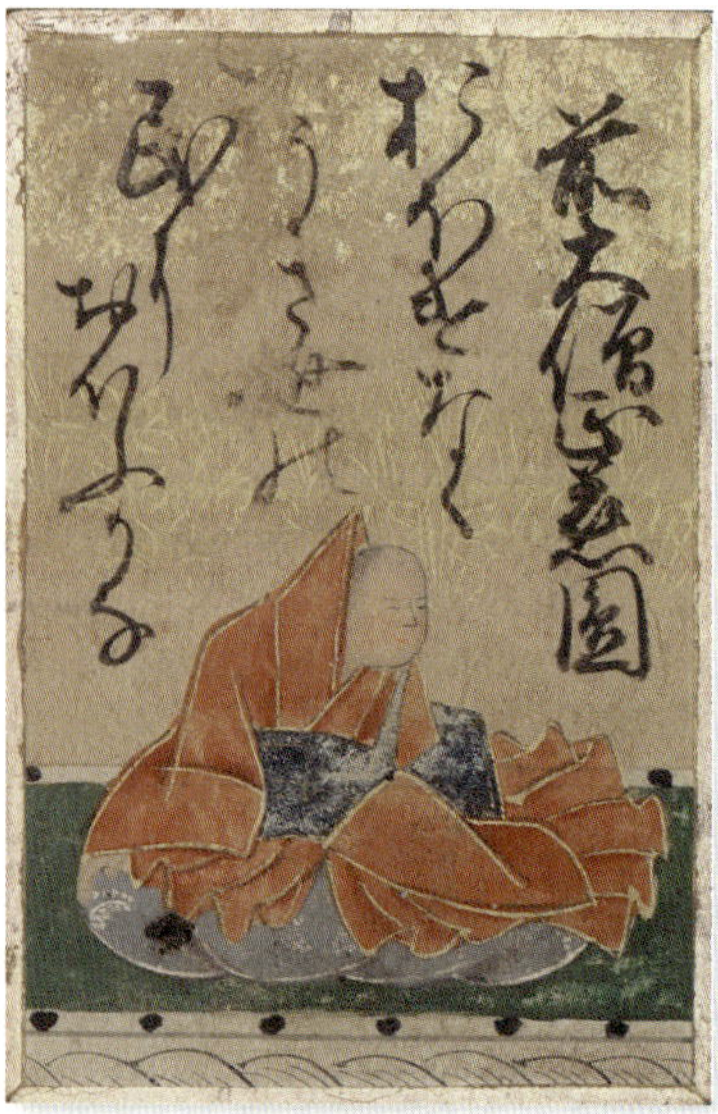

歴史書《れきししょ》『愚管抄《ぐかんしょう》』の著者《ちょしゃ》
前大僧正慈円《さきのだいそうじょうじえん》（1155～1225年《ねん》）

法性寺入道前関白太政大臣《ほっしょうじにゅうどうさきのかんぱくだいじょうだいじん》（藤原忠通《ふじわらのただみち》）の息子《むすこ》で、九条兼実《くじょうかねざね》の弟《おとうと》。十代前半《じゅうだいぜんはん》で出家《しゅっけ》して比叡山《ひえいざん》に入《はい》る。天台座主《てんだいざす》（大僧正《だいそうじょう》）を四度《ど》もつとめた。仏教的《ぶっきょうてき》な視点《してん》から歴史《れきし》をとらえ、『愚管抄《ぐかんしょう》』を書《か》いた。

関連人物《かんれんじんぶつ》

父《ちち》
法性寺入道前関白《ほっしょうじにゅうどうさきのかんぱく》太政大臣《だいじょうだいじん》 ▶115ページ

マンガで読《よ》む！
前大僧正慈円《さきのだいそうじょうじえん》です
三十七歳《さい》で天台宗《てんだいしゅう》の最高位《さいこうい》の僧《そう》となりました
歴史書《れきししょ》『愚管抄《ぐかんしょう》』を書《か》きました。
この歌《うた》が詠《よ》まれたころは…
疫病《えきびょう》
戦《いくさ》
身《み》のほど知《し》らずかもしれない…
ウ〜ん！
けど私《わたし》は仏教《ぶっきょう》の力《ちから》で人々《ひとびと》を救《すく》いたい…！
うん！
私《わたし》にできることをしよう！
これはその決意《けつい》をあらわす歌《うた》なのです

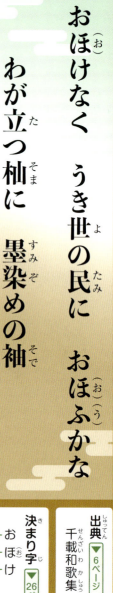

春《はる》
夏《なつ》
秋《あき》
冬《ふゆ》
恋《こい》
旅《たび》
別《わかれ》
雑《ぞう》

花《はな》さそふ（う） あらしの庭《にわ》の［には］ 雪《ゆき》ならで ふりゆくものは わ〈か〉が身《み》なりけり

出典《しゅってん》 ▼6ページ
新勅撰和歌集《しんちょくせんわかしゅう》 1052番《ばん》

決《き》まり字《じ》 ▼26ページ
④―は
②―な
❶―さ

この歌《うた》の内容《ないよう》

桜《さくら》をちらす強風《きょうふう》がふく庭《にわ》。ふってちるのは雪《ゆき》のような花《はな》びらではなくて、年《とし》を古《ふ》る（年老《としお》いる）のは私自身《わたしじしん》なのだ。

この歌《うた》の場面《ばめん》は……

「ふりゆく」に「（花《はな》びらが）ふる」と「古《ふ》る（年老《としお》いる）」をかけることで、ちっていく桜《さくら》▼21ページに、老《お》いていく自分《じぶん》を重《かさ》ねている。小野小町《おののこまち》の歌《うた》「花《はな》の色《いろ》は…」▼48ページの本歌取《ほんかど》り▼8ページ。

用語解説《ようごかいせつ》

＊花《はな》さそふ……花《はな》を誘《さそ》ってちらすこと。
＊あらしの庭《にわ》……激《はげ》しい風《かぜ》がふく庭《にわ》。
＊雪《ゆき》ならで……雪《ゆき》ではなくて。雪《ゆき》は花《はな》びらのたとえ。

政治《せいじ》の実権《じっけん》をにぎった野心家《やしんか》

入道前太政大臣《にゅうどうさきのだいじょうだいじん》

（1171～1244年《ねん》）

本名《ほんみょう》は藤原公経《ふじわらのきんつね》。内大臣実宗《ないだいじんさねむね》の息子《むすこ》。承久《じょうきゅう》の乱《らん》で幕《ばく》府側《ふがわ》について勝利《しょうり》し、のちに政治《せいじ》の実権《じっけん》をにぎる。太《だい》政大臣《じょうだいじん》になったあと、六十一歳《さい》で出家《しゅっけ》した。

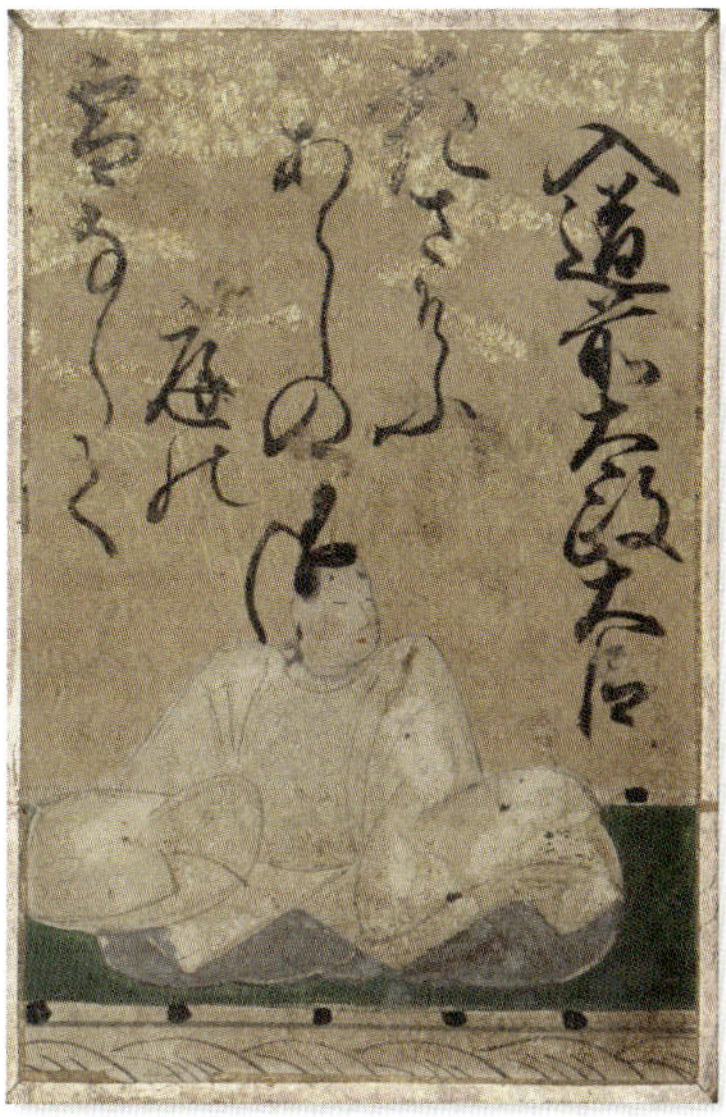

マンガで読《よ》む！

入道前太政大臣《にゅうどうさきのだいじょうだいじん》です
本名《ほんみょう》は藤原公経《ふじわらのきんつね》
はなやかなくらしをしていました
ある春《はる》の日《ひ》…
庭《にわ》の桜《さくら》が風《かぜ》にふかれている
サァァァ…
サァァァ…
花吹雪《はなふぶき》がまう風景《ふうけい》は
はなやかだなぁ…
……
でもこうしてる間《あいだ》も
古《ふる》びていくのは
私《わたし》のほうなんだよなあ

来《こ》ぬ人《ひと》を　松帆《まつほ》の浦《うら》の　夕《ゆう》［ゆふ］なぎに
焼《や》くや藻塩《もしお》［しほ］の　身《み》もこがれ〈か〉つつ

出典《しゅってん》 ▼6ページ
新勅撰和歌集《しんちょくせんわかしゅう》 849番《ばん》

決《き》まり字《じ》 ▼26ページ
⑥ こ
❶ ぬ

この歌《うた》の内容《ないよう》

待《ま》ってもこない人《ひと》を待《ま》つ私《わたし》は、松帆《まつほ》の浦《うら》の浜辺《はまべ》で焼《や》いている藻塩《もしお》ではないけれど、身《み》も心《こころ》もあなたに恋《こい》こがれている。

この歌《うた》の場面《ばめん》は……

恋人《こいびと》を待《ま》ち続《つづ》ける女性《じょせい》の立場《たちば》に立《た》って、「あの人《ひと》に会《あ》いたい」と恋《こい》こがれる気持《きも》ちを詠《よ》んだ歌《うた》。「こがれ」は「火《ひ》でこげた藻《も》塩《しお》」と「恋《こい》こがれる」をかけている。「松帆《まつほ》の浦《うら》」（今《いま》の兵庫県《ひょうごけん》淡路島《あわじしま》にある海岸《かいがん》）はこの歌《うた》が百人一首《ひゃくにんいっしゅ》に選《えら》ばれたのがきっかけで、歌枕《うたまくら》 ▼8・22ページ になった。また、「松帆《まつほ》の浦《うら》」は「待《ま》つ」との掛詞《かけことば》 ▼9ページ でもある。

用語解説《ようごかいせつ》
＊夕《ゆう》なぎ……夕方《ゆうがた》に風《かぜ》がやみ、静《しず》まり返《かえ》った状態《じょうたい》。
＊藻塩《もしお》……塩《しお》をつくるために焼《や》く海草《かいそう》のこと。

『小倉百人一首《おぐらひゃくにんいっしゅ》』の生《う》みの親《おや》

権中納言定家《ごんちゅうなごんていか》（1162～1241年《ねん》）

本名《ほんみょう》は藤原定家《ふじわらのていか》。皇太后宮大夫俊成《こうたいごうぐうのだいぶしゅんぜい》（藤原俊成《ふじわらのしゅんぜい》）の息子《むすこ》。平安時代末期《へいあんじだいまっき》から鎌倉時代初期《かまくらじだいしょき》の代表的歌人《だいひょうてきかじん》。『新古今和歌集《しんこきんわかしゅう》』の撰者《せんじゃ》の一人《ひとり》で、『百人一首《ひゃくにんいっしゅ》』もつくった。

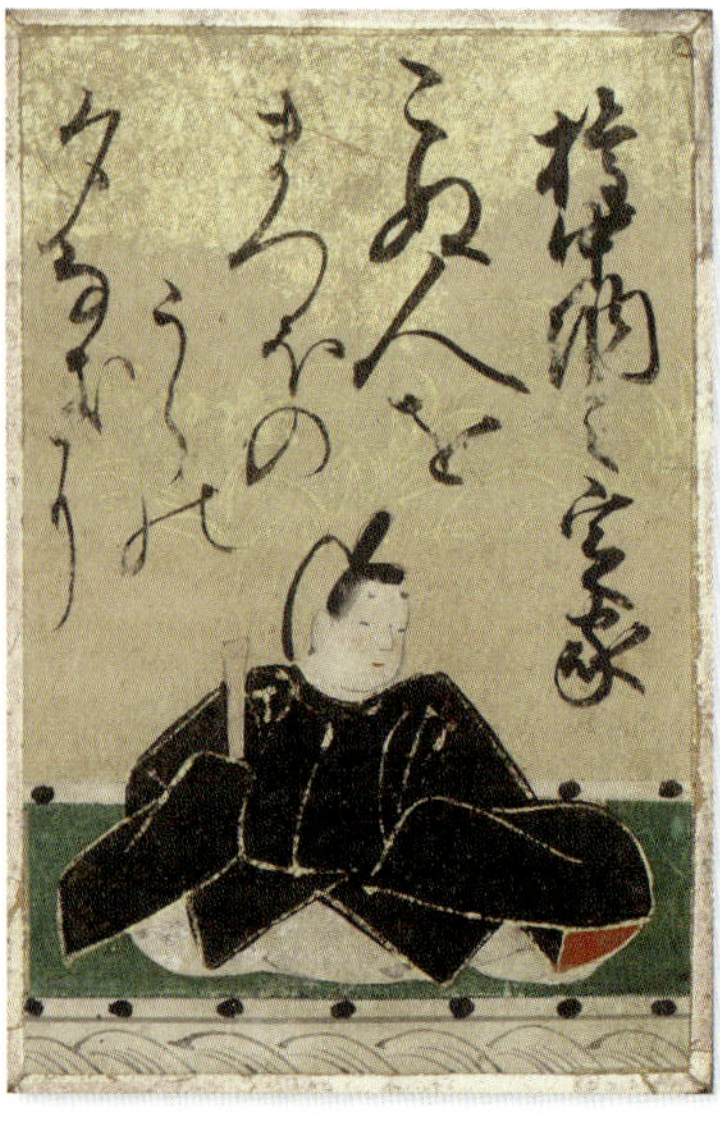

関連人物《かんれんじんぶつ》

父《ちち》
皇太后宮大夫俊成《こうたいごうぐうのだいぶしゅんぜい》
▶122ページ

いとこ
後徳大寺左大臣《ごとくだいじのさだいじん》
▶120ページ

マンガで読《よ》む！
権中納言定家《ごんちゅうなごんていか》じゃ
和歌《わか》の大家《たいか》とよばれ、いろいろな歌集《かしゅう》をつくったぞ この百人一首《ひゃくにんいっしゅ》もワシがまとめた
後輩《こうはい》たちに歌《うた》の指導《しどう》もしとるぞ 何《なに》よりも歌《うた》が大事《だいじ》なんじゃ
そこはこうじゃ！
ハイッ
そんなワシだし女《おんな》の立場《たちば》で歌《うた》を詠《よ》むなんてお茶《ちゃ》の子《こ》サイサイへのカッパ♪ どうだ見《み》てみろ
せつない女心《おんなごころ》の歌《うた》をつくるぞ
こない彼《かれ》を待《ま》つ私《わたし》… 塩《しお》を取《と》るため燃《も》やされる海草《かいそう》みたいにこがれてる…

風《かぜ》そよぐ ならの小川《おがわ》[を][がは]の 夕《ゆう》[ゆふ]ぐれは みそぎ〈き〉ぞ〈そ〉夏《なつ》の しるしなりける

出典《しゅってん》 ▼6ページ
新勅撰和歌集《しんちょくせんわかしゅう》 192番《ばん》

決《き》まり字《じ》
④かぜ
②ぜ
①そ

この歌《うた》の内容《ないよう》

風《かぜ》がそよそよとふくならの小川《おがわ》の夕暮《ゆうぐ》れは、もう秋《あき》のような涼《すず》しさだ。でも、みそぎの行事《ぎょうじ》がおこなわれているのを見《み》ると、やはりまだ夏《なつ》であることがわかる。

この歌《うた》の場面《ばめん》は……

藤原道家《ふじわらのみちいえ》の娘《むすめ》が後白河天皇《ごしらかわてんのう》と結婚《けっこん》するとき、嫁入《よめい》り道具《どうぐ》として屏風《びょうぶ》をつくった。その屏風《びょうぶ》に十二か月《げつ》の年中行事《ねんちゅうぎょうじ》をえがくことになり、それぞれの場面《ばめん》に歌《うた》がそえられた。この歌《うた》は一年《ねん》の前半《ぜんはん》のけがれを洗《あら》い流《なが》す「水無月祓《みなづきばらえ》」(夏越《なご》しの祓《はら》い)の行事《ぎょうじ》が詠《よ》まれているので、旧暦《きゅうれき》六月《がつ》の歌《うた》。

用語解説《ようごかいせつ》

＊ならの小川《おがわ》……京都《きょうと》の上賀茂神社《かみがもじんじゃ》の御手洗川《みたらしがわ》とされている。

＊みそぎ……川《かわ》に入《はい》って身《み》を清《きよ》めること。ここでは六月末《がつまつ》におこなわれる「水無月祓《みなづきばらえ》」の神事《しんじ》をさす。

権中納言定家《ごんちゅうなごんていか》のライバル!?

従二位家隆《じゅにいいえたか》 (1158〜1237年《ねん》)

本名《ほんみょう》は藤原家隆《ふじわらのいえたか》。藤原光隆《ふじわらのみつたか》の息子《むすこ》。妻《つま》は寂蓮法師《じゃくれんほうし》の娘《むすめ》。皇太后宮大夫俊成《こうたいごうぐうのだいぶしゅんぜい》(藤原俊成《ふじわらのしゅんぜい》) ▼122ページ に和歌《わか》を学《まな》ぶ。『新古今和歌集《しんこきんわかしゅう》』の撰者《せんじゃ》の一人《ひとり》。

関連人物《かんれんじんぶつ》

義理《ぎり》の父《ちち》
寂蓮法師《じゃくれんほうし》
▶126ページ

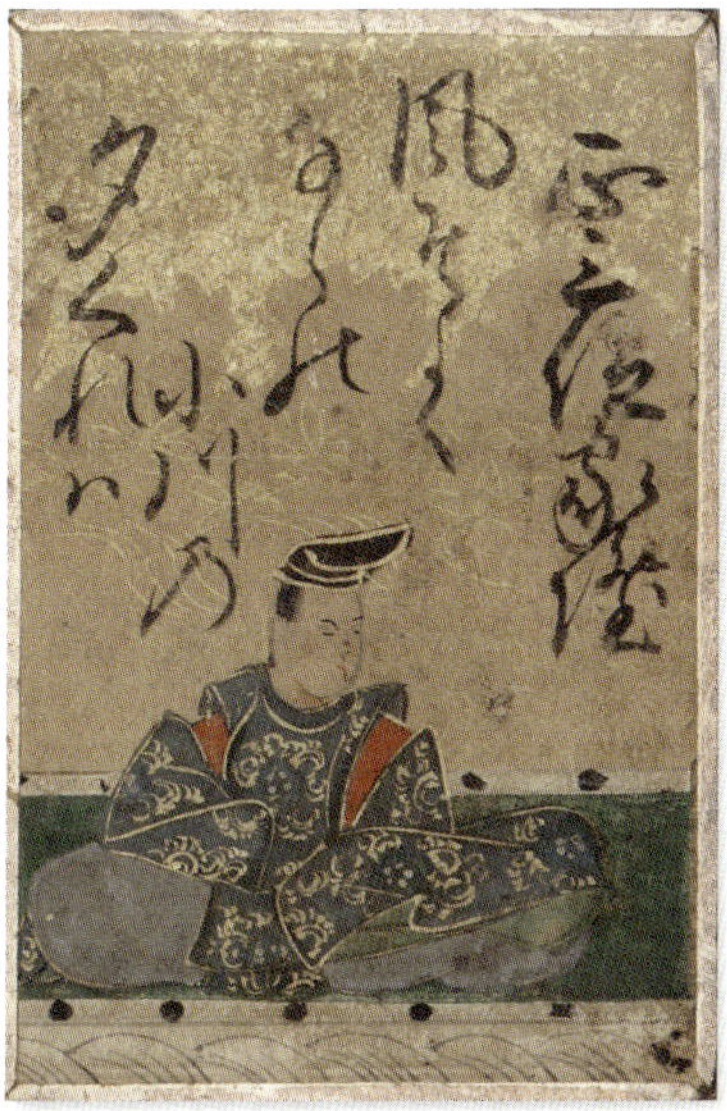

マンガで読《よ》む!
従二位家隆《じゅにいいえたか》です
生涯《しょうがい》でつくった歌《うた》の数《かず》は六万首《まんしゅ》とも
定家《ていか》のライバル!! ともいわれているよ
この歌《うた》は屏風《びょうぶ》の絵《え》を見《み》て詠《よ》んだ
う〜ん
どう詠《よ》もうかなぁ〜
涼《すず》しい風《かぜ》と夕暮《ゆうぐ》れは秋《あき》を感《かん》じさせるけど
「夏越《なご》しの祓《はら》い」をしているからこの絵《え》は夏《なつ》のようだ

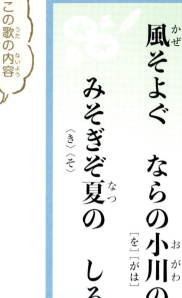

人《ひと》もをし(お) 人《ひと》もうらめし あぢ(じ)きなく 世《よ》を思《おも》ふ(う)故《ゆえ》に［ゆゑ］ もの思《おも》ふ(う)身《み》は

出典《しゅってん》 ▼6ページ
続後撰和歌集《しょくごせんわかしゅう》 1202番《ばん》

決《き》まり字《じ》 ▼26ページ
③ひ ②と ①も

この歌《うた》の内容《ないよう》

あるときは人《ひと》を愛《いとお》しく思《おも》い、またあるときはうらめしいと思《おも》う。世間《せけん》のことをつまらない世《よ》の中《なか》だ、と思《おも》いわずらっているせいで、いろいろと思《おも》いなやんでしまうな。

この歌《うた》の場面《ばめん》は……

天皇《てんのう》の時代《じだい》から将軍《しょうぐん》の時代《じだい》へかわろうとしている世《よ》の中《なか》で、天皇《てんのう》だった作者《さくしゃ》は人《ひと》を愛《あい》したり、憎《にく》んだりした。その複雑《ふくざつ》な思《おも》いを、正直《しょうじき》に歌《うた》にして詠《よ》んでいる。

用語解説《ようごかいせつ》
＊人《ひと》もをし……「をし」は「愛《いとお》し」。愛《いとお》しく思《おも》うこと。
＊あぢきなく……味気《あじけ》なく。つまらなく思《おも》うこと。

幕府《ばくふ》に敗《やぶ》れた天皇《てんのう》

後鳥羽院《ごとばいん》（1180〜1239年《ねん》）

第《だい》八十二代天皇《だいてんのう》。高倉天皇《たかくらてんのう》の息子《むすこ》。順徳院《じゅんとくいん》の父《ちち》。一二二一年《ねん》の承久《じょうきゅう》の乱《らん》で幕府軍《ばくふぐん》に敗《やぶ》れ、隠岐《おき》（今《いま》の島根県隠岐《しまねけんおきの》島《しま》）に流《なが》された。権中納言定家《ごんちゅうなごんていか》（藤原《ふじわらの》定家《ていか》）▼136ページとは親《した》しくしていたが、のちに仲《なか》たがいした。

関連人物《かんれんじんぶつ》

息子《むすこ》 順徳院《じゅんとくいん》
▶139ページ

マンガで読《よ》む！

後鳥羽院《ごとばいん》です
四歳《さい》で天皇《てんのう》に即位《そくい》し十九歳《さい》で譲位《じょうい》しました
これは歌合《うたあわせ》の
「心《こころ》の中《なか》の思《おも》いを述《の》べる」
という題《だい》で詠《よ》んだ歌《うた》です
人《ひと》を愛《いとお》しくも…
うらめしくも思《おも》う…
いろいろなやんじゅうなぁ…
そう思《おも》うのは世《よ》をつまらないと思《おも》っているからだからだろうか…

春《はる》 夏《なつ》 秋《あき》 冬《ふゆ》 恋《こい》 旅《たび》 別《わかれ》 雑《ぞう》

百敷《ももしき》や　古《ふる》き軒端《のきば》の　しのぶにも
なほ(お)あまりある　昔《むかし》なりけり

出典《しゅってん》 ▼6ページ
続後撰和歌集《しょくごせんわかしゅう》 1205番《ばん》

決《き》まり字《じ》 ▼26ページ
②-もも
①-も

この歌《うた》の内容《ないよう》

宮中《きゅうちゅう》の古《ふる》い軒《のき》の端《はし》にしのぶ草《ぐさ》がしげっている。その「しのぶ」ではないけれど、しのんでもしのびきれない昔《むかし》の古《ふる》きよき時代《じだい》よ。

この歌《うた》の場面《ばめん》は……

作者《さくしゃ》は父《ちち》の後鳥羽院《ごとばいん》とともに承久《じょうきゅう》の乱《らん》（一二二一年《ねん》）を起《お》こし、二十代《だい》で佐渡《さど》へ流《なが》された。天皇《てんのう》の勢力《せいりょく》が強《つよ》かった昔《むかし》を思《おも》い返《かえ》しつつ、天皇制《てんのうせい》の終《お》わりを感《かん》じている歌《うた》。

用語解説《ようごかいせつ》

＊百敷《ももしき》……宮中《きゅうちゅう》のこと。古《ふる》くは「大宮《おおみや》」にかかる枕詞《まくらことば》 ▼9ページ だったが、『古今和歌集《こきんわかしゅう》』 ▼6ページ 以降《いこう》しだいに使《つか》われなくなった。

＊しのぶ……「しのぶ草《ぐさ》（わすれ草《ぐさ》）」と「しのぶ（昔《むかし》を懐《なつ》かしむ）」の掛詞《かけことば》 ▼9ページ。

平安朝《へいあんちょう》の終《お》わりを見《み》た天皇《てんのう》

順徳院《じゅんとくいん》（1197～1242年《ねん》）

第八十四代天皇《だいてんのう》。後鳥羽院《ごとばいん》の息子《むすこ》。権中納言定家《ごんちゅうなごんていか》（藤原定家《ふじわらのていか》） ▼136ページ に和歌《わか》を学《まな》んだ。承久《じょうきゅう》の乱《らん》で敗《やぶ》れ、佐渡《さど》（今《いま》の新潟県佐渡島《にいがたけんさどがしま》）に流《なが》された。歌《うた》の評論《ひょうろん》『八雲御抄《やくもみしょう》』を書《か》いた。

関連人物《かんれんじんぶつ》

父《ちち》
後鳥羽院《ごとばいん》
▶138ページ

マンガで読《よ》む！
順徳院《じゅんとくいん》です
父《ちち》と承久《じょうきゅう》の乱《らん》をおこし、幕府《ばくふ》に敗《やぶ》れてしまいました
ざんねん！
百敷《ももしき》はたくさんの石《いし》を敷《し》いた城《しろ》…
つまり宮中《きゅうちゅう》のこと
昔《むかし》は天皇《てんのう》や貴族《きぞく》の力《ちから》が強《つよ》かったのに今《いま》やすっかりおとろえた…
昔《むかし》はよかったなぁ…

上《かみ》の句《く》

・読《よ》みの50音順《おんじゅん》に配列《はいれつ》　・上《かみ》の句《く》の赤字《あかじ》は決《き》まり字《じ》
・上部《じょうぶ》の色分《いろわ》けは枚数別《まいすうべつ》グループ　・白《しろ》ぬき数字《すうじ》は歌番号《うたばんごう》

▼26ページ

6枚札《まいふだ》

たごのうらに うちいでてみれば しろたへ《え》の ふじのたかねに…… 43 4
たちわかれ いなばのやまの みねにおふ《う》る まつとしきかば…… 55 16
たまのを《お》よ たえなばたえね ながらへ《え》ば しのぶることの…… 128 89
たれをかも しるひとにせむ《ん》 たかさごの まつもむかしの…… 73 34

3枚札《まいふだ》

ちぎりおきし させもがつゆを いのちにて あはれ《わ》ことしの…… 114 75
ちぎりきな かたみにそでを しぼりつつ すゑ《え》のまつやま…… 81 42
ちはやぶる かみよもきかず たつたがは《わ》 からくれなゐ《い》に…… 56 17

2枚札《まいふだ》

つきみれば ちぢにものこそ かなしけれ わがみひとつの…… 62 23
つくばねの みねよりおつる みなのがは《わ》 こひ《い》ぞつもりて…… 52 13

な

8枚札《まいふだ》

ながからむ《ん》 こころもしらず くろかみの みだれてけさは…… 119 80
ながらへ《え》ば またこのごろや しのばれむ《ん》 うしとみしよぞ…… 123 84
なげきつつ ひとりぬるよの あくるまは いかにひさしき…… 92 53
なげけとて つきやはものを おもはす《わ》る かこちがほ《お》なる…… 125 86
なつのよは まだよひ《い》ながら あけぬるを くものいづ《ず》こに…… 75 36
なにしおは《わ》ば あふ《おう》さかやまの さねかづ《ず》ら ひとにしられで…… 64 25
なにはえ《わ》の あしのかりねの ひとよゆゑ《え》 みをつくしてや…… 127 88
なにはが《わ》た みじかきあしの ふしのまも あは《わ》でこのよを…… 58 19

は

4枚札《まいふだ》

はなさそふ《う》 あらしのには《わ》の ゆきならで ふりゆくものは…… 135 96
はなのいろは うつりにけりな いたづ《ず》らに わがみよにふる…… 48 9
はるすぎて なつきにけらし しろたへ《え》の ころもほすてふ《ちょう》…… 41 2
はるのよの ゆめばかりなる たまくらに かひ《い》なくたたむ《ん》…… 106 67

3枚札《まいふだ》

ひさかたの ひかりのどけき はるのひに しづ《ず》ごころなく…… 72 33
ひとはいさ こころもしらず ふるさとは はなぞむかしの…… 74 35
ひともを《お》し ひともうらめし あぢ《じ》きなく よをおもふ《う》ゆゑ《え》に…… 138 99

1枚札《まいふだ》

ふくからに あきのくさきの しを《お》るれば むべやまかぜを…… 61 22

1枚札《まいふだ》

ほととぎす なきつるかたを ながむれば ただありあけの…… 120 81

ま

5枚札《まいふだ》

みかきもり ゑ《え》じのたくひの よるはもえ ひるはきえつつ…… 88 49
みかのはら わきてながるる いづ《ず》みがは《わ》 いつみきとてか…… 66 27
みせばやな を《お》じまのあまの そでだにも ぬれにぞぬれし…… 129 90
みちのくの しのぶもぢ《じ》ずり たれゆゑ《え》に みだれそめにし…… 53 14
みよしのの やまのあきかぜ さよふけて ふるさとさむく…… 133 94

1枚札《まいふだ》

むらさめの つゆもまだひぬ まきのはに きりたちのぼる…… 126 87

1枚札《まいふだ》

めぐりあひ《い》て みしやそれとも わかぬまに くもがくれにし…… 96 57

2枚札《まいふだ》

ももしきや ふるきのきばの しのぶにも なほ《お》あまりある…… 139 100
もろともに あは《わ》れとおもへ《え》 やまざくら はなよりほかに…… 105 66

や

4枚札《まいふだ》

やへ《え》むぐら しげれるやどの さびしきに ひとこそみえね…… 86 47
やすらは《わ》で ねなましものを さよふけて かたぶくまでの…… 98 59
やまがは《わ》に かぜのかけたる しがらみは ながれもあへ《え》ぬ…… 71 32
やまざとは ふゆぞさびしさ まさりける ひとめもくさも…… 67 28

2枚札《まいふだ》

ゆふ《う》されば かどたのいなば おとづ《ず》れて あしのまろやに…… 110 71
ゆらのとを わたるふなびと かぢ《じ》をたえ ゆくへ《え》もしらぬ…… 85 46

4枚札《まいふだ》

よのなかは つねにもがもな なぎさこぐ あまのを《お》ぶねの…… 132 93
よのなかよ みちこそなけれ おもひ《い》いる やまのおくにも…… 122 83
よもすがら ものおもふ《う》ころは あけやらで ねやのひまさへ《え》…… 124 85
よをこめて とりのそらねは はかるとも よにあふ《おう》さかの…… 101 62

わ

7枚札《まいふだ》

わがいほ《お》は みやこのたつみ しかぞすむ よをうぢ《じ》やまと…… 47 8
わがそでは しほ《お》ひにみえぬ おきのいしの ひとこそしらね…… 131 92
わすらるる みをばおもは《わ》ず ちかひ《い》てし ひとのいのちの…… 77 38
わすれじの ゆくすゑ《え》までは かたければ けふ《きょう》をかぎりの…… 93 54
わたのはら こぎいでてみれば ひさかたの くもゐ《い》にまがふ《ごう》…… 115 76
わたのはら やそしまかけて こぎいでぬと ひとにはつげよ…… 50 11
わびぬれば いまはたおなじ なには《わ》なる みをつくしても…… 59 20

※を《お》ぐらやま みねのもみぢ《じ》ば …→「お」 いまひとたびの…… 65 26

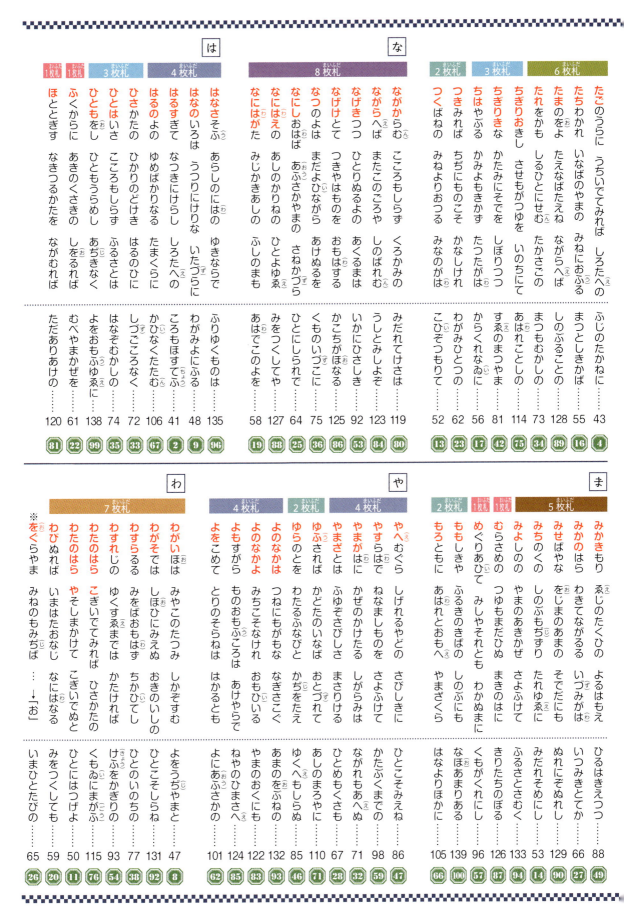

下《しも》の句《く》・取《と》り札《ふだ》

・取《と》り札表記《ふだひょうき》の50音順《おんじゅん》に配列《はいれつ》
・赤字《あかじ》は上《かみ》の句《く》の決《き》まり字《じ》 ▼26ページ
・白《しろ》ぬき数字《すうじ》は歌番号《うたばんごう》、数字《すうじ》はページ

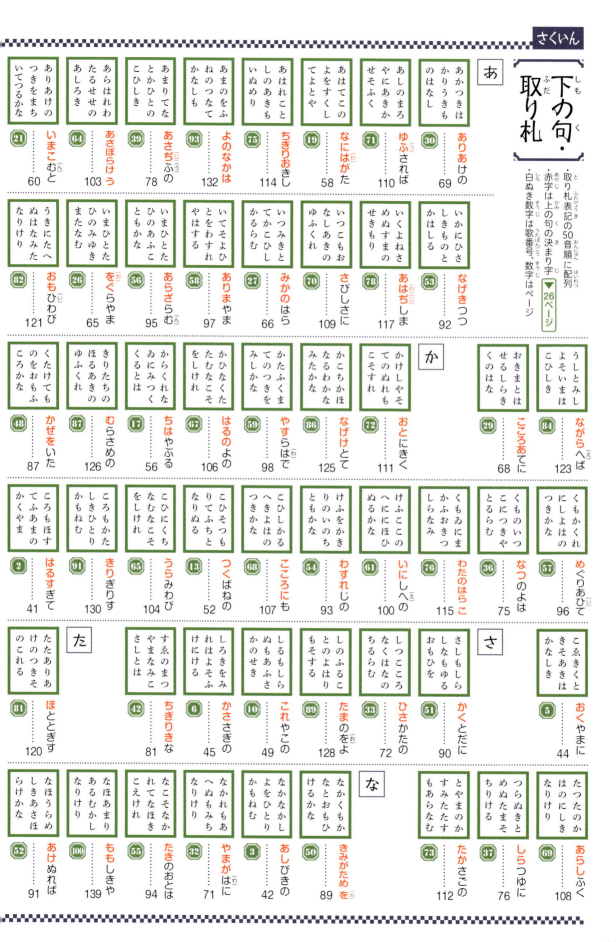

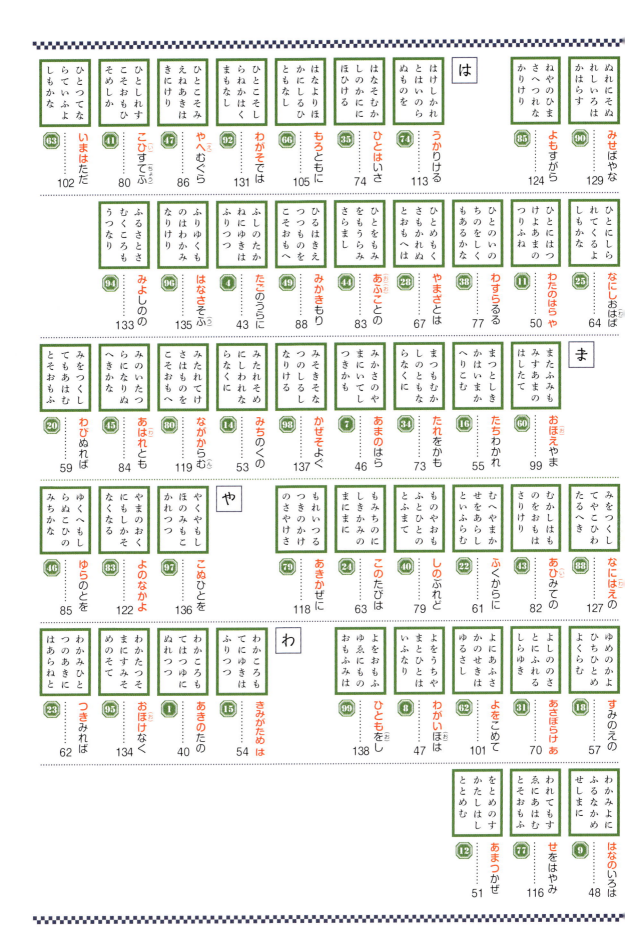

【歌人《かじん》】

あ

赤染衛門《あかぞめえもん》……98
阿倍仲麿《あべのなかまろ》(阿倍仲麻呂《あべのなかまろ》)……46
在原業平《ありわらのなりひら》朝臣《あそん》……56
在原行平《ありわらのゆきひら》↓中納言行平《ちゅうなごんゆきひら》……55
和泉式部《いずみしきぶ》……95
伊勢《いせ》……58
伊勢大輔《いせのたいふ》……100
殷富門院大輔《いんぷもんいんのたいふ》……129
右近《うこん》……77
右大将道綱母《うだいしょうみちつなのはは》……92
恵慶法師《えぎょうほうし》……86
大江千里《おおえのちさと》……62
大江匡房《おおえのまさふさ》↓権中納言匡房《ごんちゅうなごんまさふさ》……112
凡河内躬恒《おおしこうちのみつね》……68
大伴家持《おおとものやかもち》↓中納言家持《ちゅうなごんやかもち》……45
大中臣能宣《おおなかとみのよしのぶ》朝臣《あそん》……88
小野小町《おののこまち》……48
小野篁《おののたかむら》↓参議篁《さんぎたかむら》……50

か

柿本人丸《かきのもとのひとまる》(柿本人麻呂《かきのもとのひとまろ》／人麿《ひとまろ》)……42
鎌倉右大臣《かまくらのうだいじん》(源実朝《みなもとのさねとも》)……132
河原左大臣《かわらのさだいじん》(源融《みなもとのとおる》)……53
菅家《かんけ》(菅原道真《すがわらのみちざね》)……63
喜撰法師《きせんほうし》……47
儀同三司母《ぎどうさんしのはは》……93
紀貫之《きのつらゆき》……74
紀友則《きのとものり》……72
清原深養父《きよはらのふかやぶ》……75
清原元輔《きよはらのもとすけ》……81
謙徳公《けんとくこう》(藤原伊尹《ふじわらのこれまさ》)……84
皇嘉門院別当《こうかもんいんのべっとう》……127
光孝天皇《こうこうてんのう》……54
皇太后宮大夫俊成《こうたいごうぐうのだいぶしゅんぜい》(藤原俊成《ふじわらのしゅんぜい》)……122
後京極摂政前太政大臣《ごきょうごくせっしょうさきのだいじょうだいじん》(藤原良経《ふじわらのよしつね》)……130
小式部内侍《こしきぶのないし》……99
後徳大寺左大臣《ごとくだいじのさだいじん》(藤原実定《ふじわらのさねさだ》)……120
後鳥羽院《ごとばいん》……138
権中納言敦忠《ごんちゅうなごんあつただ》(藤原敦忠《ふじわらのあつただ》)……82
権中納言定頼《ごんちゅうなごんさだより》(藤原定頼《ふじわらのさだより》)……103
権中納言定家《ごんちゅうなごんていか》(藤原定家《ふじわらのていか》)……136
権中納言匡房《ごんちゅうなごんまさふさ》(大江匡房《おおえのまさふさ》)……112

さ

西行法師《さいぎょうほうし》……125
坂上是則《さかのうえのこれのり》……70
相模《さがみ》……104
前大僧正慈円《さきのだいそうじょうじえん》……134
左京大夫顕輔《さきょうのだいぶあきすけ》(藤原顕輔《ふじわらのあきすけ》)……118
左京大夫道雅《さきょうのだいぶみちまさ》(藤原道雅《ふじわらのみちまさ》)……102
猿丸大夫《さるまるたいふ》……44
参議篁《さんぎたかむら》(小野篁《おののたかむら》)……50
参議等《さんぎひとし》(源等《みなもとのひとし》)……78
参議雅経《さんぎまさつね》(藤原雅経《ふじわらのまさつね》)……133
三条院《さんじょういん》……107
三条右大臣《さんじょうのうだいじん》(藤原定方《ふじわらのさだかた》)……64
持統天皇《じとうてんのう》……41
寂蓮法師《じゃくれんほうし》……126
従二位家隆《じゅにいいえたか》(藤原家隆《ふじわらのいえたか》)……137
俊恵法師《しゅんえほうし》……124
順徳院《じゅんとくいん》……139
式子内親王《しょくしないしんのう》……128
周防内侍《すおうのないし》……106
菅原道真《すがわらのみちざね》↓菅家《かんけ》……63
崇徳院《すとくいん》……116
清少納言《せいしょうなごん》……101
蝉丸《せみまる》……49
僧正遍昭《そうじょうへんじょう》……51
素性法師《そせいほうし》……60
曾禰好忠《そねのよしただ》……85

た

待賢門院堀河《たいけんもんいんのほりかわ》……119
大僧正行尊《だいそうじょうぎょうそん》……105
大納言公任《だいなごんきんとう》(藤原公任《ふじわらのきんとう》)……94
大納言経信《だいなごんつねのぶ》(源経信《みなもとのつねのぶ》)……110
大弐三位《だいにのさんみ》……97
平兼盛《たいらのかねもり》……79
中納言朝忠《ちゅうなごんあさただ》(藤原朝忠《ふじわらのあさただ》)……83
中納言兼輔《ちゅうなごんかねすけ》(藤原兼輔《ふじわらのかねすけ》)……66
中納言家持《ちゅうなごんやかもち》(大伴家持《おおとものやかもち》)……45
中納言行平《ちゅうなごんゆきひら》(在原行平《ありわらのゆきひら》)……55
貞信公《ていしんこう》(藤原忠平《ふじわらのただひら》)……65
天智天皇《てんじてんのう》……40
道因法師《どういんほうし》……121

な

二条院讃岐《にじょういんのさぬき》……131
入道前太政大臣《にゅうどうさきのだいじょうだいじん》(藤原公経《ふじわらのきんつね》)……135
能因法師《のういんほうし》……108

は

春道列樹《はるみちのつらき》……71
藤原顕輔《ふじわらのあきすけ》↓左京大夫顕輔《さきょうのだいぶあきすけ》……118
藤原朝忠《ふじわらのあさただ》↓中納言朝忠《ちゅうなごんあさただ》……83
藤原敦忠《ふじわらのあつただ》↓権中納言敦忠《ごんちゅうなごんあつただ》……82
藤原家隆《ふじわらのいえたか》↓従二位家隆《じゅにいいえたか》……137
藤原興風《ふじわらのおきかぜ》……73
藤原兼輔《ふじわらのかねすけ》↓中納言兼輔《ちゅうなごんかねすけ》……66
藤原清輔《ふじわらのきよすけ》朝臣《あそん》……123
藤原公経《ふじわらのきんつね》↓入道前太政大臣《にゅうどうさきのだいじょうだいじん》……135
藤原公任《ふじわらのきんとう》↓大納言公任《だいなごんきんとう》……94
藤原伊尹《ふじわらのこれまさ》↓謙徳公《けんとくこう》……84
藤原定方《ふじわらのさだかた》↓三条右大臣《さんじょうのうだいじん》……64
藤原定頼《ふじわらのさだより》↓権中納言定頼《ごんちゅうなごんさだより》……103
藤原実方《ふじわらのさねかた》朝臣《あそん》……90
藤原実定《ふじわらのさねさだ》↓後徳大寺左大臣《ごとくだいじのさだいじん》……120
藤原俊成《ふじわらのしゅんぜい》↓皇太后宮大夫俊成《こうたいごうぐうのだいぶしゅんぜい》……122
藤原忠平《ふじわらのただひら》↓貞信公《ていしんこう》……65
藤原忠通《ふじわらのただみち》↓法性寺入道前関白太政大臣《ほっしょうじにゅうどうさきのかんぱくだいじょうだいじん》……115
藤原定家《ふじわらのていか》↓権中納言定家《ごんちゅうなごんていか》……136
藤原敏行《ふじわらのとしゆき》朝臣《あそん》……57
藤原雅経《ふじわらのまさつね》↓参議雅経《さんぎまさつね》……133
藤原道信《ふじわらのみちのぶ》朝臣《あそん》……91
藤原道雅《ふじわらのみちまさ》↓左京大夫道雅《さきょうのだいぶみちまさ》……102
藤原基俊《ふじわらのもととし》……114
藤原義孝《ふじわらのよしたか》……89
藤原良経《ふじわらのよしつね》↓御京極摂政前太政大臣《ごきょうごくせっしょうさきのだいじょうだいじん》……130
文屋朝康《ふんやのあさやす》……76
文屋康秀《ふんやのやすひで》……61
法性寺入道前関白太政大臣《ほっしょうじにゅうどうさきのかんぱくだいじょうだいじん》(藤原忠通《ふじわらのただみち》)……115

ま

源兼昌《みなもとのかねまさ》……117
源実朝《みなもとのさねとも》↓鎌倉右大臣《かまくらのうだいじん》……132
源重之《みなもとのしげゆき》……87
源経信《みなもとのつねのぶ》↓大納言経信《だいなごんつねのぶ》……110
源融《みなもとのとおる》↓河原左大臣《かわらのさだいじん》……53
源俊頼《みなもとのとしより》朝臣《あそん》……113
源等《みなもとのひとし》↓参議等《さんぎひとし》……78
源宗于《みなもとのむねゆき》朝臣《あそん》……67
壬生忠見《みぶのただみ》……80
壬生忠岑《みぶのただみね》……69
紫式部《むらさきしきぶ》……96
元良親王《もとよししんのう》……59

や

山辺赤人《やまべのあかひと》(山部赤人《やまべのあかひと》)……43
祐子内親王家紀伊《ゆうしないしんのうけのきい》……111
陽成院《ようぜいいん》……52

ら

良暹法師《りょうぜんほうし》……109

監修　吉海直人

同志社女子大学表象文化学部日本語日本文学科教授、公益財団法人小倉百人一首文化財団理事。専門は百人一首、源氏物語などの平安文学で、百人一首の研究の第一人者。著書に『百人一首の正体』(角川ソフィア文庫)、監修に『別冊太陽 百人一首への招待』(平凡社)、『百人一首大事典』(あかね書房)、『マンガで楽しむ古典 百人一首』(ナツメ社)など多数。

企画・制作　やじろべー
ナイスク　http://naisg.com
松尾里央　高作真紀　岡田かおり　鈴木英里子　谷口蒼　安藤久美香　杉中美砂

制作協力　松本理恵子

デザイン・DTP　ヨダトモコ

イラスト　杉本千恵美　酒井由香里　西井しづく

取材協力　暁星中学・高等学校

写真・資料提供　一般社団法人全日本かるた協会／厭離庵／近江神宮／小倉山二尊院／株式会社講談社／暁星中学・高等学校／国立国会図書館／常寂光寺／高岡市万葉歴史館／滴翠美術館／東京国立博物館／PIXTA／株式会社 大石天狗堂

参考資料／参考文献　暗誦　百人一首(永岡書店)／古今和歌集全評釈(講談社)／シグマベスト　原色シグマ新国語便覧　増補三訂版(文英堂)／京都・嵐山　時雨殿で学ぶ　百人一首おもしろハンドブック(小倉百人一首殿堂 時雨殿)／幸せが授かる日本の神様事典(毎日コミュニケーションズ)／新編　日本古典文学全集(小学館)／新編　和歌の解釈と鑑賞事典(笠間書院)／ゼロからわかる！図説 百人一首(学研マーケティング)／超訳マンガ　百人一首物語　全首収録版(学研プラス)／百人一首大事典(あかね書房)／別冊太陽　百人一首への招待(平凡社)／マンガで楽しむ古典　百人一首(ナツメ社)／学習漫画　日本の歴史　できごと事典(集英社)／人物で探る！日本の古典文学 大伴家持と紀貫之―万葉集・土佐日記・古今和歌集・伊勢物語ほか(国土社)／ポプラディア情報館 日本の歴史人物(ポプラ社)／TOSS教材 東京教育技術研究所

※本書の原文は、声に出して読むことができるように現代読みの表記で漢字にヨミをつけました。
※旧かなづかい表記による現代読みはひらがなの横に(　)で音を示しました。
※本書は2018年7月現在の情報に基づいて編集・記述しています。

みんなで遊ぼう!! 百人一首大図鑑

2018年8月20日初版第1刷印刷　2018年8月25日初版第1刷発行

監修　吉海直人

編集　国土社編集部

発行　株式会社　国土社
〒101-0062　東京都千代田区神田駿河台2-5
TEL 03-6272-6125　FAX 03-6272-6126　http://www.kokudosha.co.jp

印刷　株式会社　厚徳社
製本　株式会社　難波製本

NDC 911　144P　26cm　ISBN987-4-337-21651-8　C8092